U0497148

“开放的思想”丛书　第八卷

# 神学与哲学

## 对话古代基督教教父与中世纪思想家

**Philosophy and Theology:**
**Dialogues with the Ancient Church Fathers and the Medieval Thinkers**

李华平　著

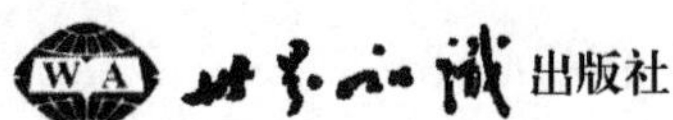
出版社

**图书在版编目（CIP）数据**

神学与哲学：对话古代基督教教父与中世纪思想家／李华平著．--北京：世界知识出版社，2023.3
（开放的思想丛书；第8卷）
ISBN 978-7-5012-6577-0

Ⅰ.①神… Ⅱ.①李… Ⅲ.①中世纪哲学—研究 Ⅳ.①B13

中国版本图书馆 CIP 数据核字（2022）第 206924 号

责任编辑 狄安略
责任出版 赵 玥
责任校对 张 琨

书　　名 神学与哲学：对话古代基督教教父与中世纪思想家
Shenxue yu Zhexue：Duihua Gudai Jidujiao Jiaofu yu Zhongshiji Sixiangjia
作　　者 李华平

出版发行 世界知识出版社
地址邮编 北京市东城区干面胡同 51 号（100010）
网　　址 www. ishizhi. cn
电　　话 010-65233645（市场部）
经　　销 新华书店
印　　刷 北京虎彩文化传播有限公司
开本印张 710 毫米×1000 毫米 1/16 28½印张
字　　数 460 千字
版次印次 2023 年 3 月第一版 2024 年 6 月第二次印刷
标准书号 ISBN 978-7-5012-6577-0
定　　价 68.00 元

# 出版说明

我们生活在一个中西文化交融碰撞的时代，东西方的先哲们以不同的方式剖析人性、解释世界，而不同时空中的文明间也有很多思想文化上的共通之处，如重视道德、追求科学、强调理性等。“未经审视的人生是不值得过的”。人们今天还在代代纪念和传诵那些令人敬重的先贤，不是因为他们的权位和财富，而是因为他们的学识和思想，是因为他们对人类文明的进步所作出的卓越贡献。在人类历史的夜空中，他们犹如一颗颗散落着的熠熠生辉的繁星，永远闪耀着启迪后人、泽被万世的智慧之光。而对于正在加速进化的中国来说，只有秉承中华优秀传统文化，开放包容地吸纳世界各民族的先进文明成果，用全人类的智慧武装国民，才能屹立于世界民族之林。

先哲思想中的人文关怀能提升阅读者的修养和境界，然而阅读经典时，艰涩的大部头专著令人望而生畏，普及性的读物又往往浮光掠影。在当今名著阅读遇冷，人文研究深闺“象牙塔”的情况下，“开放的思想”丛书的作者李华平先生凭借自己的才华和想象力，以超越时空的“对话”形式深入浅出地对东西方百余位先贤哲人的思想观点进行了诠释和解读。作者和那些先哲们在一起，聆听教诲，参与辩论，与这些思想大师、文化巨人进行灵魂深处的交流的同时，也展示了自己对世界、人生的深邃思考。

丛书内容精练、语言通俗易懂，富于哲理，把高深的理论通俗化，大师的思想精华化，可谓“博采众长”“集思广益”。在对话中，作者也具有很强的批判和自我批判意识。“可爱者不可信，可信者不可爱”，作者对这些思想家们持有取舍的疑信态度。一问一答的思辨过程中，夹杂着疑问与批判，碰撞出思想的火花。那些生活在遥远时代和地域的思想家似在咫尺，作者向他们的提问直击自己乃至广大读者心中的很多疑惑，而大师们的回答则鲜活质朴又耐人寻味，友好的交锋中透露着机智诙谐。一场心灵的时空旅行过后，人们豁然开朗。

著作是作者二十余年来对哲学、刑法学、政治经济学、国际关系学等学科笃志研究、日积月累撰写而成的。作者著有《超越 2012——世界危机与人类的选择》《论天下》《跨越时空的对话》《改造中国》《中国之路》《宇宙是活的》《思想二十年》《大国论》《智慧年代》等十几部著作，引发较大的社会反响，在读者中具有一定的影响力。其中，《论天下》于2013年2月被中央外宣办指定为其公务员考试三本必考书之一，而另外两本分别是史学大家钱穆先生的《国史大纲》和著名哲学家冯友兰的《中国哲学简史》，足见李华平先生著作的理论深度和现实价值。

作者勇于创新，大胆挑战。著作对于世界著名思想家思想的介绍和解读，涵盖政治学、哲学、法学、历史学、经济学、物理学、化学、生物学等多领域的学术思想和研究成果。这种长时段、多学科、跨领域的研究冲破了彼此不同的各个学术界别的藩篱，展示了作者多年所积累的丰富的阅读量和渊博的知识储备，也体现了社会科学和自然科学在人类的发展进步和前途命运问题上的共通和共鸣。看似“班门弄斧”的研究，实际达到了举一反三、触类旁通的广度和深度。

作者与时俱进，关注现实。著作把握现当代西方科学研究的学术前沿，如对哲学家福柯、物理学家霍金、经济学家保罗·克鲁格曼、环境学家洛夫洛克等人的思想观点进行了评析和介绍。作者既系统研究历史上对人类产生过重要影响的思想家的观念及其发展历程，同时又对国家的进步与发展倾注了高度的情怀与深刻的关切。“古为今用，洋为中用”，任何一个国家的文明都是世界文明不可分割的有机组成部分，任何国家的发展也都需要思想的开放、视野的扩大、观念的更新，需要批判地吸收历史上起过重要作用的其他国家的文化和思想。

列宁曾说：“只有用人类创造的全部知识财富来丰富自己的头脑，才能成为共产主义者。”民族文化的发展离不开世界文化，回顾人类文明历程不难发现，人类经历了从原始的闭塞、孤立和分散逐步向开放、依存和联系的世界转变的过程。再先进的民族文化，其发展与繁荣也不能舍弃对世界文化营养的汲取。

在新的时代，人类思想的交流在时间和空间上、深度和广度上都达到了空前的速度和规模。了解和学习世界各国、各民族的先进文化，可以让我们博采众长，知古鉴今。唯有在思想和智慧层面占据人类之巅峰的民族才有可能成为先进民族，拥有广博知识的国民自然也是现代社会得以发展进步的基石。熔中外文化之长于一炉，碰撞出绚烂夺目的火花，这个时代赋予了我们广阔的舞台，也赋予了我们传承和创新的历史使命。

# Introductory Notes

We are living in an era of cultural collision and cultural fusion between China and the West. Sages of the past, both from China and the West, went to great lengths to explore the substance of human nature and tried to understand the world surrounding them. Civilizations in different space and time share some commonalities in belief and culture, like emphasizing moralities, pursuing science, and cherishing rationality, among other things. The unexamined life is not worth living. Today, people remember and pay tribute to those sages of the past, not because of their power and wealth but due to their knowledge, thoughts and the outstanding contribution they made to the progress of human civilization. On the dark sky of human history, they are like scattered shining stars that guide the later generations with their wisdom. China is experiencing exponential changes. Only by inheriting the excellent traditional Chinese culture, absorbing the advanced achievements of world civilization with open-mindedness, and changing the mind of our citizens with wisdom from the whole world can we stand firmly in the family of nations.

The thoughts of sages of the past, especially the human solicitude in their works, can help the readers improve their inner wellbeing. For most people, however, reading those big and indigestible classic books is a daunting challenge. On the other hand, those interpretative books about classics tend to fall short of depth. Today, people lost their enthusiasm to read classics and humanities research is confined to the Ivory Tower. Under such a circumstance, Mr. Li Huaping authored the Open Thought Series with his unmatched talents and imagination. By conducting "dialogues" with 100-plus sages and philosophers both of the east and the west, the author travels back to history and make in-depth interpretations of their thoughts with simple language. In this series of books, the author "sits" side by side with those sages and philosophers, "listens" to their preaching, and "engages" in their debates. Through in-depth exchanges with those philosophical and cultural giants, the author shares his profound views on the world and life.

This series of books is outstanding with its succinct content and simple language, by which the author interprets those abstract and philosophical theories and makes the quintessence of classics more understandable to ordinary readers. In this process, the author is open and inclusive to very diverse arguments. In these dialogues, the author shows his strong inclination toward critical thinking and the awareness of self-criticism. As one saying goes, those that look nice might not be trustworthy while those that are trustworthy might not look nice. The author does not take the arguments of sages for granted but scrutinize them with critical thinking. With a One Question One Response format, the author's skepticism and critical thinking generate many sparks of thought. The author did a great job by narrowing the distance between the readers and those great thinkers who once lived in the remote past. He asks them questions that have long baffled him and possibly many like-minded readers. The "responses" from these great thinkers, on the other hand, are simple but thought-provoking. In these generally friendly exchanges, readers can detect the wit and wisdom of the sages and the author. What an enlightening journey!

This series of books is based on the author's painstaking researches on philosophy, criminology, political economy, and international relations in the past two decades. The author has published a list of influential books including *Beyond 2012: The World Crisis and Choices of Humankind*, *Under the Heaven*, *Dialogues with History*, *Reforming China*, *The Chinese Road*, *The Universe is Alive*, *My Thinking in the Past Two Decades*, *On Big Powers*, *and The Era of Wisdom*, etc. In particular, *Under the Heaven* was designated by the International Communication Office of the CPC Central Committee as one of the three must-read books for civil service exam while the other two books are respectively *The Guideline of Chinese History* by Mr. Qian Mu and *A Short History of Chinese Philosophy* by Feng Youlan, a famous Chinese philosopher. Such an honor attests to the theoretical contributions and practical values of Mr. Li Huaping's works.

The author is an innovative and courageous challenger. In this series of books, he introduces and interprets the thoughts of some world-class thinkers, straddling a wide range of disciplines including political science, philosophy, the history, economics, physics, chemistry, and biology, etc. The author's research focuses on the long history and is interdisciplinary indeed. By so doing, he helps break the fences among different disciplines. Such a methodology attests to his tremendous amounts of reading and extensive knowledge on the one hand and demonstrates the shared concerns for the progress and fate of the humankind by social sciences and natural science on the other. At first glance, the author's research seems unprofessional. As it turns out, however, he tremendously extends the scope and depth of his research through inference and analogy. The author is sensitive to the trend of this era and the reality. He concentrates on the latest academic development in the west. For example, he introduces and comments on the thought of Foucault (a philosopher), Hawking (a physician), Paul Krugman (an economist) and Lovelock (an environmentalist). Focusing on the thoughts of those thinkers who once influenced the trajectory of humankind and with an eye on the evolution of their ideas, the author is deeply concerned with the progress and development of China. As one saying goes, we should adapt ancient things for present purposes on the one hand and learn from foreign countries for China's benefits on the other. The culture of each nation is an integral component of the human civilization. Only through emancipating the minds, broadening the perspectives, refreshing the ideas, and critically learning from the cultures and thoughts of other nations that once made a difference in history can one country develop itself.

Lenin once argues that you can become a Communist only when you enrich your mind with a knowledge of all the treasure created by mankind. The culture of a nation cannot separate itself from the human civilization. In retrospect, we can see the evolution of human civilization from the closeness, isolation, and dislocation of the primitive era to the openness and interdependence of today. The culture of a nation, no matter how advanced it could be, must nourish itself from the positive elements of the world culture; otherwise, it cannot develop and prosper.

We are entering a new era, in which idea exchanges among the people are becoming unprecedentedly extensive, in-depth and instant. We should know more about and learn from the advanced cultures of other nations. By so doing, we can absorb the merits of others and then better understand both the history and ourselves. Only those nations that enjoy the world-class thoughts and wisdom can become pacesetters in the world. The development and progress of modern society would become impossible if the nationals of a country are kept ignorant. This new era endows us a promising prospect to integrate the Chinese and foreign cultures and enjoy the abundant fruits of cultural collision. It is also our historical mission to inherit and refresh our culture.

# Biography of the Author

Li Huaping was born in Shuyang County, Jiangsu Province in 1965. He got the bachelor degree of laws from the Political Education Department of Nanjing Normal University in June 1988. In January 1991, he got a master degree of laws from the Law Department of China University of Political Science and Law. He once worked for the General Office of the CPC Central Committee and Xinhua News Agency, among other things. As a lawyer, Li Huaping is also a member of China Law Society.

With academic interests in a list of fields like political science, the history, philosophy, jurisprudence, criminology, religious studies, intellectual history, sociology, natural science, and archeology, etc., he has published over 20 articles on some Chinese Social Sciences Citation Index journals like *Tribune of Political Science and Law*, *Legal Science*, *Science of Law*, *Law Science Magazine* etc. One of his magnum opuses is *Several Issues on Human Rights: A Perspective from Philosophy of Right.*

Li Huaping is the author to a list of books, including *Reforming China*, *The Chinese Road*, *Beyond 2012: The World Crisis and Choices of Humankind*, *Under the Heaven*, *Dialogues with History*, *My Thinking in the Past Two Decades*, *The Universe is Alive*, *On Big Powers: A Dialogue with History*, *The Era of Wisdom*, and Open Thought Series (15 Volumes).

# 序一：普及·探索·开放

李华平先生出的书已经有十几本了，我曾经为他的《跨越时空的对话》写了序。如今，他写的十五卷本“开放的思想”丛书又将问世，他希望我为他的这部宏卷写序，我欣然答应。

这十五卷本的新书还是采用“跨越时空的对话”的方式，作者采用这种方式写的书已经是第五本了。用现代人和历史上著名人物对话的形式写作国外也有，但在中国是颇为罕见的，尤其是涉及政治领域的话题，更多人视为危途，鲜有涉猎。另外，这种写作形式，要求作者通晓历史人物的思想观点、学术性格乃至生平经历。一两个历史人物比较好写，像本丛书这样涉及近200名各国不同时代的著名历史人物，其博学之深，若非有成竹在胸的自信，一般人是不敢涉足的。

通观这十五卷本的巨著，我感觉体现了这六个字的精神：普及、探索、开放。

首先是普及。我曾经翻阅过李华平先生的《智慧年代——“访谈”20位古希腊哲学家》，在20万字的书里，作者访谈了20位古希腊哲学家，把握了他们的主要思想观点，介绍了他们的平生经历，阅读了60余本文献资料，使得我们读者能概括地了解20位古希腊哲学家的思想，这不是一本很好的普及读物吗？人的知识分为两种：一种是专业知识，另一种是非专业知识。对于非专业知识，涉及面非常广，一个人的时间有限，不可能深入涉及，这就需要普及，而“开放的思想”，正是以这种引人入胜的方式解决知识的普及问题！

其次是探索。探索就是“探求真理”，被采访的著名历史人物都对人类思想文明作出过巨大贡献，应该说，他们每一个人都在探求真理的漫漫长路上留下了闪光的足迹，但谁都不能说他们已探求到了真理。在当时已经探索的真理中，今天看来，有的还有些价值，有的已经缩了水，有的已经被推翻。“开放的思想”

可以用今人的眼光来审视历史人物的贡献。历史在不断地前进和发展，历史也是探求真理的试金石。

最后是开放。纵观中国的历史，最令我们刻骨铭心的是近代以来闭关锁国、内忧外患的那段历史。改革开放四十年来，对西方先进文化的引进，则更多地是集中在科学技术方面。近代以来的历史证明，西方的自然科学远远胜于中国的传统自然科学；而西方的人文科学诸如哲学、政治学、社会学、经济学、法学、伦理学、心理学等，相较中国传统的儒学也有独到的见解和科学亮点。在“开放的思想”丛书中，作者与历史著名人物进行对话，更多地是在介绍西方的人文科学，让人们增进对西方文明成就的了解。

李华平先生是中国政法大学的毕业生，中国政法大学的毕业生中像他这样倾心致力于世界哲学与思想研究并著书立说的学子是很少见的，我为他感到骄傲！

是为序。

2017年12月1日

# 序二：独立与自由：学术进步之源泉

作为华平的老师，我知道他一直在从事着某种研究工作，但因我忙于修订自己的刑法专著，以便出版社及早出版，加之身体方面的原因，也就没有过细关注他的研究工作，自然也就谈不上对他的研究给予什么指导。每想到这，作为老师，心中不免有些淡淡的遗憾。

我与华平属于忘年之交，亦师亦友，情同手足。他请我给他推出的15卷本“开放的思想”丛书作序，我非常高兴。华平的学术起点是历史与哲学，其研究生时期的方向是刑法，但他从未把自己的兴趣与研究局限在某个具体的领域。他的研究涉及哲学、法哲学、刑法学、人类学、思想史、历史学、宗教学、社会学。即便是对于非常专业化的自然科学，他也认真学习过、研究过、思考过。他出版的《宇宙是活的》，就是一个证明。这本书涉及基因理论、双螺旋理论、相对论、量子力学，如果不具有一定的自然科学功底和学术勇气，是不敢下笔的。

与华平接触久了，了解也便多些。我发现华平天资聪慧，尤其是喜欢博览群书，且过目不忘。他的勤奋与刻苦，更是惊人，三四十年如一日，天天看好几万字的书，每天都推出一两篇文章，令人叹为观止。他的视野非常广阔，人们看他的著作，就如在读一部百科全书，内容涉及古今中外，可谓上下五千年，纵横千万里。但知识的丰富性远不是华平著作的最大特点，他著作的最大特点就是时时处处都能体现出一种独立思考的精神。他不唯书、不唯权威，不人云亦云，不趋炎附势。他每个字都是在讲“理”，彻底的理性主义精神贯彻其著作的始终。华平的著作肯定存在许多不正确之处，但没有一处不是他认真而独立思考的产物。撒谎与谄媚，是学术的天敌，华平一直对此深恶痛绝。我希望他继续坚持这种独立思考的精神，逐步完善他的学术体系，去修正那些经不住历史和时间检验的结论，为思想界贡献出具有卓越影响力的精品力作。

我与华平的研究虽然侧重点不同，但我们信奉的学术精神是相同的，那就是独立、自由、理性、开放。我依托这种精神在刑法学方面提出了我的法人犯罪论、人权防卫论、犯罪构成系统论等理论体系。我的刑法理论，受到国内外学者的高度重视和赞扬，并被翻译成英、日、俄、法四国语言，法兰西共和国总统给我授予骑士荣誉勋章，是肯定，是鼓舞，更是鞭策。耄耋之年，我依然笔耕不停，一日不敢懈怠，生命不息，研究绝不停止。有生之年，看到自己的学生茁壮成长，那份欣喜与安慰发自心田。我希望华平也能用这种精神，把他的研究推到一个又一个历史的高峰。

最后，我要强调指出，中国已经进入一个空前美好的时代，改革、开放、自由、民主、包容、理性、多元化。我曾经说过："自由是科学的本性，创新是科学的生命。没有自由，科学将沦为奴婢，没有创新，科学将枯萎死亡。"一切最优秀的科学著作，都是当今时代的产物。期盼后生们能高举新时代之大旗，创造出更多优秀的作品，为民族之复兴，为全人类之进化与繁荣，作出自己应有的贡献！

2018年9月6日于北京静斋

# 目　录

神学与哲学：对话古代基督教教父与中世纪思想家

# 本卷导读

公元1世纪，基督教诞生于罗马帝国统治下的巴勒斯坦地区，并开始在帝国各地区逐渐传播。事实上，由于政治区划和语言、文化传统等方面的差异，庞大的罗马帝国一直分为东、西两部分。基督教从3世纪以来，也逐渐形成东、西两大派。西派以罗马为中心，传播于高卢、意大利和北非迦太基及其以西地区，通行拉丁语，又称拉丁教会；东派传播于马其顿、希腊半岛至埃及及其以东地区，通行希腊语，又称希腊教会。恩格斯在《论原始基督教的历史》中曾经指出："原始基督教的历史与现代工人运动有些值得注意的共同点。基督教和后者一样，在产生时也是被压迫者的运动：它最初是奴隶和被释奴隶、穷人和无权者、被罗马征服或驱散的人们的宗教。"

公元313年，君士坦丁大帝颁布敕令，承认基督教为合法宗教，使其随后转变为在欧洲占统治地位的宗教。330年，君士坦丁大帝将罗马帝国的首都迁移到了拜占庭，改名为君士坦丁堡。此后，君士坦丁堡教会在东部教会中渐居首位，与西部的罗马教会分庭对峙。392年，皇帝狄奥多西一世正式宣布基督教为罗马帝国国教，禁止其他宗教流传，并把大批土地、农奴和各种经济特权赐予教会。从此，基督教成为帝国境内唯一合法的宗教，教权与世俗王权也开始结合。它们相互依存、相互利用、相互斗争、此消彼长。395年，罗马帝国分裂为东罗马帝国和西罗马帝国，基督教东西两派分化加剧。

476年，西罗马帝国灭亡，欧洲也进入了所谓的中世纪。中世纪即西方古典时代与近现代之间的中古时期，通常是指欧洲历史上公元5—15世纪这一段时期。中世纪也是欧洲从奴隶社会瓦解起，到向资本主义过渡为止的时期，它上承希腊—罗马时代，下启文艺复兴和宗教改革时期。这一时期，基督教教会成为欧洲封建社会的精神支柱，其禁止思想自由，敌视科学研究，对所谓的"异端运动"采取了非人道的镇压手段。在封建君主专制和教会神权统治的笼罩下，欧洲社会充斥着许多矛盾、冲突、混乱和无序，文明发展缓慢，甚至出现了倒退。因此，这一时期也被称为“黑暗的中世纪”或“黑暗时代”。

说起中世纪，在很多人的印象中，这是一段宗教色彩弥漫、神权至高无上的时期。在这一时期，人们被禁锢在形形色色的思想牢笼之中，如果有谁胆敢发出一丝异样的声音，就会立即遭到打压乃至诛杀。笔者对中世纪感兴趣，追本溯源还得从一个人说起。因为阅读了此人的著作，才一步步促使我“接近”中世纪，走到一个个神秘的中世纪神学家、哲学家、思想家的面前。此人就是德国著名社会学家、哲学家马克斯·韦伯（1864—1920）。韦伯著作等身，贯穿其著作始终的思想，便是提出西方之所以是西方，在于其以尽天职为己任的“新教思想”。在韦伯看来，经过天主教洗礼的西方世界，人们无论是进行科学研究，还是进行商业投机，都是为了荣耀上帝；正是这种非常世俗化的“新教伦理”促进了西方现代资本主义的发展，而那些非西方世界，恰恰是因为缺乏这种独一无二的“新教伦理”而为世界所抛弃。

“新教”思想从何而来？要弄清楚这个问题，自然就得研究古代的教父哲学，就得研究中世纪的经院哲学。这些神学家和哲学家身处教权与世俗王权的夹缝之中，为了自保，以免自己被送上绞刑架或宗教裁判所，他们断不敢敞开心扉、畅所欲言。他们不得不用学术味十足、晦涩难懂的拉丁语写作，表达所思所想时也不得不瞻前顾后、半吐半露。这样一来，即便是后世那些对古典拉丁语造诣颇深的大学者，也很难将他们流传下来的文献解读清晰。而人们出于不同身份、不同目的和不同角度，往往会对他们的思想观点做出迥异的诠释和评价，甚至也产生误读、曲解和偏见。

本卷要介绍的教父哲学家都处于基督教发展的早期，而教父哲学在时间上与晚期希腊哲学基本上是重合的。这些教父在解读和传播教义时或多或少地改造、利用了古希腊哲学中的一些概念，如“逻各斯”“心灵”“灵魂”和“肉体”等。由此，哲学史家把他们著作中所包含的哲学因素，如他们提出的哲学问题、使用的哲学概念和思辨推理等抽取出来，概括为“教父哲学”。

到了中世纪，基督教文化在欧洲取得了万流归宗的地位，各阶层的人，无论是国王还是农夫，人们的生活都与宗教有密不可分的关系。中世纪的基督教思想家都是绝对虔诚的基督教徒，在他们的心目中，人是一种需要信仰的动物，没有信仰，人就没有存在的必要。在他们看来，宇宙万物皆由上帝所造，上帝是一切存在的理由。他们论述理性与信仰，平衡天恩与人性，调和神学与哲学。一些人皓首穷经来证明基督教与古希腊哲学并不冲突，一些人则千方百计利用柏拉图主义和亚里士多德主义的遗产来证明上帝存在的合理性，还有一些人想方设法来证明古希腊哲学也同样能迎合基督教神学思想的需要。如何处理信仰与理性的关系，则如一根红线，贯穿于整个中世纪思想史的始终。

中世纪是西方哲学史上承上启下的时期。在此时期，西方文明的三大来源——希腊的理性主义、罗马的法制和希伯来的文明传统，通过基督教的神学和哲学，被整合为一种完整的文明传统。进入中世纪后，欧洲陷入了很长一段时间的文化蒙昧和落后。随着西欧封建制度的确立，基督教教会在意识形态领域里取得了支配地位，垄断了西欧的文化教育。11 世纪后，随着经济的发展，许多希腊、罗马的古典著作开始在西欧传播，同时阿拉伯文化也不断传入西欧。到 12 世纪，西欧进入了一个文化繁荣的时期，科学、哲学、史学、教育、文学、艺术、美学等领域都有了长足的发展，有学者也称之为“12 世纪的文艺复兴”。到 13、14 世纪封建社会的鼎盛时期，思想文化方面的发展进步促使人们摆脱宗教神学的束缚，敢于向专制王权发起挑战。就这样，古典文化和基督教信仰的交织融合，推动着西方逐渐进入辉煌灿烂、巨人涌现的文艺复兴时代。

中世纪的长夜结束之时，人们也看到了近代文明的曙光。此后，西方思想文化跨入近代社会的门槛，即将在产生现代世界的一系列巨大变革中显示自己强大的威力。

# 第一章　真哲学就是真宗教，真宗教就是真哲学

## ——对话查士丁

## 引　子

基督教发源于公元1世纪的巴勒斯坦，与此同时，罗马帝国为西方世界带来了史无前例的统一，并开始推行统治者崇拜，即要求国民将皇帝作为神来崇拜。公元64年罗马发生大火，罗马皇帝尼禄将其嫁祸给基督徒，并开始对他们进行残酷迫害。面对如此艰难的困境，基督徒没有向罗马帝国的多神教屈服，他们拒绝敬拜皇帝像，许多人成了“殉道者”。

当时，有部分基督徒站出来为基督教辩护，他们也被称为“护教士”。在这些护教士中，最早给我们留下完整辩词的，便是我们的主人公——查士丁。查士丁被认为是第一位接受基督教的哲学家。公元165年，查士丁因为他的基督教信仰而被罗马政府处死。

## 一、祖籍或是古罗马

**记者：**

人们把你当作西方基督教思想家之一，但通过研究，我发现你的出生地并非在雅典、罗马这些典型的西方城市。

**查士丁：**

罗马是典型的西方城市，雅典则不能算典型的西方城市。严格来讲，雅典属

于东方城市。

**记者：**

听说你出生在比雅典还要靠东的叙利亚？

**查士丁：**

你说得没错。我在我的两篇“辩护词”和《与特尼芬的对话》（*Dialogue with Trypho*）中，多次说过这个事情。我大约是公元 2 世纪初出生的，出生地是叙利亚的弗拉维亚·尼亚波利士（Flavia Neapolis）。

**记者：**

据说这个地方原来就是《圣经》中所说的“示剑”（Sichem，意为“肩膀”，是以色列王国的第一个首都）。是吗？

**查士丁：**

是的，最起码是在附近吧。

**记者：**

这座城市难道也是西方人建的吗？

**查士丁：**

这座城市建于公元 72 年，是罗马皇帝弗拉维·韦帕芗（Flavius Vespasianus）下令在被其摧毁的“示剑”的废墟上建造起来的。这座城市的名字也以这位罗马皇帝的名字来命名，很显然它是罗马军队征服中东地区的产物和标志。这座城市可以说是一个宗教混杂的地方，这里有犹太教的信徒，有信仰多神教的信徒，也有基督教的信徒。

**记者：**

我明白了，出生在这样一个宗教混合的城市，你走上哲学思考的道路就完全可以理解了。

**查士丁：**

是的，我从小就喜欢哲学思考，这与我从小就接触那么多的宗教肯定是有关系的。

**记者：**

有人说你并不是东方的犹太人，你没有受过割礼，在皈依基督教之前，你对摩西和犹太教的先知们也一无所知。还有人说你真正的故乡不是叙利亚，而是在罗马，你的祖先是那些来东方搞殖民的罗马公民。（参见王晓朝主编：《信仰与理性——古代基督教教父思想家评传》，东方出版社 2001 年版，第 4 页）

**查士丁：**

或许是吧，毕竟我的名字是西方拉丁人的名字。

## 二、蓦然回首

**记者：**

一些资料说，你最初对古希腊的哲学家及其著作很感兴趣，你跟谁学过相关的哲学呢？

**查士丁：**

我先是跟一位斯多葛主义者学习哲学，但不久我就离开了他。

**记者：**

为什么？难道他不称职，教不了你哲学？

**查士丁：**

那倒不是。我离开他，是因为他只讲古希腊哲学，很少讲有关上帝的事情。

**记者：**

离开了他以后，你又找了什么人学习哲学呢？

**查士丁：**

我找了一位亚里士多德主义者给我讲哲学，但没上几节课，我又离开了。

**记者：**

为什么？

**查士丁：**

这位老师没上几节课，就让我给他交讲课费。弄了半天，他给我讲课是为了赚钱，真是俗不可耐。

**记者：**

后来呢？

**查士丁：**

后来我又追随了一位毕达哥拉斯主义者，跟他学习哲学。

**记者：**

结果如何？

**查士丁：**

这位老师叫我先学学音乐、天文学、几何学，然后学哲学。我不知何时才能真正学习希腊哲学，所以不久后就离开了他。

**记者：**

那你最终是拜谁学习希腊哲学的？

**查士丁：**

最后我找了一位柏拉图主义者作为老师，他给我讲了柏拉图的一些东西。

**记者：**

你觉得柏拉图的哲学如何呢？

**查士丁：**

我觉得柏拉图的理念似乎与上帝有一定的联系，为了弄清楚这些东西，我后来到巴勒斯坦地区的凯撒利亚独处了一段时间。也正是在凯撒利亚，我遇到了一位长者，此人是一位基督徒，无比威严，也非常慈祥……

**记者：**

这位神秘的长者姓甚名谁？

**查士丁：**

我不知道他的名字，但正是这位无名氏长者，让我意识到柏拉图主义的那些东西也不行，也有很多不足的地方，很难自圆其说。

**记者：**

你最后得出的结论是什么？

**查士丁：**

通过一番比较我最终发现，唯有基督教才是真正的哲学，才是真正的真理。从此以后，基督教哲学成为我心中唯一有价值的学问，我也开始成为一名真正的基督徒。

## 三、殉道者的血

**记者：**

你是因为宗教信仰而被罗马皇帝处死的，但据我了解，你们这些基督徒搞的只是一些传教活动，并没有干什么恶劣的事情。

**查士丁：**

你说得没错，我们都是遵纪守法的良民。

**记者：**

当时罗马帝国虽然信仰传统的多神教，但并不限制其他宗教的发展和传播。你们怎么会走到与罗马统治者剑拔弩张的地步，直至最后遭到血洗呢？

**查士丁：**

这个问题说来话长。我们传教传的是《圣经》，这你应该知道。

**记者：**

这我知道，《圣经》是基督教的正典，分为《新约》和《旧约》。

**查士丁：**

你说得还不准确。在我们那个时代只有《旧约》，《新约》还没有出现，最多只能说刚刚出现了一些零星的篇章。

**记者：**

这个细节我确实不清楚。

**查士丁：**

《旧约》大约形成于公元前 5 世纪至公元前 2 世纪，公元 1 世纪末定型为 39 卷。

**记者：**

那《新约》是什么时候成书的呢？

**查士丁：**

《新约》共 27 卷，形成于公元 2 世纪，完整成书于公元 4 世纪末，那时我已经不在人世间了。《旧约》是用希伯来文写的，它记录的是犹太人关于上帝创造世界的故事，以及其他宗教文学的作品。

**记者：**

那《新约》呢？

**查士丁：**

《新约》是用希腊文写的，讲的是耶稣及其门徒的故事。

**记者：**

我明白了，在你生活的那个时代，《旧约》已经成书了，《新约》还没有成书。

**查士丁：**

是的。虽然当时《新约》还没有成书，但是关于耶稣及其门徒的故事已经广为传播。我们所宣传的内容，既有已经成熟的《旧约》，也有一部分是关于耶稣及其门徒的言行。

**记者：**

正常的传教，何以引起罗马统治者们的警觉和反感呢？

**查士丁：**

我们一开始是在巴勒斯坦地区和小亚细亚一带传播基督教，到公元1世纪中叶，我们才进入欧洲传教。但是，当时罗马帝国的统治者认为基督教无非是犹太人的教派，都是必须予以铲除的邪教。

**记者：**

于是他们就开始迫害你们了？

**查士丁：**

是的，他们千方百计地迫害我们。公元64年，一场大火席卷了罗马，几乎摧毁了整座城市。然而，暴君尼禄竟说这火是基督徒所为，因此对基督徒大肆屠杀。他们让基督徒穿上粗布衣服，再涂上沥青和硫黄，捆在木桩上烧。到了晚上，罗马城到处都是这些被点燃的基督徒，尼禄称之为“城市的火炬”。看到这些“火炬”被点起来，他高兴得手舞足蹈。

**记者：**

尼禄真是暴君啊！

**查士丁：**

罗马统治者迫害我们的手段比你想象的还要残忍：有些人被投入海中溺死，

有些人被乱石砸死，还有人被砍掉双手或者肢解……

**记者：**

真是太血腥了！

**查士丁：**

但是，罗马皇帝们的暴行丝毫没有影响基督教的传播。相反，殉道者们的血成为“基督教的种子”，基督徒的数量也越来越多。后面的事情你是知道的，最终我们征服了欧洲，还传播到了欧洲以外的地方，我们死而无憾。

## 四、天下没有无缘无故的恨

**记者：**

你有没有想过，为什么罗马帝国上上下下的官员和很多百姓都对你们如此仇恨呢？

**查士丁：**

我也反思过这个问题，客观地讲，我想应该有这样几个方面的原因，导致罗马帝国的官民们如此仇恨我们。

**记者：**

请讲。

**查士丁：**

罗马帝国原来是一个多民族的国家，宗教也形形色色，可以说是多神教。在这种情况下，要维系一个国家的统治，只有一个办法，那就是要崇拜皇帝，要有一个唯一的权威，否则国家就会瓦解。为了维系这个权威，统治者规定臣民必须向皇帝像献祭，否则就是叛逆。

**记者：**

多民族、多宗教的国家往往都是这种情况，这和你们基督教有什么冲突呢？

**查士丁：**

当然有冲突，无论是犹太人还是基教徒，都反对偶像崇拜。此外，我们还有聚会、吃圣餐的习惯，但这在教外人眼中，意味着私下在搞阴谋或巫术。因此，当我们拒绝敬拜皇帝时，自然会遭到他们的无情打击。

**记者：**

据我了解，罗马帝国最初是一个对于信仰非常宽容的国度，并且罗马人会把他们征服的地区信仰的神明加入自己的万神庙，各个宗教平起平坐。但你们基督徒的看法似乎非常极端，你们不仅反对与别人平起平坐，而且要让别人的神置于你们的神的统领之下。

**查士丁：**

你说得没错。罗马人对我们基督教的这种排他性确实耿耿于怀，因此也认为我们的宗教对他们的政权构成威胁。

**记者：**

罗马人最初并不欢迎基督教，还有别的原因吗？

**查士丁：**

还因为我们的教义为罗马统治者所不容啊。我们基督教宣传人人平等，在上帝面前，无论是皇帝还是奴隶，都是平等的。你要知道，在罗马帝国，一半以上的人口都是奴隶。我们主张奴隶与皇帝平等，这肯定让罗马的皇帝们感到恼火。最后，还有一个原因，或许是与钱有关。

**记者：**

与钱有关？怎么讲？

**查士丁：**

《新约·使徒行传》里讲过这样一个故事：以弗所城中那些制作黑色狄安娜小雕像的工匠，一旦发现雕像的销量下降，他们的收入减少，就会发动骚乱。他们会把生意上的亏空归咎于我们基督教反对任何偶像的主张。这也是原因之一。

## 五、为“护教”而写作

**记者：**

毫无疑问，你是一位伟大的基督教教徒，人们把“哲学家”和“殉道者”这两个称号放到你的名下是实至名归。我还听说你写过很多著作，你的著作对后来的基督教作家影响很大。在这些著作中，你最满意的是哪几部？

**查士丁：**

我最满意的或许就是你现在能够看到的三篇著作，其余的基本都灰飞烟灭了。这三篇著作是《第一护教篇》（*Apology* Ⅰ）、《第二护教篇》（*Apology* Ⅱ）和《与犹太人特里弗的对话》（*Dialogue with Trypho the Jew*）。（参见［古罗马］查士丁：《护教篇》，石敏敏译，生活·读书·新知三联书店2014年版）

**记者：**

你说得没错，我现在能够看到的也只有这三篇作品，别的实在是看不到了。

**查士丁：**

我的《第一护教篇》是写给罗马皇帝安东尼·庇护（Antoninus Pius）和他的两个养子马克·奥勒留（Marcus Aurelius）和卢修·维鲁斯（Lucius Verus）的——他们都是未来的皇帝。《第二护教篇》是写给罗马元老院的。所谓“护教篇”，也即为基督徒和基督教辩护和请愿而作。

**记者：**

那你的《与犹太人特里弗的对话》又是写给谁的呢？

**查士丁：**

《与犹太人特里弗的对话》是针对犹太人而写的，我在其中解释了摩西的律法和基督的教导。它里面有一半的内容实实在在地记录了我与犹太教师特里弗的对话，还有一部分内容属于我的创作。

**记者：**

特里弗？真有此人吗？

**查士丁：**

有的。在我们那个时代，特里弗可是很有名的犹太拉比。

**记者：**

何谓拉比？

**查士丁：**

拉比就是老师、教授，也可以说是智者、先知。

**记者：**

你写这三篇作品，都是为了给基督教和基督徒做辩护吗？

**查士丁：**

正如刚才我和你探讨的那样，我们生活在信仰遭受严重摧残的年代。我们没有任何别的力量去和罗马的当政者抗衡，唯有用我们的著作，用我们的思想，去感化那些掌权者。

## 六、中规中矩的“礼仪”

**记者：**

我想了解一下，你是如何进行辩护的？

**查士丁：**

我的辩护从多方面展开。首先，是从驳斥一些谣言入手。

**记者：**

什么谣言？

**查士丁：**

关于我们的一些传教活动，当时的罗马社会中存在着各种各样的谣言。一些人说，我们聚会是在搞迷信、搞巫术、搞恐怖活动。正是这些谣言，给罗马当局提供了对我们基督徒进行疯狂迫害的借口。

**记者：**

我理解你的意思。那你是如何来驳斥这些谣言的呢？

**查士丁：**

我在信中告诉罗马皇帝，我们基督教的这些礼仪已经实行了 100 多年。我们之所以选择在礼拜日搞聚会，是因为这是一周的第一天。神在这一天创造了世界、创造了光，耶稣也正是在这一天从死亡中复活的。

**记者：**

你是想让罗马帝国的统治者们相信，你们的礼拜活动是一个搞了 100 多年的正常活动？

**查士丁：**

没错。我告诉罗马皇帝，我们基督徒在礼拜日集会，不是商量如何去对付政府，也不是商量如何去蛊惑人心，而是通过这个活动来学习《圣经》。我们在集会上先是诵读使徒的一段回忆录，也就是《福音书》或者先知的著作；然后，主礼人也就是主教会告诫听众，要按照刚才读的教导好好生活；最后，全体起立，共同祷告。关于圣餐，它的设立源于耶稣在与其门徒共进最后的晚餐并掰饼分酒给门徒时所说的“这是我的身体”“这是我的血”。我告诉罗马皇帝，圣餐的礼仪是这样做的：我们先是祷告，相互祝福，然后将饼和酒送到主礼人那里，由他奉圣子、圣灵之名向天父献上赞美，感谢上帝赐予我们这些恩赐，最后大家一起齐声说“阿门”来表达诚心赞同。

**记者：**

你们祷告时都以“阿门”结尾，“阿门”是什么意思呢？

**查士丁：**

在希伯来语中，“阿门”的意思是“但愿如此”。说完这句话后，那些被称为执事的人会将这些经过祝谢的饼和酒分给每个出席的人，缺席的人也可以将他应得的那一份让别人带给他。我们把这些食物称为“圣餐”，只有信仰基督、接受洗礼、按基督的戒律生活的人才能分享它们。我们不是把这些食物当作普通的食物，而是当作我们的救世主——道成肉身的耶稣基督为我们的得救而献出的血和肉。因此，我们接受的教导是，通过祈祷的话语，我们得到滋养，我们的血肉也与道成肉身的耶稣的血和肉相似。

**记者：**

简单来说，你苦口婆心，是想让罗马皇帝相信你们搞的这套礼仪没有恶意。

**查士丁：**

是的。分完圣餐以后，那些基督徒中比较富有的人会自愿进行捐献。这些捐献被收集好以后，由主教掌握。它们可以用来救济那些孤儿、寡妇、穷人、匮乏者、囚徒和陌生人。总之，它们主要用于照料那些弱势群体。

**记者：**

关于洗礼，你是如何解释的呢？

**查士丁：**

我在《第一护教篇》中是这么写的：我们劝说那些信奉我们的学说是真理并已经发誓要照此生活的人，祈祷、节食，并对过去犯下的罪行予以悔过。我们和他们一起祈祷和节食，然后把他们领到有水的地方受洗。通过这种方式，他们得到新生，就像我们如何得到新生一样。总之，他们是以天父、万物之主的神、耶稣、救世主、圣父和圣灵的名义接受水洗。

**记者：**

你们为什么要搞这种洗礼呢？

**查士丁：**

基督说过，人若不重生，就不能进入天国。说到底，让人们接受洗礼，就是让人们在沐浴中受到启发，让人们的智慧得到启迪，认识到自己的罪过，相信上帝的伟大。

**记者：**

关于基督教的礼仪，你还做过其他辩护吗？

**查士丁：**

我的辩护就是这些。我想让罗马的皇帝们相信，我们搞的这些礼仪中规中矩，既不是为了蛊惑民众造反，也不是为了说政府的坏话。我们不是暗中行事的凶杀犯、炼金术师，更不是寡廉鲜耻的乱伦者。这一切都是无耻的污蔑，因此政府没有必要也没有理由对我们大动干戈。

## 七、柏拉图或是摩西的学生

**记者：**

在《第一护教篇》中，你多次提到柏拉图，说他从你们基督教的先知那里学到了很多东西，甚至说苏格拉底也曾经与你们基督徒一样，追求着同样的东西——上帝。你的这些说法听起来很是奇怪。如果真的如你所说，连柏拉图和苏格拉底都曾经向你们的先知学习，有着与基督徒共同的追求，那崇拜柏拉图和苏格拉底学说的罗马的皇帝们就不可能对你们进行打压了。

**查士丁：**

本来就是如此，我没有胡编乱造。你看看，在我们的《圣经》中，我们的先知曾说过上帝是如何创造了世界："起初，神创造天地。地是空虚混沌，渊面黑暗；神的灵运行在水面上。神说'要有光'，就有了光。"（《旧约·创世记》1：1—3）《圣经》强调世界是由上帝创造出来的，是通过改造杂乱无章的物质而创造出来的，而柏拉图在他的著作中多次强调他同意这种说法。可以说，他的说法与《圣经》中的说法大同小异。无非是在柏拉图的著作中，那个永恒的、用于创造世界的东西被他称为“理念”，而在我们基督徒看来，则叫“上帝”。

**记者：**

你的意思是说，柏拉图的著作中关于世界构成的很多说法是从《圣经》那里学来的？有点儿意思。

**查士丁：**

一点儿不假。另外，古希腊的很多诗人都经常提到“阴间”这个词，而这个词我们的先知摩西早就说过。如果不信，请你去看看《申命记》第 32 章第 22 节，你就明白了。

**记者：**

请你继续讲讲柏拉图还在什么地方求教于你们的先知。

**查士丁：**

柏拉图有一篇著作叫《蒂迈欧篇》，里面从自然哲学的角度讨论了“圣子”。他的原话是这么说的：“他把它呈十字形，放在宇宙中。”他的这种说法同样也是从摩西的话里借来的。

**记者：**

摩西是怎么讲的？

**查士丁：**

摩西在著作中曾提到，以色列人离开埃及时，在荒野中遭到了毒虫猛兽的攻击，其中包括各种各样的毒蛇，这些毒蛇咬死了很多人。摩西受到上帝的启发，把一块黄铜做成十字形然后放在神圣的帐幕里，并对人们说：“你们一望这蛇，就必得活。”做完这些以后，那些蛇就死了，人们也就此逃脱了死亡。我相信，柏拉图在他的著作中提到的十字架与摩西提到的十字形的黄铜架是具有可比性的。因此，我们可以说柏拉图关于十字架的很多教导，与摩西十字形黄铜架的说法有前后的继承性。虽然柏拉图的说法与摩西的说法可能略有不同，但是核心点是一样的。

**记者：**

我明白你的意思。柏拉图关于物质世界的构造以及关于上帝的很多论证，与《圣经》中的很多提法是相似的，因此，在你看来，柏拉图可以说是你们先知的一个学生。

**查士丁：**

是的。除了柏拉图，作为柏拉图老师的苏格拉底与我们的先知也有很多共通的思想。

**记者：**

你这种说法可能不妥，很多资料表明，苏格拉底的出生时间是早于耶稣的。在这种情况之下，苏格拉底是不可能看到《圣经》的，又怎么能说他也受到你们先知的影响呢？

**查士丁：**

我的话你可以这么来理解：两个不同的人可以互不联系、没有任何来往，但当他们采用相同的法则去研究某个问题的时候，就可能得出同样的结论。

**记者：**

此话怎讲？

**查士丁：**

苏格拉底是希腊哲学的鼻祖，他思考问题是诉诸理性的。通过这种理性，他发现自己所追求的东西恰恰与我们这些基督徒要追求的东西是一致的。

**记者：**

那你们和苏格拉底所共同追求的东西是什么呢？

**查士丁：**

这个东西就是上帝，就是万物的制造者。因此，可以说我们与苏格拉底具有共同的追求。苏格拉底被雅典法庭以藐视传统宗教、引进新神等罪名判处死刑，但后来人们逐步改变了对苏格拉底的看法，并且认可他的追求，承认他的价值。

## 八、基督教：开放、乐于倾听和服从

**记者：**

据我了解，当时基督教的很多对立面，也就是被你们称为异教徒的那些人，他们共同指责说，基督徒没有为其信仰提供充足的理由，因此你们的信仰是盲目的，也就应该受到打压。

**查士丁：**

这样的指责和指责我们吃人肉一样，是很荒谬和站不住脚的。我只想通过我著作告诉皇帝和那些异教徒，基督教的信仰并不是一种任意的偏见，而是开放、乐于倾听和服从的真理。然而，异教徒恰恰就是对基督教缺乏这种态度，他们用偏见来代替公正的调查。他们对我们的迫害，也可以说都是非法的、违背理性的。

**记者：**

基督教作为一种宗教，要想使其信徒的信仰行为和传教行为显得合理合法，就必须证明自身的合理性。在我所看过的很多关于基督教的著作中，我发现很多人是运用神迹来证明基督教的合理性的。也就是说，在这个世界上存在着只有假定基督、神存在才能予以解释的很多奇怪的现象，而这些现象的存在恰恰证明了上帝的存在，也证明了基督教的合理性。我相信你也是这种观点的支持者，是吗？

**查士丁：**

错，我对此不以为然。对于基督徒来说，种种神迹的存在固然是上帝存在的重要证据，但这些神迹经常被当作巫术。魔鬼模仿某些事物时也可能会惟妙惟肖，经常让人很难分清哪些是神迹，哪些是魔鬼的花招。因此，只用神迹来证明上帝的存在，其结果往往是事倍功半。当然，一些对上帝怀有敬畏之心并且见证了其神迹的人是相信上帝存在的。但是，有很多人对此并不相信，神迹在他们眼中是不起作用的。一句话，运用神迹来证明基督教的合理性，这种方法是有问题的。

**记者：**

那你是用什么方法来证明基督教的合理性的呢？

**查士丁：**

我的方法不是神迹证明法，而是预言应验法。也就是说，我根据《圣经》里的很多预言越来越得到事实的证明，来证明基督教的合理性。

**记者：**

你的这种方法很多人都使用过。在很多人看来，你的这些论证其实都是循环论证。事实上，诉诸预言，就是要求预言真正得到应验；如果得不到应验，就不可能把你的希望寄托在这些预言的基础上。而应验了的预言，才能成为令人满意的证据。因此，你的这些论证都是循环论证，无法证明上帝的存在和基督教的合理性。你必须寻找更为合理的论证方法，否则就很难让人心服口服。我认为那些异教徒把你们和当时的很多异教神话混为一谈并予以攻击，可能就与此有关。

**查士丁：**

你说得没错，当时罗马当局认为基督教和很多异教的神话差不多。他们把能治愈疾病的上帝与古希腊医神阿斯克勒庇俄斯（Asclepius）混为一谈，他们把童贞女生子与宙斯之子珀尔修斯（Perseus）的出生混为一谈，他们把基督教的洗礼与多神教的一些净化混为一谈，他们把我们的圣餐与密特拉秘仪（Mithraic Mysteries）中的礼拜混为一谈……似乎我们基督教与一些异教的神话是一回事。

**记者：**

你不能说人家空穴来风。对于很多人来说，你们的那些神神道道的仪式，似乎与一些低层次的巫术和异教神话没什么区别。

**查士丁：**

不，我们对巫术是持否定态度的，异教神话与基督教也只是有一定的相似性。

## 九、最早的“三位一体论”

**记者：**

在基督教中，“三位一体”是基本教义之一。有很多资料说，是你在致罗马皇帝的《第一护教篇》中首次提出了“三位一体论”，这种说法对吗？

**查士丁：**

别人说没说我不知道，但我确实在我的《第一护教篇》中提出了这个观点。

**记者：**

你是怎么说的呢？

**查士丁：**

我在《第一护教篇》中提到，基督教的崇拜源于耶稣基督的教导。耶稣基督是圣子，是圣父的使者，也是万民之主。在基督教的崇拜对象中，首先是真正的上帝，然后是圣子，也就是耶稣基督，最后是圣灵。

**记者：**

那何谓圣灵呢？

**查士丁：**

所谓圣灵，就是上帝和圣子所共同拥有的灵魂。

**记者：**

你的这个说法与“三位一体论”很接近了。

**查士丁：**

在我的学说中，耶稣基督是上帝的儿子，是上帝的道和头生子，是上帝的力量之所在。耶稣基督按照上帝的意愿变成人，他教导我们去做至善至美之事，使人类可以皈依和复兴。

**记者：**

但人们为什么要敬拜圣父、圣子和圣灵呢？

**查士丁：**

这个很简单，因为他们是一切良善和美德的源泉，所以必须敬拜。除了他们，别的都毫无价值。

## 十、基督就是“逻各斯”

**记者：**

最后，我再向您请教一个问题。

**查士丁：**

请讲。有多少问题都可以提出来。

**记者：**

你在作品中多次提到“逻各斯”这个概念，我觉得不好理解，想请你解释一下。

**查士丁：**

在古希腊哲学中，“逻各斯”是关于规律性的哲学范畴，这个我相信你是知道的。

**记者：**

这个我清楚，古希腊哲学中的“逻各斯”和我们中国哲学中的“道”有共通之处。

**查士丁：**

我不太清楚你们中国哲学中的“道”，但在古希腊的哲学中，“逻各斯”就是至高无上的存在——这个东西造就了万物，控制了万物的生长，控制了万物的变化。万物根据“逻各斯”而生成，“逻各斯”也引导万物走向至善至美的道路。

**记者：**

你是这么理解“逻各斯”的？

**查士丁：**

是的。我也反复研究了柏拉图的著作，在他的著作中，他所谈到的“逻各斯”就是这个意思。通过比较，我也明确地告诉你，在基督教中，基督就是柏拉图笔下的“逻各斯”。他拥有两种身份，一种身份是永恒的上帝，另一种身份就是“另一位上帝”，也就是我们的耶稣基督。也正是因为有这个“逻各斯”的存在，才有了世界万物的存在，才有了人自觉自信逐步圆满的可能性。

**记者：**

你是把基督教中的耶稣基督与古希腊哲学中的“逻各斯”等同，并用它来解释你们的宗教信仰。

**查士丁：**

是的。我已经和你反复讲过了，基督教不仅是一种信仰，而且是一种哲学，是一种智慧。人类犯罪的原因，是出于无知，归根结底，是出于对《圣经》、对基督教理论的无知和误解。因此，要想成为一个至善之人，就必须成为一个基督教教徒。

**记者：**

总之，你是千方百计地把你们的基督教与当时罗马帝国所尊崇的古希腊哲学画上等号，你们的目的，就是要让那些罗马皇帝不要对你们的传教活动予以打压，好让你们自由地发展。

**查士丁：**

说透了，就是这么回事。

# 查士丁简传

查士丁（Justin，约公元100—165年），又称殉道者查士丁（Justin Martyr），罗马帝国时期神学家、基督教护教士。据查士丁的著作记载，他大约公元2世纪出生在叙利亚弗拉维亚·尼亚波利士的一个拉丁移民家庭。弗拉维亚·尼亚波利士居住着许多犹太教信徒，也有基督教教徒和信仰多神教的异教徒，但查士丁最终选择了皈依基督教。公元165年，查士丁因信仰的缘故遭到犬儒学派哲学家克雷桑（Creissan）陷害而殉道。

查士丁被认为是第一位接受基督教的哲学家。他一生著述颇丰，但流传在世的并不多，只有《第一护教篇》（又称《护教首篇》）、《第二护教篇》（又称《护教次篇》）、《与犹太人特里弗的对话》（又称《与特里弗的对话》）和4个残篇被认为是他的作品。其中，《第一护教篇》是查士丁写给罗马皇帝安东尼·庇护及其养子的信，信中查士丁请求罗马政府停止逼迫，公正对待基督徒，并说明基督徒的信仰和行为实际上反映了更高的理性和道德标准。《第二护教篇》是他写给罗马元老院的信，信中指出罗马政府迫害基督徒是出于无知和偏见，而基督教教义比所有人类哲学都更崇高。《与特里弗的对话》则记录了查士丁皈依基督教的过程，说明了基督教“道成肉身”的教义与一神论并不冲突，而耶稣就是《旧约》中预言的“弥赛亚”（“基督”）。

查士丁的思想并不复杂。他认为基督教是真正完善的哲学，其核心就是逻各斯精神。他的名言是“真哲学就是真宗教，真宗教就是真哲学”。

# 第二章　向一切异端说“不”！

## ——对话伊里奈乌

## 引　子

小亚细亚是使徒约翰最后工作的地方，在其影响下，这里在公元2世纪涌现出了一批基督教早期的重要人物，后世学者们称之为“小亚细亚学派”。我们的主人公伊里奈乌是小亚细亚学派的代表人物，他被公认为大公教学说体系的主要缔造者之一。《驳异端》是伊里奈乌最主要的著作，其核心思想是反驳一切挑战基督教正统思想的异端邪说。让我们走近伊里奈乌，聆听他是如何驳斥各种异端邪说，聆听他是如何论述罪与恶的。

## 一、小亚细亚学派的最后一位希腊教父

**记者：**

为了研究你的思想，我到处收集与你有关的资料，很遗憾，资料极少！

**伊里奈乌：**

我生活在公元2世纪，时间过去太久了，能找到关于我的一些蛛丝马迹就不错了。不过，我的著作你应该能找到吧？

**记者：**

我只看到过你的著作《驳异端》的第四卷和第五卷。

**伊里奈乌：**

看过就好。

**记者：**

据说你出生在小亚细亚？

**伊里奈乌：**

我也不是记得太清楚。我只记得青年时代我经常住在小亚细亚，当然，我有时也住在士麦那（今土耳其西部港市伊兹密尔）。我都记不清，你也就不要太较真了。

**记者：**

人们说你是小亚细亚学派的最后一位代表人物，这个说法你同意吗？

**伊里奈乌：**

不存在同意不同意的问题，事实就是如此。

**记者：**

请你解释一下。

**伊里奈乌：**

小亚细亚是我们基督教的使徒约翰（Apostle John，耶稣十二门徒之一）最后工作的地方，由于他的影响，在小亚细亚出现了许多伟大的教父。

**记者：**

可否列举一下？

**伊里奈乌：**

比如士麦那的波利卡普（Polycarp of Smyrna）、希拉波利斯的帕皮亚斯（Papias of Hierapolis）、希拉波利斯的阿波里那留（Apollinarius of Hierapolis），还有萨底斯的梅利托（Melito of Sardis）（参见王晓朝主编：《信仰与理性——古代基督教教父思想家评传》，第21页），这些人都是使徒约翰的门徒或隔代门徒。

**记者：**

你把你自己漏掉了。

**伊里奈乌：**

我是最后一位嘛。

**记者：**

很多人都说你是其中最伟大的一位。

**伊里奈乌：**

多谢褒奖。

## 二、波利卡普是我真正的导师

**记者：**

在你之前的那些重要人物中，谁对你的思想影响最大？

**伊里奈乌：**

波利卡普，他是一位伟大的主教，一位伟大的殉道者。

**记者：**

据说你从小就听过波利卡普的布道？

**伊里奈乌：**

是的，我很小的时候就听过波利卡普和其他许多教父的教诲。正是从波利卡普那里，我获得了真正的、纯正的福音，我终生都在实践这些伟大的教诲。没有波利卡普和其他先行者的教诲，就没有我今天的学说，就没有我今天的人生！

## 三、亚洲人竟然当了欧洲人的主教

**记者：**

小亚细亚明显属于亚洲，据说你后来到了欧洲传教，竟然被欧洲人选为主教，有意思！

**伊里奈乌：**

担任主教，有利于让更多的人皈依基督教。

**记者：**

他们听得懂你的语言吗？

**伊里奈乌：**

当时欧洲的知识精英们都精通希腊语，我的母语就是希腊语，因此，欧洲人不反对我这样的亚洲人担任他们的主教。

**记者：**

有人说你几乎让所有里昂人都皈依了基督教，是吗？

**伊里奈乌：**

传教、布道是我终生的事业，里昂只是我事业的起点。

**记者：**

据说当时的基督教世界分裂得很厉害？

**伊里奈乌：**

是的，但我终生都努力维护基督教教会的统一。

**记者：**

你做过哪些具体的促进基督教世界统一的事情？

**伊里奈乌：**

当我在法国里昂当长老的时候，我就派人给罗马的主教埃留提利乌斯（Pope Eleuterus）去信……

**记者：**

去信干吗？

**伊里奈乌：**

我是劝罗马的主教对小亚细亚的孟他努主义者（Montanist）持宽容态度。当后来的罗马主教维克托一世（Pope Victor Ⅰ）决定断绝与小亚细亚之间关系的时候，我则寄信给此人，强烈谴责他的专横。

## 四、作为异端的诺斯替主义

**记者：**

你一生最重要的著作是《驳异端》，其核心思想就是驳斥一种被称为“诺斯替主义”（Gnosticism）的流派。我想了解一下，诺斯替主义是一种什么主义？

**伊里奈乌：**

诺斯替主义起源于公元1世纪，比我们基督教的形成略早。它的各个教派没有统一的组织，但在教义上则大同小异，都可被称为“重知主义”。

**记者：**

“重知主义”？

**伊里奈乌：**

诺斯替主义认为物质和肉体都是罪恶的，只有领悟神秘的“诺斯”（gnosis）才能使灵魂得救。在希腊文中，“诺斯”意为“真知”“灵知”“直觉”；掌握这种真知的人被叫作“诺斯替”（gnostikoi），意为“真知者”“灵知者”。

**记者：**

基本明白了。有人用“反宇宙”“反物质”来概括诺斯替教派的教义，你同意这种说法吗？

**伊里奈乌：**

同意。

**记者：**

据说诺斯替主义虽然有多个教派，但它们在攻击你的理论方面却是众口一词？

**伊里奈乌：**

是的。

## 五、诺斯替主义是一种典型的二元论，因而是反基督教的

**记者：**

在你看来，诺斯替主义与基督教的根本区别在哪里？

**伊里奈乌：**

我们基督教是一元论的，基督教特别看重现实的拯救。

**记者：**

诺斯替主义难道不是这样？

**伊里奈乌：**

诺斯替主义者不仅抛弃了我们的《旧约》，也背离了我们基督教的基本教义。在他们看来，基督教特别看重的拯救只是通往至圣道路上的一个比较低的阶梯……

**记者：**

诺斯替主义者是如何看待基督的呢？

**伊里奈乌：**

在诺斯替主义者那里，基督不再被认为是一个有血有肉的历史人物，而只是一个半神话的虚构性人物而已。而且，基督的最大成就只是在于传播启示的知

识，使人们的灵魂从感官世界中解脱出来，从而回忆起自己真正的、永恒的精神家园，然后直接依赖新的灵性知识，或者借助圣事和苦修，回到自己的精神家园。由此，人们的灵魂又可以重新成为像基督那样神圣的存在。

**记者：**

感觉与真正的基督教教义确实不一样。

**伊里奈乌：**

肯定是。顺便再说几句，在我们基督教传统的认知中，犹大是为了钱财而出卖耶稣的叛徒。但在部分诺斯替主义者看来，犹大被应许看到了天堂的景象，是获得了“知识”的独一之人；他被耶稣指使而出卖了耶稣，因为耶稣希望脱离肉身到达神性的领域。犹大背负被辱骂的命运执行了耶稣的建议，自此圣灵才得以重返天界。

**记者：**

这与我所了解的完全相反。

**伊里奈乌：**

是的，诺斯替主义与历史上的琐罗亚斯德教非常相似，在他们眼中，这个世界不是黑就是白，不是物质就是精神，典型的二元论，完全是胡言乱语，所以我要拼命予以驳斥。

**记者：**

有人说，诺斯替思想来源于两个文献，一个是《死海古卷》（*The Dead Sea Scrolls*），一个是《拿戈·玛第文集》（*Nag Hammadi Library*）。

**伊里奈乌：**

这我不得而知。

## 六、罪与恶是个大问题

**记者：**

在你的书中，可以看到你特别重视对罪恶问题的研究，你为何如此重视这个问题呢？

**伊里奈乌：**

罪恶问题最早是由古希腊哲学家伊壁鸠鲁提出来的。

**记者：**

据说伊壁鸠鲁时代的人们提出罪恶问题，就是为了用罪与恶的存在来证明上帝的不存在。

**伊里奈乌：**

是的，要证明上帝不存在，最现实、最有力的理性根据也莫过于指出“罪、恶”的存在了。无论是哪一种宗教，只要你所崇拜的对象是至高至善的，那么就很难把这种信念跟人间罪恶泛滥的现象调和起来。

**记者：**

也就是说，既然上帝创造一切，既然上帝是至高无上的，既然上帝是至善至美的，那么就不可能有罪，就不可能有恶。

**伊里奈乌：**

是这样，你说得没错。

**记者：**

而实际上，人间罪恶的存在又是一个不争的事实，如何解释呢？

**伊里奈乌：**

“神正论”便应运而生。

**记者：**

“神正论”？

**伊里奈乌：**

“神正论”是面对恶的存在而为神之正义做辩护的理论。罪恶问题不是小问题，要说清楚这个问题，必须解决好这样几个问题。

**记者：**

哪些问题呢？

**伊里奈乌：**

比如，罪恶是什么呢？如果像宗教经典或教义里讲的那样，自然法则来自神或上帝，那为什么人类会受到这么多灾难、惩罚和危害呢？神或上帝是否应该为人类创造一个没有威胁、没有灾难的生存环境呢？哪怕少一点灾难也好。假如上帝和神能做到这一点，那他为什么不这样做呢？在人性方面，为什么神或上帝让人们勾心斗角、相互倾轧呢？难道神或上帝存心不理会这个世界上的歧视、压迫、战争、贫困等邪恶现象吗？神或上帝是否应该从一开始就让人们以善相待、和睦相处，让这个世界更平等、更公正呢？说来说去，这些问题可以归结为一个问题，即假如我们相信神或上帝无所不能、无所不知，是至爱至善的，那为什么他竟会创造出我们这个充满罪恶的世界呢？

**记者：**

这是一个标准的“二难推理”问题：如果说上帝是至爱的，他肯定愿意消除一切罪恶；如果说上帝是全能的，他肯定能消除一切罪恶。可是罪恶依然存在，所以上帝既不可能是至爱的，更不可能是全能的。

**伊里奈乌：**

是的。这样说难，那样说也难。

## 七、人的创造工程即是一个“灵魂锻造”过程

**记者：**

如何看待罪与恶，事关神的合法性问题，看来确实应该高度重视。

**伊里奈乌：**

关于罪恶问题，我在《驳异端》中就指出，世界是神凭其神性的意志从无中创造出来的。世界的创造除了上帝的善性，是没有其他原因的，这种善性不是原因，而是一种动机。

**记者：**

你的意思是？

**伊里奈乌：**

人也是根据善被造出来的，但由于人是从无中创造出来的，所以人并不是尽善尽美的。人的不完善性表现为人是有限的，为了达到目的，人要不断地发生变化，以逐渐达到他的完善。

**记者：**

人要成为无限，就必须不断地进步？

**伊里奈乌：**

是的，人处于幼稚或童年的状态，就需要成长，以达到精神上的成熟。上帝

创造人类的过程，也就是人类自身成长的过程。既然上帝创造人类并非一蹴而就，那么人类自身的成长自然也要经过一个漫长的过程，也即“锻造灵魂”的过程。

**记者：**

这个说法我第一次听说。

**伊里奈乌：**

我们可以把上帝创造人类的过程划分为两个阶段，即“上帝所想象的人”和“像上帝的人”。

**记者：**

如何理解？

**伊里奈乌：**

第一阶段，人首先是作为一种有理智的动物而得以存在的，此时的人类刚刚踏上成长的道路，虽然还不是一种成熟的被造物，但是一种很有道德或精神发展潜力的存在者。第二阶段，人类通过自由地响应上帝的创造目的，从最初的存在层次逐步迈向最高的存在层次，即从“动物的生命”走向“永恒的生命”，最终成为“上帝的女儿”。

## 八、人的理性和神圣的启示

**记者：**

关于信仰与理性的关系问题，你是较早提出此问题的哲学家或神学家之一，你为什么重视此问题的研究呢？

**伊里奈乌：**

认识“实在”，启示是最重要的路径，但这不是唯一的路径。

**记者：**

毫无疑问，运用理性与智慧也是路径之一。

**伊里奈乌：**

这二者是不能相互代替的，尤其是无论人类的理性和理智能力有多强，它们都不能代替上帝的启示。

**记者：**

理性与理智能力能够取到上帝的启示吗？

**伊里奈乌：**

也不能。对于上帝的启示，人们也不能不假思索地接受，而要运用理性去予以理解。这才是我们这些有知识的基督徒要干的事情。

**记者：**

在你看来，似乎信仰与启示都是理性和理智的研究对象。

**伊里奈乌：**

是的，信仰是理性最重要、最有趣的研究对象。

**记者：**

古希腊的哲学家们是理性主义者，他们最看重理性的作用，而对信仰的作用则不屑一顾。

**伊里奈乌：**

我与他们不同，在我们这些基督徒看来，理性必须置于启示的指导之下。

**记者：**

但启示太神秘，是很难把握的。

**伊里奈乌：**

启示并不神秘，启示是所有基督徒所共有的东西，所有的启示都是相同的，不存在什么高于教会传统的秘密。我们的任务就是去传播这些伟大的传统，并确保所有基督徒对于传统的理解的统一性和一致性。

## 九、“古人的”就是“今人的”

**记者：**

看你的著作，总觉得你对古人是无比的迷恋、无比的崇拜，字里行间都是“古人的见证”。

**伊里奈乌：**

“古人的见证”代表着古老的传统与历久弥新的真理。作为基督徒，我们必须尊重那些最古老的文献和最古老的教条，不能进行任何篡改，因为唯有这些东西，才是教会权威信息的证据。

**记者：**

越是古老的，越是需要坚持的。

**伊里奈乌：**

是的。诺斯替主义之所以必须予以铲除，并非它与当下的一些教条存在什么矛盾，而是它与最古老的教条相冲突。我们必须坚持最古老的信仰，向一切异端开战，唯有如此，我们的布道事业才会越来越伟大！

## 伊里奈乌简传

伊里奈乌（Irenaeus，约公元 130—202 年），生于士麦那，希腊护教士，早期教父哲学家。他于公元 160 年至里昂任教士，177—178 年任里昂主教，因此也被称为里昂的伊里奈乌（Irenaeus of Lyons）。伊里奈乌被普遍认为是小亚细亚学派的最后一位也是最伟大的代表人物。他的著作大都仅有残篇流传，唯一留存的全本著作是五卷本的《揭露和批驳伪知识》（*Denunciation and Refutation of the So-called Gnosis*），通称《驳异端》（*Adversus Haereses*）。伊里奈乌之所以著名，主要不是由于他同异教徒的论战，而是因为他同诺斯替教派的论战。他反对诺斯替教派主张的大神产生小神、小神产生世界的流溢说，坚持认为神只有一个，也就是借着自己的道创造世界万物的上帝。

# 第三章　“三位一体论”

## ——对话德尔图良

## 引　子

在基督教世界乃至西方整个思想界，有两句名言几乎无人不知、无人不晓，一句是“殉道者的鲜血是教会的种子”，另一句是“雅典与耶路撒冷有何相干?”，而这两句名言正出自我们的主人公德尔图良。德尔图良的三篇著作，即《护教篇》（*Apologeticus*）、《驳马西昂》（*Adversus Marcionem*）、《驳帕克希亚》（*Adversus Praxean*）被公认为西方正统神学的经典，其奠定了西方神学无可撼动的基石。如果说这些您都不知道，那么您可能还听过“道成肉身”“三位一体”之说。这两大学说是基督教和犹太教的重要理论，而它们的原创者也是德尔图良。一些人甚至说，“德尔图良的伟大比起奥古斯丁也有过之”。让我们走近德尔图良。

## 一、我们不是坏人

**记者：**

据说，到了你所生活的时代，基督教在欧洲发展得已经非常不错了。

**德尔图良：**

是的。在我那个时代，基督教的发展已经远远超过以前。在罗马帝国的一些城市，绝大多数居民都皈依基督教，成为基督徒。

**记者：**

基督教发展得快，我相信必然会引起政府的警觉，是不是?

**德尔图良：**

是的。对我们基督教的发展感到紧张的不仅有罗马政府，还有异教徒；不仅是罗马帝国的统治者对我们很反感，跟我们观点不一样的知识分子和普通老百姓对我们也是误解多于理解，也对我们怀有各种各样的偏见。

**记者：**

为什么会出现这种情况呢？

**德尔图良：**

是一些人的抹黑所造成的。在社会上，针对我们基督徒的造谣非常厉害。他们把我们当成是凶杀犯、炼金术师、乱伦者，他们到处说我们是犯罪分子，是诸神的敌人，是法律的敌人，是优良道德的敌人，是全人类的敌人。在这些人看来，基督教的存在会导致诸神的愤怒，会引起各种灾难和不幸。

**记者：**

我看过你写的《护教篇》。你在这本书的第40章有这样的话："如果台伯河（Tiber）水涨到城墙那样高，尼罗河水不能流到田间，天不下雨，发生地震，有了饥荒瘟疫，他们立即叫道：'把基督徒投入狮圈！'"（转引自［古罗马］德尔图良：《护教篇》，涂世华译，上海三联书店2007年版，第71页）

**德尔图良：**

在当时普通民众的心目中，我们基督徒就是一个秘密的社团，一群崇拜可耻现象并进行一系列罪恶祭祀的人。

**记者：**

那你是如何进行辩解的呢？

**德尔图良：**

我通过我的《护教篇》告诉罗马帝国的当权者和普通老百姓，那种认为基督徒在举行圣仪时会杀死小孩做祭祀的指控是胡说八道。我说，基督教与犯罪无关，那些所谓的基督徒暗中的犯罪行为实际上是异教徒所犯下的罪行。我还告诉他们，基督徒不是帝国的敌人，我们从来没有参加过反对皇帝的暴乱。此外，我还针对一些人说我们经常秘密集会、搞一些无耻的仪式而进行辩解。

**记者：**

你是怎么说的？

**德尔图良：**

我告诉这些人，我们靠一些共同的事业，靠统一的纪律和一种共同的希望联系在一起。我们聚集在一起组成社团，在对神的向往中献上我们的祷告，在对神的热诚的盼望中进行祈祷。

**记者：**

平心而论，你们基督教的那些礼仪确实非常神秘。你的这些辩护无非是让人们淡化对你们的神秘感，你无非是要让人们相信你们并非坏人。

**德尔图良：**

其实就是这么回事。

## 二、哲学家：异端的祖师爷

**记者：**

我看过美国教会史和历史神学资深教授布鲁斯·L. 雪莱写的《基督教会史》（［美］布鲁斯·L. 雪莱：《基督教会史》，刘平译，上海人民出版社 2012 年版），书中说在所有基督徒中，你是最强烈地反对调和基督教和古希腊哲学的人。对这个评价，你是否认同？

**德尔图良：**

毫无疑问，我反对调和我们的基督教和古希腊哲学。至于我的反对是不是最强烈的，我不好判断。

**记者：**

那我想了解，你为什么反对调和基督教与古希腊哲学的关系呢？据我了解，有很多基督教思想家是千方百计想把基督教与古希腊哲学有机地结合在一起，而你坚决反对调和，是为什么呢？

**德尔图良：**

我反对这样做是有原因的。古希腊的绝大多数哲学家可以说都是无神论者，因此对于任何宗教他们都是持彻底否定的态度。在这些人看来，所有宗教都是迷信，都会毒害人民。这些人在政治上也都是极具革命倾向的阶层，他们经常与统治阶级对着干，而统治阶级对这些人也毫无办法，既无法强迫他们参加各种祭祀活动，也无法强迫他们宣誓敬神，只能睁一只眼闭一只眼。

**记者：**

这些无神论者对你们基督教有什么危险呢？

**德尔图良：**

这些无神论者否定一切，自然也就否定了我们基督教，而且他们的否定程度远远超过了希腊、罗马那些信奉多神教的思想家和诗人。因此我多次说过，哲学家比其他异教徒对基督教更危险。换句话说，这些人就是异端的祖师爷。

**记者：**

有很多基督教思想家，如查士丁，他就主张要将理性——也就是哲学，与信仰——也就是宗教结合在一起。查士丁、克莱门（Titus Flavius Clemens）都认为好的哲学修养有利于人们理解基督教，有利于他们培养对基督教的信仰，而你对此不以为然。在我看来，一种宗教如果不能经过理性的判断，就很容易让人们认为其是荒谬的。对于这些荒谬的东西，如何培养信仰，那也是难上加难，甚至说根本不可能。

**德尔图良：**

错。你的这个看法是错的。

**记者：**

怎么讲？我的观点错在什么地方呢？

**德尔图良：**

世间的很多大道理——包括我们基督教的教义——往往看似荒谬，而实际上它们恰恰就因为这种荒谬而更显得可信。

**记者：**

听起来很奇怪。

**德尔图良：**

一点儿都不怪。作为一个基督徒，我清醒地知道，说上帝的儿子被钉死在十字架上，他却不因此感到耻辱、羞愧；他被埋葬后又重新活过来，就得到了人们毫无保留的肯定和信仰，这些事情毫无疑问很荒谬，从理性的角度看，怎么讲都很难说得清楚。但是，恰恰就因为它们很荒谬，所以才更是确凿无疑的，才更值得人们去信仰。在我看来，对于《圣经》和基督教，不需要那种奇异的争论。对于《福音书》，人们可以欣赏它、学习它，但没必要让那些所谓的哲学家去进行所谓的研究。

**记者：**

你的观点很简单：基督教因其荒谬所以才可信，不需要运用哲学去进行理性的探讨和完善。

**德尔图良：**

雅典与耶路撒冷有何相干呢？关于这一点，使徒保罗（Apostle Paul）就曾说过，“不要让任何人通过哲学和空洞的欺骗误导你们，它（哲学）只是人的传统，与圣灵的智慧相对立”。哲学都是一些掺杂了渣滓的金属，都是一些掺杂了水的劣质酒。

**记者：**

言重了吧？

**德尔图良：**

一点儿都不。不管别人怎么说，在我看来，雅典的哲学和耶路撒冷的基督教无关，学院与教会无关，异端与基督徒无关。唯有简洁的心灵才能寻找到上帝的存在，我们的教会不是来自那些无病呻吟的哲学家，而是来自所罗门神殿（《圣经》中记载的位于耶路撒冷的神殿，代表犹太民族情感和灵魂的归宿）。

**记者：**

看来你与哲学是水火不容啊！

**德尔图良：**

总之，在我看来，经过一些人改造后的所谓斯多葛主义的基督教、柏拉图主义的基督教和其他混有辩证法成分的基督教，都是骗人的鬼话。我们不需要超越耶稣基督的好奇心，当我们信仰的时候，除了信仰之外我们什么也不需要，当你找到你的信仰后，就可以驻足了。

**记者：**

你的观点很直白，你坚持信仰就是一切，哲学对于信仰是毫无价值的。但是你在这个问题上，似乎并非总是一以贯之的。

**德尔图良：**

什么意思？

**记者：**

我看过一些资料，说你的哲学中带有浓厚的斯多葛主义的影子，还有人发现你对罗马哲学家塞尼卡（Lucius Annaeus Seneca）也欣赏有加。还有，你在解释基督教的逻各斯概念时明确说过："很显然，你们（罗马帝国的统治者）的哲学家也把逻各斯，即圣言和理智视为宇宙的创造者。"（参见［古罗马］德尔图良：《护教篇》，第42页）后来……

**德尔图良：**

后来怎么啦？

**记者：**

后来你在解释"三位一体"理论的时候，无论是用语还是逻辑关系的表达，时时处处都与古希腊的哲学挂起钩来，你甚至公开承认哲学家的教导与基督教相同。（参见王晓朝：《信仰与理性——古代基督教教父思想家评传》，第158页）由此可见，你对哲学也并非总是很反感的，或者说，你虽然处处表明要与古希腊哲学划清界限，但是古希腊哲学已经融进你的血液中了。你越是反对古希腊哲学，就越是说明你离不开古希腊哲学。这种说法你同意吗？

**德尔图良：**

你的这种说法好多人都跟我说过，但我认为这是误解造成的。我对哲学并不看好，信仰才是关键。

**记者：**

你的观点似乎在基督教世界是属于少数派。在我的印象中，基督教世界最终还是选择了一条诉诸理性和哲学来为基督教进行辩护的道路，而你提出的这个思路似乎是没有多少人认可的。

**德尔图良：**

这就是我的观点，别人认不认可是别人的事。

## 三、一切异端都是不合法的

**记者：**

很多学者说，在你的众多著作中，《反异端的法规》（*De Praescriptione Haereticorum*）

是一部非常重要的著作。有人甚至说，这本书最能代表你的思想。

**德尔图良：**

很难说这本书是否最能代表我的思想，但毫无疑问，我是最看重这本书的。

**记者：**

这本书我翻来覆去看了好几遍，总感觉搞不清楚，你到底要达到什么目的呢？

**德尔图良：**

要回答你的这个问题，我就得对这本书的书名做个解释。首先，何谓“异端”？

**记者：**

在我看来，其实你们基督教当时就是“异端”。

**德尔图良：**

你这是站在古罗马主流意识形态的角度上来说的。但是，如果从我们正统基督教的立场来看，所谓“异端”，是指那些企图从哲学等角度对基督教思想进行解释，从而形成的一些与基督教的真正精神背道而驰或至少有所偏离的一些事物；所谓“反异端”，就是针对这些事物进行辩驳。

**记者：**

那书名中的“法规”又是什么意思？

**德尔图良：**

我是一名律师，熟知罗马的法律，说话、做事都强调循规蹈矩。我书名中所提到的法规，是指罗马的法律法规。

**记者：**

在你所生活的时代，罗马统治者千方百计地想用法律来惩治你们这些基督徒。在罗马皇帝的眼中，你们就是异端。但是，你却强调要用罗马的法律来反异端，不知是什么意思？

**德尔图良：**

罗马法是第一部世界性法律，它既规定了具体的权利义务内容，也规定了行使它们时要遵循的程序。也就是说，罗马法既包括实体法，也包括程序法。

**记者：**

我也学过法律，我知道罗马法是一部内容丰富、体系完备、对后世影响广泛的古代法律。

**德尔图良：**

我对罗马法的引用与一般人的引用是不同的，这一点请你注意。我所看重的是罗马法在程序方面的规定，即一旦你的对立方存在某些不合程序的行为，法律就要求必须停止审理。

**记者：**

你引用这些是要干什么？

**德尔图良：**

我之所以反复强调这些法律，就是想通过引用罗马法的相关规定，彻底剥夺那些异端者企图和我们的正统信仰进行辩论的权利。

**记者：**

我认为，你的这种做法违背了思想和信仰面前人人平等的基本规则。你们一方面在争取与罗马的主流意识形态平起平坐而进行宣传和布道的权利，另一方面却利用罗马法来打压与你们的观点有所不同的派别。我不明白为什么你们就可以正大光明地宣传你们的信仰，而别人就成为异端，就应该闭上他们的嘴。

**德尔图良：**

我们与异端者之间是水火不相容的。我之所以要和你谈论这个问题，就是因为当时各种异端广泛出现，严重动摇了很多基督徒的信心，而我要让他们不要太过恐慌。

**记者：**

你是怎么说的呢？

**德尔图良：**

我告诉信徒们，在《新约》中，上帝已经预言，随着基督教的传播，各种各样的异端邪说必然随之而来。既然这些异端必然会出现，那当它们应验到来时，信徒们就不会感到恐慌，而会更加相信上帝的言论。

**记者：**

你多次强调信仰不应该与哲学联姻，因此我相信在你看来，所谓的异端肯定是与哲学相挂钩的一些东西。

**德尔图良：**

这一点你说得没错。对古希腊的哲学，我从来都是不以为然的。我也多次说过，这些东西是夸夸其谈、华而不实的东西，都是掺了水的酒。所谓异端，就是古代的哲学家们用他们的谬误来代替真正的信仰，而一旦信仰被哲学玷污，人们就不可能再相信《圣经》，不可能再相信基督教。因此，对这些异端必须要予以反驳。为了基督教的传播，我们不仅要向罗马政府反复解释我们基督教的立场，还要同基督教内部的异端进行斗争。唯有如此，才能确保我们信仰的正统性。

**记者：**

你反复强调，哲学与信仰无关，基督教真理一旦被你们发现，就无须深入地研究了。似乎真理就是耶稣基督一次性地交给了你们，而那些基督教信徒只要原原本本地接受它就可以了；如果再进行研究，就会发生偏差和误解。

**德尔图良：**

大致如此，但这还不是我《反异端的法规》一书的核心思想。

**记者：**

你的核心思想是什么呢？

**德尔图良：**

我在书中多次强调，《圣经》是属于基督教教会的，只有教会才能运用它。可以说，只有教会才能证明自己拥有这一遗产的独特权力。

**记者：**

据我所知，你们这些基督徒曾经在欧洲、北非以及世界其他地方建立了很多教会。你的意思是说，只有教会才有权力继承《圣经》？只有教会才有权力去研究、传播基督教的真理？

**德尔图良：**

是这样。从我们基督教的历史来看，只有我们建立的各种各样的教会才有使用和解释《圣经》的权力。相比之下，那些意图用古希腊哲学来篡改《圣经》的人是无权使用《圣经》的。因此，这些人企图通过与正统信仰派讨论的权力来引导他们废除真正的信仰，真是痴心妄想。所以，我们这些正统的思想也无须与那些异端进行所谓的讨论。

**记者：**

你的意思是说，你这本书的核心思想是，要把异端排除在任何关于《圣经》的讨论之外？似乎唯有正统派教会才有权力决定什么是基督教的教义？

**德尔图良：**

你似乎不同意我的观点。但是，我还是要强调，唯有我们基督教的教会才有权力解释和使用《圣经》。也就是说，在解释和使用《圣经》的问题上，我们的教会拥有最高的权力，而其他一切异端都是不合法的。

**记者：**

认为基督教“不宽容”的种子也就是被这些人种下的。

**德尔图良：**

爱怎么说就怎么说吧。

## 四、关于灵魂

**记者：**

你们这些基督教思想家似乎总是要就灵魂问题进行探讨，古希腊的那些哲学家也就此问题进行过探讨。

**德尔图良：**

你不要提古希腊的那些哲学家了。我早就说过，这些人是异端的祖师爷，他们对灵魂问题是说不出什么所以然的。

**记者：**

你对这些人一直是有偏见的。

**德尔图良：**

我对他们的评价是认真的。他们中有些人认为灵魂是不朽的，有些人争论灵魂的本质，有些人争论灵魂的形式，还有一些人争论灵魂的几种功能。

**记者：**

古希腊的哲学家们还是很富有研究精神的。

**德尔图良：**

我还没有说“但是”呢。

**记者：**

请讲。

**德尔图良：**

这些哲学家反映出不同学派的特征，其中虽然也有像柏拉图那般高贵的印迹，也有一点亚里士多德般的泰然，但总体上讲他们是非常糟糕的。

**记者：**

体现在什么地方？

**德尔图良：**

在这些哲学家身上，可以看到芝诺（Zeno of Elea）般的冲动、伊壁鸠鲁（Epicurus of Samos）般的愚蠢、赫拉克利特（Heraclitus of Ephesus）般的悲哀、恩培多克勒（Empedocles of Agrigento）般的疯狂。

**记者：**

看来你除了对柏拉图、亚里士多德还有一点点好感以外，似乎对别的哲学家都是一棍子打死。灵魂问题很复杂，我也不想就此说得太多。我想请你一步到位，把灵魂的本质说明白。最好用定义的方法，以便我好好地理解。

**德尔图良：**

关于灵魂，我的定义是，灵魂是一种来源于神的、不朽的、有形体的、本质单一的存在。它的本性就是理智，它有自由的决定权。由于其天性，它是可变的、理性的，它的力量以各种方式发展。

**记者：**

你的这种定义理解起来有点儿费劲，我还是和你交流两个比较简单的问题吧。第一个问题是，依据你关于灵魂的理解，人世间一些非理性的乃至导致人类走向犯罪道路的东西，在不在你所规定的灵魂的定义之中？第二个问题是，你提到灵魂具有一定的自由决定权，那么灵魂是否具有意志自由的权利或者说内容？

**德尔图良：**

你问的这两个问题很好。柏拉图曾经把人的灵魂分成理性的和非理性的，他的这种定义有一部分是对的，有一部分是错的。一方面，他把理性作为灵魂的本性，从某种程度上说，是肯定了体现了上帝意志的灵魂，具有理性的特征。另一方面，他把非理性也作为灵魂的一个组成部分，那必然得出的结论就是上帝在创造人类的时候把非理性也赋予了人类本身，而这种说法是欠妥的。

**记者：**

你的观点是什么？

**德尔图良：**

我相信理性是灵魂的本质，灵魂的创造者也就是上帝在一开始就把理性赋予了灵魂。上帝从根本上讲是理性的，他不可能把非理性的东西赋予人。同样，人是上帝用他的灵魂或者气息创造出来的，因此，人的灵魂所表达的东西不可能是非理性的。

**记者：**

那非理性的东西是从哪里来的呢？

**德尔图良：**

非理性的部分是后来生长出来的，是因为受到蛇的怂恿而产生的，它们源于最初的过失。而后来，它们成为灵魂内在的东西。因此可以说，灵魂的成长具有自然发展的形式。

**记者：**

有一个比喻不知是否合适：理性和非理性就像庄稼和野草，农夫种庄稼的时候那些野草也混杂在其中，也跟着正常的庄稼一起生长。久而久之，野草似乎也成为庄稼不可分割的一个部分，但其实它是后天混进来的。

**德尔图良：**

你的这个比方虽然有些牵强，但总体上讲还是可以接受的。总之一句话，这些非理性的东西不是来自创造者，不是来自上帝本身，而是来自恶魔的怂恿，来自外界的诱惑。所有的罪恶都是非理性的，犯罪的原因在于恶魔，与上帝无关。

**记者：**

经过你这么一分析，我看出你和柏拉图的观点是不一样的。在柏拉图看来，无论是理性还是非理性，都来自灵魂本身。也就是说，那些非理性的东西也同样来自上帝，或被当作自然而产生。然而，在你看来，非理性的东西并非来自上帝，也与上帝无关，而是后天由于人类受到恶魔的诱惑而产生的。

**德尔图良：**

是这么回事。还有一点，就是你刚才提到的意志自由问题。我想告诉你，上帝赋予人类的理性，其本身就有一定的自由选择的权利。因此，理性并非刻板的决定论，而是能赋予人类在理性的范围内做某种调整和选择的权利。一句话，灵魂具有意志自由性。

## 五、德尔图良版“三位一体说”

**记者：**

通过研究《圣经》以及与基督教有关的一些文献，我发现你们基督教存在着巨大的内在矛盾。我问你，基督教是一神教还是多神教？

**德尔图良：**

毫无疑问，是一神教。

**记者：**

那我问你，上帝是不是神？

**德尔图良：**

毫无疑问，是神。

**记者：**

我再问你，耶稣基督是不是神？

**德尔图良：**

毫无疑问，是神。

**记者：**

那我问你，上帝与耶稣基督的关系是什么？

**德尔图良：**

是父与子的关系。

**记者：**

既然他们是父与子的关系，那就说明是两个人，而不是一个人，因此你们基督教就有了两个神。由此看来，在你们基督教的理论中存在着一个巨大的矛盾：你们口口声声说基督教是严格的一神教，但在你们的理论中，却存在双神论甚至是多神论。这你如何自圆其说呢？

**德尔图良：**

在正面回答你的问题之前，我先强调一下，基督教是一神论的宗教，不存在什么双神论或多神论。如果在我们的那个时代，你的这种说法就是异端邪说；如果在晚一些的时代，你提出这个观点，可能就会被送上绞刑架。

**记者：**

时代不同了，请你详细讲讲吧。

**德尔图良：**

从历史上看，基督教的神学家们一直都认为基督教不是多神教，而是严格的一神教。公元 2 世纪，希腊的护教士如查士丁、克莱门、奥利金（Origen of Alexandria）等人都认为基督教是一神教，其后的菲利克斯（Marcus Minucius Felix）也是这么认为的。就我来说，不管别人是怎么想的，我认为，所有基督徒崇拜的对象是唯一的神，而不存在多个神。神用他的话语、理性、全能创造了世界以及这个世界的一切事物。除了这个神，不存在别的至高无上的东西。

**记者：**

那请你解释一下，你经常提到的圣父、圣子、圣灵之间是什么关系？

**德尔图良：**

关于这个问题，希腊护教士塞奥菲鲁斯（Theophilus）就曾经用“三位一体”（Trias）的理论来解释这个问题。我对这个问题的解释，基本思路与塞奥菲鲁斯差不多。

**记者：**

你简单解释一下最好。

**德尔图良：**

“三位一体”简单来说就是神只有一个本体，却有三个不同的位格。这里所说的本体，是指本质上的存在，是独一无二的，是不可分割的。所谓的三个位格，是指神扮演的三个不同角色，即圣父、圣子和圣灵。

**记者：**

那他们之间是什么关系呢？

**德尔图良：**

神的合一就像树根与树苗、源头与河流、太阳与光线之间一样。圣父、圣子、圣灵拥有一个相同的本体，其被扩展成三种不同的模样，但这个本体是不能分割的。

**记者：**

圣灵就是圣父上帝的灵，就是上帝的精神，两者的确是不可分割的。

**德尔图良：**

是的。

**记者：**

那圣子是从何而来的呢？

**德尔图良：**

圣子就是耶稣基督，他是由圣灵造就的肉体。在耶稣身上，体现出人与神的一体化。耶稣逐步长大成人，开始传教布道，他就是人们能够看得见的上帝。

**记者：**

这就是你提出的“三位一体”之说吧？

**德尔图良：**

是的。在我的理论中，首先，我们崇拜的对象是至高无上的、唯一的上帝。其次，尽管上帝只有一个，但他不是独处的，而是“三位一体”的神。上帝的第一位格是圣父，第二位格是圣子，第三位格是圣灵。最后，在“三位一体”中，只有一种神的本性，这种本性永远和神联系在一起，而神永远和圣子、圣灵联系在一起。“三位一体”就是神创造世界、神借着耶稣基督救助人类、神借着圣灵与基督徒和教会同在。

**记者：**

你的这种观点虽然在当时存在着各种争论，但在100年以后却获得了你们基督教世界的广泛认可，这或许是你没有想到的事情。

**德尔图良：**

我当然不可能想到百年后的事。不过，我对此很感兴趣，希望你介绍一下。

**记者：**

公元325年，也就是在你去世近100年后，基督教世界召开了著名的尼西亚会议，这次会议是在罗马皇帝君士坦丁一世的组织下召开的。

**德尔图良：**

不可能，罗马政府千方百计地要镇压我们这些基督徒，皇帝怎么可能支持这样的会议呢？

**记者：**

此一时彼一时。到公元325年，基督教已经成为罗马帝国的合法宗教，很多皇帝也成为基督教徒。

**德尔图良：**

我早就说过，殉道者的鲜血是教会的种子，基督教迟早会走向全世界。

**记者：**

基督教从一个被打压的“邪教”到后来成为罗马的国教，这与你们这些早期的传教士们所付出的牺牲不无关系。

**德尔图良：**

不说这些了，你还是告诉我，他们是如何肯定我的说法的？

**记者：**

我可以把他们在尼西亚会议上形成的一个宣言读给你听听。至于是不是和你的观点完全一致，你可以自己判断。

**德尔图良：**

你说吧。

**记者：**

这次会议通过了著名的《尼西亚信经》（*Symbolum Nicaenum*），它是这么写的：“我信独一上帝，全能的父，创造天地和有形无形的万物的主。我信独一主耶稣基督，上帝的子，为父所独生，皆由父的质而生，从神出来的神，从光出来的光，从真神出来的真神，受生的，不是被造的，与父同体（质）的，天上和地上的万物都是借着他受造的。主为要拯救我们世人，从天降临，由圣灵感孕童贞女玛利亚所生，取着肉身，并成为人……”（转引自［美］胡斯都·L. 冈察雷斯：《基督教思想史》，陈泽民等译，译林出版社 2010 年版，第 254 页）就是这些，你感觉如何？

**德尔图良：**

我初步听了一下，感觉里面的核心思想与“三位一体”和“道成肉身”还是基本一致的。有了这个结果，我感到我为此付出的牺牲是绝对值得的。

## 六、远离这个世界

**记者：**

在你看来，基督徒们生活在一个充满异教的世界中。我想了解一下，作为一个基督徒，该如何处理与异教的关系呢？

**德尔图良：**

两个字就可以代表我的观点。

**记者：**

哪两个字？

**德尔图良：**

远离。

**记者：**

为何要远离？

**德尔图良：**

世界分为两个世界：一个是世俗的世界，另一个是天上的世界，也就是上帝的世界。

**记者：**

那你们基督徒是生活在哪个世界里呢？

**德尔图良：**

我们基督徒所生活的世界，就目前来说是世俗的世界，这个世界好比监狱一般。我们的梦在遥远的天上，我们每天都在期望着获得解放和自由，我们这些基督徒是一个个旅行者。在这个世俗的世界上，无论是那些遇到的或用过的东西，我们对其都没有任何欲望。为了得到上帝的救赎，我们必须约束尘世的快乐，努力地沉思。同时，要保持高度的警惕，别让魔鬼用尘世的诱惑来把我们捕获。

**记者：**

你的观点很简单：你们身在俗世，但心在天上。

**德尔图良：**

是的。我们的未来在天上，我们对形形色色的论坛、元老院不感兴趣，我们也不必承担任何义务。我们经常提醒自己，不要去掺和什么公共事务，不要到各种各样的讲坛上胡说乱讲，也不要在乎到政府机关去担任什么大官小官。总之，我们要远离这个世界，这是我们的理想和梦。

**记者：**

你的这个观点太过理想化了。作为一个基督徒，首先应该是一个人，而作为一个人，你总得和周边的世界打交道。

**德尔图良：**

但现实情况很残酷，面对迫害和杀戮，我们不得不远离。

**记者：**

罗马帝国早期信仰多神论，皇帝也是诸神中的一位。可是你们基督教却坚持一神论，即上帝是唯一的神。这既惹怒了其他宗教，也否定了皇帝的神性。你们不把皇帝供奉起来，那他就随时都可能派人斩杀你们。命都没有了，你们哪有未来去为上帝服务呢？

**德尔图良：**

情况确实如此。但是，我要给你解释一下，也有罗马皇帝信奉基督教，把上帝当作他的权力来源。如果皇帝们都像基督徒一样，敬仰神、敬仰上帝，把他们的权力视为神意的授权，那么基督徒也会遵从和供奉他们。还有一点，我们基督徒是胸怀全人类的。面对一个即将崩溃的罗马帝国，为了拯救人类，为了民众的利益，我们也会为皇帝祈祷的。

**记者：**

由此看来，你的思想是比较中庸的，也是比较现实的。一方面，你认为基督徒拥有天国子民和世上公民的两种身份，而你们的未来在天上，因此要对世俗世界无所牵挂，要尽快离开这个世界。另一方面，你也告诉基督徒，为了帝国民众的利益，他们得向世俗政治做一些表示，也要遵守一些符合神意的法律。也就是说，你们既要做好“子民”，也要做好“公民”。

**德尔图良：**

你可以这么理解。

## 德尔图良简传

德尔图良（Tertullian of Carthage，约公元 150—230 年），又译特士良、特图里安和特尔图良，古罗马思想家，被认为是最早的拉丁教父。德尔图良生于北非的迦太基（罗马帝国阿非利加省首府，今突尼斯首都突尼斯城），是罗马帝国驻北非军队中一位百夫长的儿子，后来在罗马学业有成，当上了律师。德尔图良在约公元 195 年皈依基督教，此后他在迦太基的教堂里担任长老，直到离世。公元 207 年，在罗马主教拒绝了孟他努运动（Motanist movement）所提出的“新预言”（New Prophesy）之后，德尔图良就脱离教会，加入了孟他努派，成为该派的地区领导和孟他努主义热情而又杰出的鼓吹者。之后，他又不满足于做一个孟他努主义者，便建立了自己的德尔图良派（Tcrtulianists）。

德尔图良是拉丁语基督教文献中最早的多产基督教作家，被西方学界称为“拉丁基督教之父”“西方神学的创建者”“拉丁语修辞学大师”“拉丁语教会词汇学的建立者”和“西方第一个神学家”等。他的主要著作有《护教篇》《驳马西昂》《驳帕克希亚》《论灵魂见证》《论演说》《论偶像崇拜》《论洗礼》《论肉身复活》《论基督肉身》《论灵魂》《反一切极端》等。

# 第四章　为基督教而申辩

## ——对话马克·米努修·菲利克斯

## 引　子

德尔图良是拉丁基督教神学的创立者，但与他同时代的马克·米努修·菲利克斯才是最早给基督教思想披上拉丁外衣的人。菲利克斯是现存的拉丁基督教护教文献《屋大维》（*Octavius*）一书的作者。在为基督教信仰与拉丁古典文化之间的冲突提供证言的拉丁基督教文献中，此书乃最早的作品之一。需要特别指出的是，我们的主人公最初只是一位审判基督徒的法官，正是在对基督徒的审判中，他看到了各种针对基督教的指控是多么荒谬，因而最终皈依基督教，成为一位护教者。让我们走近菲利克斯，看看他是如何为基督教做辩护的。

## 一、天生就是“异教徒”

**记者：**

为研究你的思想，我到处收集资料，遗憾的是，少之又少。

**菲利克斯：**

我在我的著作《屋大维》里对自己做了不少介绍，但都是比较零散的。

**记者：**

《屋大维》里只说你来自北非，你生下来就是一个反对基督教的积极分子。书中还说你青少年时期接受过良好的教育，特别是在修辞学方面有相当的造诣。据说你通过广泛地阅读文学作品，特别是拉丁文学作品，积累了大量知识。

**菲利克斯：**

是这样。

**记者：**

书中还说，正是在求学年代，你与书中的主人公——屋大维·雅努斯（Octavius Januarius）结下了深厚的友谊。

**菲利克斯：**

是这样，我们两人都当过律师，不是兄弟，胜似兄弟。

## 二、皈依基督教

**记者：**

我也做过律师，但极少参与诉讼。你和屋大维主要参与什么案件？

**菲利克斯：**

我们参与的案件都是对基督徒的审判。

**记者：**

感觉如何？

**菲利克斯：**

在审判中，我们看到许多指控十分荒谬，比如原告缺乏证据证实被告有罪，法庭程序存在不公和虚假。更重要的是，我们看到许多基督徒很英勇。这些都给我们留下了深刻的印象，促使我们去思考。

**记者：**

正是这种思考，促使你们接受了新的信仰。

**菲利克斯：**

是的，屋大维先皈依基督教，我则紧随其后。

## 三、子虚乌有的攻击

**记者：**

基督教在早期传播过程中遭受过很多攻击和污蔑，你主持过对基督徒的审判，可否介绍一下那些异教徒是如何攻击基督教的？

**菲利克斯：**

异教徒对基督教的攻击涉及方方面面。

**记者：**

请具体说说。

**菲利克斯：**

异教徒们说，基督徒实际上都是无神论者，是阴谋家，他们把崇拜肉欲的祭仪传播到各地，搞男女混杂的“兄弟会”“姐妹会”，在此名目下通奸。这些组织的名称是神圣的，但他们搞的勾当是邪恶的。基督教的那些虚幻而又愚蠢的迷信实际上是大言不惭的罪恶表白。

**记者：**

竟有如此指控！

**菲利克斯：**

说起基督徒们的这些“罪恶”，异教徒们可谓振振有词！

**记者：**

他们还说什么？

**菲利克斯：**

他们如此描述基督徒：“来自社会最底层的无知者、生来轻信他人话语的妇女聚集在一起，组成一个邪恶的阴谋集团，通过一本正经的节食和荒唐的宴会，不是靠祭仪，而是靠一种无法补赎的罪恶，在夜晚的集会上纠集在一起——这正是一个害怕阳光的鬼鬼祟祟的族类在公开场合缄口不语，在阴暗角落喋喋不休。”（转引自王晓朝主编：《信仰与理性——古代基督教教父思想家评传》，第132—133页）

**记者：**

乍听起来，真让人感觉基督教就是一种邪恶的宗教，一个与犯罪集团走得很近的秘密集团。

**菲利克斯：**

异教徒们还攻击基督教的入教仪式有一项内容是杀婴。

**记者：**

听起来让人毛骨悚然。

**菲利克斯：**

都是子虚乌有！

**记者：**

这些人还说什么？

**菲利克斯：**

他们还说基督教社团举行男女混杂的宴饮，参加者胡乱地与他人抱在一起，发泄情欲。

**记者：**

照他们这种说法，似乎基督教是一个淫乱的团体。

**菲利克斯：**

胡说八道。

**记者：**

异教徒们还攻击基督教什么？

**菲利克斯：**

这些异教徒指责基督徒说："他们为什么要努力保守秘密，不告诉我们他们崇拜的是谁？不就是因为光荣的行为可以公诸于世，而邪恶的行为要尽量隐匿吗？他们为什么没有祭坛，没有庙宇，也没有常见的诸神的塑像？他们为什么不公开演讲，也不公开集会？不就是因为他们的崇拜物是可耻的，应受惩罚的吗？"

**记者：**

他们具体怎么说？

**菲利克斯：**

这些人说："我不知道这种愚蠢的信仰是什么。有人告诉我，他们供奉驴子的脑袋，崇拜驴子这种最下贱的动物。这种宗教倒也只配供奉驴子，因为他们的道德来自驴子的品性……谁说他们崇拜的对象是一个死在十字架上的罪犯，还为一个不可救药的罪人设置祭坛，那么他们崇拜的实际上就是他们该领受的。"

**记者：**

他们的这种言论简直是对基督教的亵渎。

**菲利克斯：**

是的。这些人怀疑基督教想要摧毁他们古老的宗教体系。基督徒被看作旧有宗教的贬损者。他们说，基督教“是一个不可救药、无法无天、铤而走险的匪帮，它要造诸神的反”，“他们藐视神庙，认为神庙不如坟墓，他们厌恶诸神，对我们神圣的祭仪嗤之以鼻”。

## 四、崇拜动物是各种异教的祭仪

**记者：**

针对异教徒对基督教的这些攻击，你是如何反驳的呢？

**菲利克斯：**

我一点点地说。

**记者：**

好！

**菲利克斯：**

基督教的反对者说，基督教崇拜驴子的头，而崇拜动物在异教的祭仪中是盛行的。谁会那么愚蠢，竟然崇拜驴呢？比这更愚蠢的是竟然有人相信有这样的崇拜。在异教徒中间才有这种祭仪，比如有些人在他们的马厩里向保护骡马的女神厄波娜（Epona）献出整头驴子，还有些人在敬拜生育女神伊西斯（Isis）的时候吃驴肉。那些祭仪中也供奉公牛头和阉羊。最后，还有人向羊面神、狮面神、狗面神顶礼膜拜。

**记者：**

原来真正搞动物崇拜的是那些异教，而不是基督教。

**菲利克斯：**

本来就是嘛。

## 五、所有的罪恶与基督徒无关

**记者：**

异教徒污蔑基督徒崇拜一名“罪犯”和他的十字架，你是如何反驳的？

**菲利克斯：**

把凡人当神来崇拜的这种行为在埃及确实发生过。一些异教徒在举行活动时，也有把十字架作为崇拜对象的。但我们基督徒崇拜的并非一个凡人，更不是一个所谓的罪犯或什么十字架，我们崇拜的是圣子。

**记者：**

异教徒污蔑基督徒搞杀人献祭、喝婴儿血等，你是如何反驳的？

**菲利克斯：**

我的反驳是：没有人会相信这些，除非那些人自己心里有鬼。事实上，我们在这些异教徒中看到有人把新生的婴儿勒死丢弃，任野兽和老鹰撕食。还有妇女用毒药堕胎，在婴儿出生前就把他们谋杀了。但我们基督教是不允许谋杀人命的，并且我们对人血十分敬畏，以至于我们坚决反对把动物的血当作食物。

**记者：**

对异教徒攻击你们宴饮无度、放纵情欲，你如何反驳？

**菲利克斯：**

我的反驳是：我们的宴饮不仅是有节制的，而且是非常朴素的。那些关于无耻的宴饮的恐怖故事都是一群魔鬼制造的谎言，是想用那些可恶的、不值一提的谣言来败坏我们清白的生活记录。事实上，恰恰在那些异教徒中，诸如此类的丑陋比比皆是。就情欲而论……

**记者：**

怎么讲？

**菲利克斯：**

基督徒有婚姻的束缚，只有一个配偶或根本没有配偶。我们远离不法的情欲，甚至有一丝这样的念头也会使我们感到羞耻。

**记者：**

依照你的反驳，似乎不是基督徒在犯罪，而是异教徒在犯罪。

**菲利克斯：**

本来就是如此。所有被指控的基督徒与形形色色的犯罪几乎没有任何关系，他们既不必害臊，也不必恐惧。他们只需要为一件事感到后悔……

**记者：**

什么事？

**菲利克斯：**

他们必须感到后悔的事，就是为什么没有更早些信仰基督教。

## 六、神是世界这所“大房子”的主人

**记者：**

作为最早的拉丁教父思想家，你对神的存在是如何看的呢？

**菲利克斯：**

我的看法很简单。

**记者：**

请说说。

**菲利克斯：**

如果你进到一座房子里，发现一切都安排得井井有条、清新高雅，那么你无疑会猜想有一位高尚的主人在掌管这座房子，房子里的东西都在他的监护之下。

**记者：**

逻辑上可以这么讲。

**菲利克斯：**

同理，在世界这所大房子里，当你看到天上地下都有神意、秩序、法律时，你就可以认为这个世界有一位主人和创造者，他比星辰本身、比整个世界的任何一个单独部分都更加美丽。

**记者：**

这位主人就是你要论证其存在的神吧。那么，你是如何证明神是唯一的呢？

**菲利克斯：**

从人类历史来看，所有由两个或者两个以上统治者进行统治的社会，都是麻烦不断的社会。而作为世界的创造者和最高统治者的神只能有一位。

**记者：**

人类社会似乎确实如此。

**菲利克斯：**

自然界、动物界也是如此。

**记者：**

是吗？

**菲利克斯：**

一群蜂只有一只蜂王，一群羊只有一只头羊，统治世界的神也只能有一个。

**记者：**

一神论是基督教的本质特征。

**菲利克斯：**

基督教的神是万物的创造者，他是唯一的。他的存在既没有开端，又没有终结，因而他也是永恒的。

**记者：**

神能被人看见吗？

**菲利克斯：**

神是不可见的，因为对我们的视力来说他太明亮了；他是不可捉摸的，因为对我们的触觉来说他太优美了；他是不可测量的，因为对我们的感官来说他是难以把握的。他是无限定的、无止境的，他真正的伟大只有他自己知道。

## 七、神无处不在，无处不有

**记者：**

你的书说，尽管神不可见是一个事实，但基督徒崇拜的神又和我们极为相近，这如何解释？

**菲利克斯：**

这是因为神存在于天地万物和这个世界之外的所有地方，神不仅在我们近旁，而且在我们中间。神透过万物，无所不在，神的光在任何地方都是明亮的。

**记者：**

神真的如光，无处不在，无处不有？

**菲利克斯：**

是的，我们和神生活在一起。在神的作品中，在宇宙的一切运动中，我们看到神无处不在的力量：万里晴空、电闪雷鸣……

## 八、人本身是神的形象

**记者：**

异教徒攻击你们这些基督徒经常鬼鬼祟祟，似乎你们所做的一切都是不敢置于阳光下面的龌龊事情。请你解释一下。

**菲利克斯：**

异教徒以我们没有神龛和祭坛就认为我们做的事情见不得阳光，简直是胡说八道。

**记者：**

说说你的理由。

**菲利克斯：**

人本身是神的一个形象，人应该为神造一个什么样的形象呢？由于连神亲手塑造的整个世界都不能盛下神，人类又能为神建造什么样的神庙呢？人类怎能把这大力大能者放入小小的神龛，而一个凡人的住处却比他的住处还要大呢？我们的心灵难道就没有更好的地方可以奉献给他了吗？我需要向神献上大大小小的牺牲吗？这些东西本来就是他造出来供我们用的，我们这样做不是在藐视他的恩赐吗？这样做是不体面的，因为只有纯洁的心灵和良心才是能讨得神的欢心的献祭。

**记者：**

这些话我在西塞罗（Marcus Tullius Cicero）和塞涅卡（Lucius Annaeus Seneca）的书中看到过。

**菲利克斯：**

人本身是神的形象，人的心灵比任何物质的空间还要广。我们应当把心中的圣地献给神，在那里向神献祭。神不需要雕像和圣地，也不需要人向他献上牺牲和供品；相反，这些东西是神为我们提供的。神能接受的献祭是纯洁的心灵和没有玷污的良心。

**记者：**

这个观点与《圣经》吻合。

**菲利克斯：**

是的。

## 九、人的美丽形象证明了神的创造天才

**记者：**

你曾经说过，上帝是世界这所大房子的主人，那请问人也属于上帝吗？

**菲利克斯：**

当然是啦！我们人类的美丽与聪明恰恰证明了神的智慧与伟大。

**记者：**

怎么讲？

**菲利克斯：**

宇宙间充满着神意，人的美丽形象证明了神的创造天才。人与头部向下、用四肢爬行的动物不同，动物生来就是为了寻找食物，而人的头部是直立向上的，能仰望天空。人有语言、能推理，人靠着这些能够认识、体验和模仿神，我们不会也不能忽视从天空向我们的眼睛和感官抛撒过来的明亮的光。这一切证明了神的无比伟大。

## 十、再造就是复活

**记者：**

关于基督教中的复活概念，你如何看？

**菲利克斯：**

复活的概念对异教哲学家来说也并非完全陌生。

**记者：**

在我的印象中，毕达哥拉斯和柏拉图相信灵魂轮回学说。

**菲利克斯：**

是的，他们相信人的肉体会消亡，而人的灵魂可以永生。然而，他们歪曲了真理。他们添油加醋，说人的灵魂能在家畜、鸟类、野兽的身体中找到寓居之所。这种观点肯定不是严肃的哲学思维的产物，而是粗俗的玩笑。

**记者：**

那你的观点呢？

**菲利克斯：**

神从一开始就能塑造人，所以神也能再造人。正如神能从无中生出“有”，他也能使“有”更新。身体的确会消解，返归水、火、土、气四种元素，但都在神的掌握之中。

**记者：**

再造就是复活？

**菲利克斯：**

是的。

## 十一、罗马是罪恶之城

**记者：**

你对罗马帝国怎么看？

**菲利克斯：**

罗马帝国从一开始就对基督教非常仇视，许多惨绝人寰的罪行都是罗马皇帝干的。

**记者：**

但罗马帝国也是非常伟大的，最起码是开放的帝国，否则基督教也是传播不过去的。

**菲利克斯：**

我对罗马帝国没有任何好感。

**记者：**

你如何看待罗马帝国的历史？

**菲利克斯：**

罗马帝国的历史，就是一部犯罪的历史。

**记者：**

何出此言？

**菲利克斯：**

罗马的创建者，包括罗慕洛斯在内，都是一群罪犯。他们的历史不就是从一群罪犯合伙作恶开始的吗？他们的权力不就是因为纵容了他们的残忍和恐怖才增长的吗？在那个庇护所里，聚集了最早的一批贱民，大量的无赖、罪犯、流氓、暗杀者、变节者，就连他们的指挥官和领袖罗慕洛斯本人，为了强迫他的民众犯罪，竟然杀害了他的亲兄弟。

**记者：**

历史是这样吗？

**菲利克斯：**

这些罗马人无视时代尊崇的习俗，抢掠和蹂躏其他民族的妇女，况且这些妇女有些已经订婚，有些已经心有所爱，有些已经结婚。然后，他们又向这些妇女的家人发动战争，准确地说，是让他们的姻亲流血。还有什么行为能比这种罪行更邪恶、更无耻、更胆大妄为呢？从那时起，他们推翻邻国的政权，驱赶先前的邻居，占据他们的土地，占据他们的神庙和祭坛，统治他们的人民。这样，靠着他们的恶行和他人的损失，他们才强大起来。历史就是如此。

**记者：**

似乎所有的帝国都是如此。

**菲利克斯：**

罗马更甚！罗马人以为罗马是靠着崇拜所有的神才取得了它的繁荣，而实际上，罗马取得的胜利越多，它所犯下的渎神罪就越重。罗马的“伟大”并不是由于敬奉所有的神，而是由于不断地亵渎神灵。罗马的权力靠暴力获取，也靠暴力维持。罗马人拥有的人口和财产是他们通过蛮横的征战得来的战利品。他们的神庙是靠抢劫才建立起来的。

**记者：**

难道所有的罗马人都是这样？

**菲利克斯：**

最起码来说，罗马的皇帝和将军们没一个好东西。

**记者：**

罗马帝国如此邪恶，你们基督徒该如何对待它呢？

**菲利克斯：**

远离它！谢绝他们罪恶的高贵。

## 十二、罗马的神灵纯粹是“想象的产物”

**记者：**

据说罗马人的宗教是多神教。

**菲利克斯：**

是的。

**记者：**

你如何看待罗马人的神灵？

**菲利克斯：**

罗马的神灵纯粹是“想象的产物”。

**记者：**

怎么讲？

**菲利克斯：**

罗马人错误地理解他们的神祇，不加批判、天真幼稚地建立了他们的信仰。

**记者：**

你说罗马人天真幼稚地建立起了他们的宗教？

**菲利克斯：**

罗马人的神灵都是一些怪物，比如有许多肢体的神灵，有许多形状怪异的神灵，有能砍去脑袋而再生的神灵，有半人半马的神灵……简言之，无论有什么东西能想象出来，他们就渴望相信这些东西。

**记者：**

在我的印象中，罗马人的神灵中有许多是他们的祖先，这如何解释？

**菲利克斯：**

这些从家族祖先演变出来的神灵，同样是“想象的产物”。

**记者：**

如何理解？

**菲利克斯：**

罗马人保持着对古代人物的记忆，例如国王、著名的领袖、某些制度的创立者、某种技艺的发明者等。罗马人为他们建立雕像，把雕像作为自己崇拜的对象。实际上，这些神祇在生前只不过是凡人。这些所谓的神都是有生有死的凡人，后人强加在他们头上的称号与他们的名望并不相符。

**记者：**

基督教在偶像崇拜问题上的基本立场是不赞成设立神像、不参与献祭。罗马人的宗教如何呢？

**菲利克斯：**

彻头彻尾的拜物教！

**记者：**

就是把某些物品当作神灵来崇拜？

**菲利克斯：**

异教徒的心灵被金子的色彩蒙蔽，被银子的光泽欺骗，被象牙的华贵哄骗……

**记者：**

你是说罗马人都是财迷心窍的小人？

**菲利克斯：**

是的。

**记者：**

这与他们的偶像崇拜有什么关联呢？

**菲利克斯：**

艺术家们就是用这些能吸引人的东西制作神像的。

**记者：**

好材料做的东西自然好了！

**菲利克斯：**

未必。

**记者：**

原因何在呢？

**菲利克斯：**

人们崇拜木头做成的神，而这块木头原来可能就是块棺材板，或者是做过刑架；人们崇拜铜或银子做成的神，而这些金属原来可能是肮脏的器皿。

**记者：**

这倒有可能！

**菲利克斯：**

人们向这些空洞的塑像致敬，年复一年，迷信就在罗马人心中扎下了根，各种与之有关的祭仪也便出现了。

**记者：**

有哪些祭仪呢？

**菲利克斯：**

异教徒的祭仪既可笑又可悲，简直就像在上演一出喜剧。有些人在寒冷的冬天赤裸着身子奔跑，有些人头戴帽子、肩扛古老的盾牌游行，还有些人敲锣打鼓引导他们的神祇游街串巷，同时又乞求施舍。

## 十三、古希腊的哲学家已经是基督徒

**记者：**

柏拉图曾经说过，要把荷马从“理想国”中驱逐出去。你如何看？

**菲利克斯：**

柏拉图的说法是对的，应当驱除异教。

**记者：**

哲学是古希腊文化的重要遗产，你是如何看待希腊哲学的呢？

**菲利克斯：**

人应当认识自己，探究人的本性、起源和命运。我们不研究宇宙，就不能彻底研究人的问题。人与宇宙的问题是如此密切地联系在一起，不对神的性质做精心的研究，你就不能认识人。

**记者：**

如此说来，你对古希腊的哲学是认可的。

**菲利克斯：**

哲学家们的用语虽然不一样，但他们对神性的看法完全一致。米利都的泰勒斯（Thales of Miletus）最先讨论天上的事物，断言水是万物的始基，神是使万物从水中形成的心灵；米利都的阿那克西美尼（Anaximenes of Miletus）和阿波罗尼亚的第欧根尼（Diogenes of Apollonia）肯定无定形的、不可度量的气就是神；克拉佐门奈的阿那克萨哥拉（Anaxagoras of Clazomenae）把神称作无限的理智；萨摩斯的毕达哥拉斯（Pythagoras of Samos）认为神是渗透在整个被创造出来的自然中的心灵，与自然一般大，一切活物的生命也由此产生；科洛丰的克塞诺芬尼（Xenophanes of Colophon）教导说，神是心灵和思想的总体；雅典的安提斯泰尼（Antisthenes of Athens）同样断定流行的宗教中有许多神，但自然界只有一个至高无上的神；雅典的斯彪西波（Speusippus of Athens）承认神是驾驭万物的活力；阿布德拉的德谟克利特（Democritus of Abdera）是第一位推进原子论的哲学家，他经常把自然这个想象的源泉和理智称作神……甚至连著名的伊壁鸠鲁也有一神论的倾向。

**记者：**

柏拉图呢？

**菲利克斯：**

在柏拉图看来，神创造宇宙，神是灵魂的塑造者，是天上地下万事万物的创造者。柏拉图的立场几乎与我们的立场完全相同，因为我们也承认神的存在，称神为万物之父，但我们从来不公开谈论神，除非在受审时法官问到这个问题。

## 菲利克斯简传

马克·米努修·菲利克斯（Marcus Minucius Felix，？—公元250年），北非柏柏尔人（Berber），古罗马修辞学家，最早的拉丁基督教护教士之一，其历史地位与德尔图良齐名。菲利克斯青少年时期接受过良好的教育，特别是在修辞学方面造诣很深。成年后，他作为律师长期从事审判基督徒的工作。菲利克斯在工作中深感各种针对基督徒的指控乃子虚乌有，并为基督徒的勇敢所感动，于是皈依基督教成为护教士。他唯一已知的著作是拉丁文护教文献《屋大维》

(*Octavius*)，内容是异教徒凯基利乌斯·纳塔利斯（Caecilius Natalis）与基督徒屋大维·雅努斯（Octavius Januarius）之间的对话，由此论证一神的信仰及神的眷顾，反驳当时流行的对基督教的指控，并抨击异教神话。

# 第五章 唯有基督教才是“真知”

## ——对话克莱门

## 引 子

查士丁之后，从古希腊哲学走向基督教的基督教思想家当数亚历山大的克莱门（Clement of Alexandria，拉丁语名 Titus Flavius Clemens）。在克莱门眼中，古希腊的神话和多神教都是一些迷乱人类灵魂的妄语，古希腊的哲学同样因为偏离上帝而堕落为自欺欺人的诡辩。当然，克莱门对古希腊哲学界也不是全盘否定，在他看来，柏拉图的理论离真理已经很近了。克莱门相信，如果柏拉图能沿着上帝的启示继续前进的话，则完全可以达到基督徒的水平，遗憾的是，柏拉图过早地停止了前进的步伐。在克莱门看来，是上帝把“真知”当作“种子”一样植入了人类的身体，从而帮助人类孕育出崭新的灵魂，并最终获得拯救。

## 一、从同名的罗马主教说起

**记者：**

一提到你的名字克莱门，人们首先想到的似乎不是你，而是另外一个人。

**克莱门：**

我知道你说的是谁，你说的这个人就是罗马主教克莱门一世（Pope Clement Ⅰ，又称 Saint Clement of Rome）。

**记者：**

正是，我看过若干本关于罗马主教的书籍，但其中关于克莱门主教的事迹介绍得很少。你对这位与你同名的主教熟悉吗？

**克莱门：**

我是公元2世纪的人，克莱门主教则大约出生于公元35年，卒于公元99年。他是一位了不起的罗马主教，也是第一位因宣传基督教而殉难的罗马主教。与你们现在的罗马主教取得了教皇的权威不同，克莱门主教所处的时代有各式各样的教会，他也仅仅是罗马教会的首领而已。当时有很多教会的影响力要远远大于罗马教会，例如，当时有一个教会叫哥林多教会，它的影响力就大于罗马教会。

**记者：**

原来是这样啊。我本以为罗马主教一直是你们基督教会的最高首领。

**克莱门：**

并非如此。在克莱门主教的年代，基督教会之间的矛盾一直很复杂，彼此的观点常常相左，很多人对到底应该相信保罗的哪些言论都有不同的看法。

**记者：**

你讲这些是要说明什么呢？

**克莱门：**

在这种情况下，克莱门主教致信哥林多教会，要求所有的基督徒必须服从神指定担任管理者的主教，只有这样，才能保持基督教的统一。

**记者：**

那哥林多教会同意克莱门主教的这个说法吗？

**克莱门：**

克莱门主教的观点引起了许多基督徒的反对。在哥林多教会里，很多年轻人公开反对主教的权威，并且动辄就举行集会，要把主教予以革职。但在克莱门主教苦口婆心的劝说下，这些基督徒最终同意服从神所指定的主教。从此以后，在基督教世界，形成了基督徒服从主教的一种体系。

**记者：**

根据你的介绍，克莱门主教在基督教世界里开创了要求基督徒服从经过正当手续任命的领袖的新传统。

**克莱门：**

是这样。可惜的是，克莱门主教不久后就被罗马皇帝处死。但是，他那种以天下为己任的思想在基督教的历史上产生了非常大的影响。他对维护基督教世界的内部团结可以说是立下了汗马功劳。

**记者：**

据说，克莱门主教还写过不少书？

**克莱门：**

我不知道。关于和我同名的这位主教，我所知道的就这些了。

## 二、雅典之子

**记者：**

关于你的出生地，有人说你出生在埃及的亚历山大，因此称你为“亚历山大的克莱门”，也有人说你出生在雅典。我想了解一下，你到底出生在哪里？这点小事，不应该让人感到稀里糊涂吧。

**克莱门：**

你问的这个问题看似简单，其实不然。说实话，我也没有确实的证据来证明自己到底出生在什么地方。

**记者：**

怎么回事呢？

**克莱门：**

我出生在什么地方只能是我父母说了算，但我的父母并没有给我留下只言片语来说这个事情。因此，我也不知道。但是……

**记者：**

你想表达什么？

**克莱门：**

我想告诉你，不管我是否出生在雅典，雅典对于我来说绝对是一个具有重要意义的城市。可以说，没有雅典，就没有今天的我。

**记者：**

这从何说起呢？

**克莱门：**

有一点是必须承认的，那就是我在青少年时期接受教育的地方毫无疑问是雅典。

**记者：**

在我的印象中，在你所生活的那个时代，雅典已经不再是原来的那个群贤毕至的雅典，而是一个文化水平呈现雪崩式下滑的城市了，是不是？

**克莱门：**

你说的话，是对一半、错一半。说对一半，是因为在被罗马人征服以后，雅典确确实实败落了，它已经不再是欧洲文化的中心。说错一半，是因为罗马帝国的几个皇帝为雅典的复兴、为雅典的文化确实做了好些事情，值得大书特书。在这些人的卓越领导下，雅典依然颇具风采。

**记者：**

你的意思是说，罗马的皇帝也做了很多促进雅典文化发展的事情？

**克莱门：**

是的。比如罗马皇帝普布利乌斯·埃利乌斯·哈德良（Publius Aelius Hadrianus）恢复和重建了雅典的许多庙宇和学校，还在国家财政上支持、培养了一大批职业教师。

**记者：**

哈德良不简单。在你青少年时期，罗马帝国的皇帝是马可·奥勒留（Marcus Aurelius），他执政怎么样？

**克莱门：**

奥勒留是个热衷于学习希腊文化的皇帝。在他统治期间，虽然战争不断，但他总是抽出时间推动学校教育的发展，致力于将雅典建成一个名副其实的大学中心。为此，他从国库中调拨资金为每一位来雅典从事文学研究的教师提供薪酬，考察并任命雄辩学教授和哲学教授。可以说，哈德良和奥勒留这两位皇帝，为雅典重新获得它原有的作为“希腊人的学校”的地位立下了汗马功劳。

**记者：**

如此说来，你既然是在雅典接受教育，那你对古希腊的哲学肯定非常熟悉吧？

**克莱门：**

是的。近水楼台先得月，最靠近水边的人，最早看到月亮。我在雅典成长，这对我学习古希腊哲学提供了非常好的便利条件。正是在这个地方，我学习了音乐、几何、语法、修辞、天文学。尤其是对古希腊哲学的各个流派，如柏拉图主义、斯多葛主义、毕达哥拉斯主义等，我都“零距离”地接触了。在耳濡目染、潜移默化中，我对这些哲学有了深刻的了解。

**记者：**

一点儿不假。你的文章写得那么好，文字也很美。

**克莱门：**

文字美不美是另外一回事，但我确实对古希腊文学和拉丁文学热爱有加，我终身都在学习这些优美的文学作品。如果没有雅典文化，就很可能没有我后来的作品。

## 三、皈依前的人生

**记者：**

你出生在一个异教徒的家庭，但你在 20 多岁就皈依了基督教。我想问，是什么因素促使你走向了信仰耶稣基督的道路？

**克莱门：**

这中间因素有很多，我是通过接触希腊的一种名叫厄琉西斯密仪（Eleusinian Mysteries）的神秘仪式来逐步了解基督教的。这种仪式虽然还不是基督教的礼仪，但是它促使我对宗教产生了兴趣。

**记者：**

据我所知，厄琉西斯密仪是希腊秘传宗教厄琉西斯派的一种秘密仪式，约公元前 7 世纪出现于雅典附近的厄琉西斯城。

**克莱门：**

是的。这种密仪起源于早期的自然崇拜，其意在号召入会者信仰宗教、净化生活，摒弃道德上的邪恶，追求旧俗、追求永恒。

**记者：**

听说你对这种仪式曾经大加嘲讽。

**克莱门：**

没错，我确确实实曾经认为这种仪式荒唐可笑，但它有的地方还是有价值的。不管怎么说，通过了解这种密仪，我对宗教产生了兴趣。

**记者：**

据说你信仰基督教与当时雅典的一位基督教哲学家阿萨那戈拉斯（Athenagoras of Athens）有关。

**克莱门：**

也可以这么说。在我已经对宗教产生兴趣的时候，雅典的基督教教会历经长时间的混乱和堕落后走向复兴，基督徒的热情也空前高涨。很多人到处宣传基督教，我所遇到的那位老师阿萨那戈拉斯也通过他的《护教书》到处传播基督教理论，这毫无疑问对我有很大的影响。

**记者：**

我看过你写的《劝勉希腊人》（［古罗马］克莱门：《劝勉希腊人》，王来法译，生活·读书·新知三联书店2002年版）一书。通过把你的书和阿萨那戈拉斯的《护教书》进行比较，我发现两本书不仅形似，而且神似。

**克莱门：**

应该是这样。不管怎么说，我们两个人都是正宗的基督教哲学家，基本的思想应该是一致的。此外，我皈依基督教可能还有一个原因。

**记者：**

很多人皈依基督教是因为他们有某种羞于启齿的事情要祈求上帝的宽恕，我想你是不是也存在这个问题。

**克莱门：**

错。我没有什么大恶要涤除，也没有什么重要的事情需要祷告。我不是因为什么罪恶感而被带到十字架前的。

**记者：**

那你皈依基督教更深层次的原因是什么呢？

**克莱门：**

我通过研究古希腊的宗教神话，发现这些神话传说是那么荒谬。通过比较，我发现古希腊神话中的那些所谓的神，都是毫无价值的东西。

**记者：**

你得出的“宙斯死了”这个观点，是不是就是你长期研究希腊神话的结果？

**克莱门：**

是的。我希望有人给我的人生指引目标，便求助于希腊的哲学。希腊的哲学固然了不起，但我在希腊的任何一门哲学中都难以找到灵魂的栖息之地。我希望在希腊的各位神明中寻找这种栖息地，但也是大失所望。宙斯死了，阿波罗死了，没有哪位神明能让我寄托心灵的安慰。

**记者：**

所以你最终皈依了基督教。

**克莱门：**

可以这么说。

## 四、三本著作

**记者：**

听说，你的晚年是在亚历山大度过的？

**克莱门：**

这一点你说得没错。皈依基督教以后，我抽出很长时间去旅游。

**记者：**

你到过哪些地方？

**克莱门：**

我首先是向西，到了意大利。

**记者：**

在这个地方你有什么收获？

**克莱门：**

我到达意大利的时间大约是公元180年，当时这个地方还没有出现有组织的基督教团体。但是，我在这里遇到了两位宣传基督教的老师，一位是叙利亚人，另一位是埃及人，我从他们那里学到了很多东西。后来，我又到了亚历山大。正是在这个地方，我遇到了我的老师中最伟大的一位——潘代努斯（Pantaenus），从此，我们开始了持续20年的交往。

**记者：**

听说你和潘代努斯在亚历山大创办了一所大学，用于研究基督教？

**克莱门：**

严格地讲，那不能算大学，也就是一所学校，叫“教理学校”（Catechetical school）。这个学校不是我建立的，而是使徒彼得的学生传教士圣·马可（St. Mark）建立的。这个学校的几任校长也是了不起的人物，比如第一任校长就是刚才我跟你说过的那位伟大的基督教思想家潘代努斯。此外，还有奥利金（Origen）、赫拉克拉（Heraclas）、狄奥尼修（Dionysius）、狄杜姆（Didymus）等。

**记者：**

你是不是把自己遗漏啦？

**克莱门：**

不好意思。是的，我是这个教会学校的第二任校长。

**记者：**

这所学校对于宣传基督教肯定有非常大的影响。

**克莱门：**

是的。这所学校创造了一种独特的神学，它从亚历山大肥沃的犹太宗教哲学的土壤中演化而来，但其形式是基督教形式。此外，它还对当时流行的基督教派别“诺斯替主义”予以积极的批判。总体而言，在这所学校中建立起来的神学，目的是要调和基督教与哲学或者说信仰与知识之间的矛盾。这种神学以《圣经》为基础，以神圣的“逻各斯”为一切理性和真理的总和。因此，可以说这所学校也是基督教蓬勃发展的一片沃土。还有……

**记者：**

还有什么？

**克莱门：**

还有就是，我的几篇主要著作都是在这里写的。

**记者：**

你的几篇名著我知道，有《劝勉希腊人》（*Exhortations to the Greeks*）、《导师》（*The Instructor*）、《杂记》（*Miscellanies*）等。你的意思是说，它们都是在亚历山大写的？

**克莱门：**

是的。此外，我的两篇布道文也是在这里写的。一篇是《富人的获救》（*The*

*Rich Man's Salvation*)，另一篇是《致新受洗者》(*To the Newly Baptised*)。

**记者：**

你的《劝勉希腊人》和《导师》写得很好，《富人的获救》写得也很好，但那篇《杂记》内容非常杂乱，简直就不像是你写的作品。

**克莱门：**

那篇《杂记》是我写的。我之所以要客观地把各种流派的观点、疑点、真理、错误等统统放在一起，就是要让人们去自由地选择。我把这些内容比作各种各样的树木，生长在无人管理的花园里，有智慧、有知识的人，可以从中去拾遗。我把书命名为《杂记》，原因也就在这里。

## 五、一切形式的偶像崇拜都应抛弃

**记者：**

我看过你的《劝勉希腊人》，感觉你似乎对希腊人形形色色的偶像崇拜很反感？

**克莱门：**

古希腊是个多神存在的社会，在这个社会里，形形色色的东西都可以成为人们崇拜的对象。翻开古希腊的那些文献，到处都是各种稀奇古怪的故事。

**记者：**

是这样的吗？

**克莱门：**

是不是，你可以去研究嘛。我曾经研究过这些神话，比如对底比斯(Thebes)的诗人安菲翁(Amphion)的描写。

**记者：**

这些神话是怎么描绘安菲翁的呢？

**克莱门：**

这些神话把安菲翁当作神一样地供着，说安菲翁拨弄他的弦，就能让河水动起来，并移动河水的位置。底比斯城就是这么建立起来的。在这里，安菲翁成了一个偶像。

**记者：**

若真如此，那确实是胡说了。

**克莱门：**

麦修姆那的阿里翁（Arion of Methymna）也是一位杰出的诗人和乐师，传说中他也是受到赞美的人物。

**记者：**

人们是怎么赞美阿里翁的？

**克莱门：**

古希腊的传说是这么说的：阿里翁曾前往西西里岛和意大利进行演出与比赛，获得了不少的礼品和奖品。但当他带着这些财物从西西里回希腊时，船上的水手却想谋财害命。被害前，阿里翁弹完竖琴，就跳进了大海。然而，由于被阿里翁的琴声吸引，许多海豚聚集在他周围，其中一条海豚把他驮到了科林斯后才离去。

**记者：**

这很可能是神话了阿里翁的一段脱险经历。

**克莱门：**

还有一个故事。色雷斯有个术士叫俄耳甫斯（Orpheus），据说他竟然能用歌声驯服野兽，还能用音乐搬移橡树。（转引自赵敦华等主编：《中世纪哲学》上卷，商务印书馆 2013 年版，第 76 页）

**记者：**

还有吗？

**克莱门：**

古希腊人在谈到洛克里亚人欧诺姆士（Eunomus the Locrian）时，竟说此人能用自己的歌声吸引蚱蜢，还能让这些蚱蜢跟着他的琴声唱歌。其实，是他跟着蚱蜢的鸣啭弹奏音乐。但人们不管这些，还为欧诺姆士建立了铜像。还有……（转引自赵敦华等主编：《中世纪哲学》上卷，第 77 页）

**记者：**

不用说了，我对古希腊的文化还是略知一二的。古希腊是一个多神教的社会，在这个社会里，森林可以成为人们崇拜的神灵，大山可以成为人们崇拜的神灵，海水可以成为人们崇拜的神灵……任何一个在事业上做出成绩的人，在死后都可以成为人们崇拜的神灵。还有，甚至在一些地方，飞鸟、狮子、爬虫、狼等都可以成为人们崇拜的对象。

**克莱门：**

你说得没错。在我们基督教看来，所有对具体的东西的崇拜都叫偶像崇拜，这种崇拜与我们基督教完全背离。我们认为，只有主，只有上帝，才能成为唯一崇拜的对象。任何物质都是上帝的创造物，那些无知的人闭眼不见上帝的存在，却跪拜在上帝的创造物面前阿谀奉承，这是极端可悲的。

**记者：**

所以，这就是你劝勉希腊人从多神教中摆脱出来，投入基督的怀抱里的原因，是吗？

**克莱门：**

是的。

## 六、希腊哲学对于上帝的见证

**记者：**

刚才你说古希腊的文化宣传的是偶像崇拜，而你对此不屑一顾。但是，古希腊有许多哲学家，难道他们也主张偶像崇拜吗？

**克莱门：**

这些哲学家与那些有神论者比起来，只能说是好一些。

**记者：**

怎么讲？

**克莱门：**

古希腊的哲学家都是一些无神论者，这些哲学家喜欢把某种形式的元素视为世界的本原。

**记者：**

我曾经对古希腊的哲学家做过一些研究，对他们有所了解。他们确确实实非常强调物质构造、元素这些东西。

**克莱门：**

米利都的泰勒斯把水视为万物的本原，因此，他把水作为赞美的对象。该城的阿那克西美尼把气视为世界的本原，因此，他把气作为赞美的对象。阿波罗尼亚的第欧根尼的观点与阿那克西美尼大同小异，他们都把气视为世界的本原，认为人应该赞美气。埃利亚的巴门尼德（Parmenides of Elea）把火和土视为神，视为世界的本原。梅塔蓬图姆的希帕索斯（Hippasus of Metapontum）和赫拉克利特都同意巴门尼德的观点，但他们认为只有火才是神。阿克拉加斯的恩培多克勒（Empedocles of Acragas）认为世界的本原不是某种具体的物质，除了水、土、火、气四种元素以外，还有“爱”和“恨”两个东西，他把这两个东西都视为神。（转引自赵敦华等主编：《中世纪哲学》上卷，第88页）

**记者：**

那你如何评价这些把某种因素视为世界本原的哲学家呢？

**克莱门：**

他们这些人，可以说是物质主义者。有人说他们是无神论者，我认为他们是唯物主义者。他们愚蠢地夸耀其智慧，却崇拜低级物质，因此他们的观点肯定是有问题的。他们不知万物之创造者，以及本原之制造者，不知上帝是耶和华，却认为世界的本原是柔弱而无用的某些低层次的元素。他们对这些东西顶礼膜拜，完全是本末倒置。这些元素都不过是上帝的创造物，他们把这些上帝的创造物视为世界的本原，而完全不知道上帝的存在，完全是错误的。

**记者：**

我看过你写的一些书，你在很多地方对这些哲学家还予以不同程度的肯定。这与你刚才的观点是否有些矛盾？如何解释这种矛盾呢？

**克莱门：**

你说得没错，我真的说过这些话。不管怎么说，与那些偶像崇拜者比起来，我认为这些把某些元素视为世界本原的希腊哲学家还算好一些。也就是说，他们离真理、离上帝的距离，要近得多。

**记者：**

这个说法有点玄乎，怎么理解？

**克莱门：**

在希腊的哲学家群体中，有一些人还是力图超越看得见、摸得着的某些元素，力图在这些元素之上寻求更高级、更优秀的本原。而随着这个本原的逐步拉伸，与我们基督教的上帝就开始逐步靠近了。

**记者：**

你的这种提法我是闻所未闻，可否说得详细点？

**克莱门：**

可以。希腊的一些哲学家，如米利都的阿那克西曼德（Anaximander of Miletus）、克拉佐门奈的阿那克萨戈拉（Anaxagoras of Clazomenae），还有雅典的阿基劳斯（Archelaus of Athens），就颂扬“无定”（apeiron）。

**记者：**

这个观点我明白。你所说的“无定”，就是阿那克西曼德提出的“阿派朗”，就是某种“不定型的东西”，就是某种既可能是物质也可能是精神的东西。

**克莱门：**

阿那克萨戈拉和阿基劳斯都主张把“心灵”（nous）置于无限之上。这种说法，显然是比把某些元素视为世界的本原要好得多。还有米利都的留基伯（Leucippus of Miletus）和喀俄斯的梅特罗多鲁（Metrodorus of Chios），这两个哲学家提出世界有两个本原，一个是“充实”，另一个是“虚空”。阿布德拉的德谟克利特还在“充实”“虚空”之外加上了“影像”。还有克罗敦的阿尔克迈翁（Alcmaeon of Croton），他认为星星上存在生命，这些生命就是神。古希腊还有个斯多葛学派，其观点是，神性布满了一切物质，甚至渗透于最低级的物质形式。亚里士多德的学生、精明的厄瑞斯人塞奥弗拉斯特（Theophrastus of Eresus）也曾经说过，神就是天，神或许就是灵。（转引自赵敦华等主编：《中世纪哲学》上卷，第90—91页）

**记者：**

你说得这么多，把我的头都说晕了。你想表达什么呢？

**克莱门：**

说了这么多，无非就是想说明，在古希腊哲学家群体中，有一部分人透过具体的物质，看到在物质之中存在着某种精神性的神灵。这种东西与我们基督教世界强调的上帝已经离得很近了。可以说，在某种程度上，这些人的说法也成为我们对于上帝存在的一种证明。

## 七、柏拉图：离真理很近的一个人

**记者：**

我感觉你对古希腊其他哲学家的评价似乎都很一般，但对柏拉图的评价比较好。

**克莱门：**

你的感觉没错。柏拉图之前的那些希腊哲学家基本上都是无神论者，这些人自以为聪明过人，其实他们对真理一无所知。我就不明白，普通人非常相信你们这些哲学家，但你们这些人却举着真理的招牌对人们说，世界受流动、不规则运动的东西所统治，还一会儿说风是世界的本质，一会儿说气是世界的本质，一会儿说火是世界的本质，一会儿说土是世界的本质，一会儿还把木头、石头等凡是能想得到的一些东西都推定为世界的本原，真是笑话。

**记者：**

你的意思是说柏拉图比这些人高明一些？

**克莱门：**

与这些人比起来，柏拉图的很多看法相当高明。根据很多学者的研究，柏拉图对我们的《圣经》是有所了解的，甚至可以说他就看过我们的《圣经》，否则他不会说出那么多高明的话。

**记者：**

柏拉图是否看过你们的《圣经》姑且不论，我想了解一下柏拉图说了哪些让你很欣赏的话？

**克莱门：**

柏拉图在他的《蒂迈欧篇》中，说发现宇宙的父亲和创造者是一项艰巨的任务，并且即使你找到了它，你也无法向大家说明它。柏拉图在他的书信中还说，宇宙的创造者和父亲是根本不能描述的。你要知道，在这里柏拉图的手已经碰到真理了，因为他已经感觉到上帝的存在。

**记者：**

你是说柏拉图在他的《蒂迈欧篇》和书信中都已经感知到上帝的存在？

**克莱门：**

是的。虽然柏拉图的很多说法还是模模糊糊的，但他确确实实已经离上帝越来越近了。柏拉图在他的书信中还说万物都围绕着万物之王，因此万物才是善的。此外，柏拉图多次肯定上帝是宇宙的砝码、升斗和计数器。柏拉图多次说过，唯一真正的上帝衡量着世界万物，上帝才是唯一公正的尺度，只有真正的上帝才会永远保持着不偏不倚。

**记者：**

你的意思是说，柏拉图不仅认识到上帝作为一种无限的存在，还把上帝视为衡量世间万物正义与否的唯一尺度？这简直就跟你们的上帝没有什么两样了。

**克莱门：**

是的。柏拉图在他的《法律篇》中说，上帝的公正，就像一架天平一样，维持着宇宙本性的平衡。正如古语所说的那样，掌握了一切存在的开端、结尾和中间的造物主，沿着一条不偏不倚的道路，依其本性旋转着。但是正义永远伴随着他，为的是惩罚那些置法律与神圣而不顾的人。这些都是柏拉图的原话。通过这些，我确实感觉到在古希腊的哲学家中还是有一些聪明人的。尤其是……

**记者：**

尤其是什么呢？

**克莱门：**

有一点很关键，柏拉图明确地告诉周围的人，异邦人比希腊人更聪明。

**记者：**

你不会是在为自己贴标签吧，柏拉图什么时候说过你们这些异邦人比希腊本土人更加聪明？

**克莱门：**

我建议你去翻翻柏拉图的《斐多篇》，他说得很清楚。如果你看过这一段，你就会相信我们这些基督徒比希腊人更聪明。

**记者：**

我好好查查，柏拉图为何会如此恭维你们这些异邦人。

**克莱门：**

可以说，柏拉图在古希腊哲学家中是最清醒的一个人，他清楚地意识到我们这些异邦人比希腊人更聪明。希腊人应该知道，埃及人教会了他们几何学，巴比伦人教会了他们天文学，色雷斯人向他们传授了医疗的咒语，还有波斯人、亚述人……但是，就对上帝的信仰和真理来说，真正教会希腊人的是我们这些希伯来人。可以说，没有希伯来人，希腊人就不可能接近上帝。

**记者：**

依你之言，在古希腊哲学家中，除了柏拉图都是无知者。

**克莱门：**

此话也不能说得太绝对。有一位哲学家叫安提斯泰尼（Antisthenes of Athens），他是犬儒派哲学家。他从苏格拉底那里学到不少东西，因而看问题的角度和别的哲学家有所不同。他曾经说过，神不像任何别的事物，因此没有人能够通过相似物彻底了解他。色诺芬（Xenophon of Athens）也说过类似的话。色诺芬在他的《回忆苏格拉底》一书中说，推动万物又使万物静止下来的一定是某个伟大而全能的“一”，但是它的形式是我们无法看到的。即使看上去普照万物的太阳，似乎也不让人们看到它。如果一个人冒冒失失去看，那么这个人的视力就会被太阳夺走。还有斯多葛学派哲学家佩达西斯的克莱安塞斯（Cleanthes of Pedasis），他虽然没有提出系统的神学思想，但他的很多关于神的描述非常到位。

**记者：**

他是怎么说的呢？

**克莱门：**

克莱安塞斯写道：

> 你们问我：上帝像什么？那就请听吧！
> 神是井然有序的、神圣的、纯洁的、公正的，
> 自治的、有效的、美丽的、正义的，
> 严肃的、诚实的、永远恰如其分的，
> 无畏的、无忧的、有用的、消除痛苦的，
> 满意的、优越的、坚定的、受爱戴的，
> 受人尊重的、始终一致的……
> 名闻遐迩的、名副其实的、仔细的、善良的、强有力的，
> 持久的、无可非议的、永生不朽的……
>
> （转引自赵敦华等主编：《中世纪哲学》上卷，第96页）

这些说的就是我们的上帝，此人的看法属于真正的神学，我很欣赏。

**记者：**

还有你认为差不多的哲学家吗？

**克莱门：**

毕达哥拉斯学派的一些哲学家也说了一些正确的话。他们说，神是“一”，他不像有些人怀疑的是在宇宙秩序之外，而是存在于宇宙秩序之中，完全地体现于整个循环之中。他管理着一些造化，把千秋万代融为一体。他支配着自身的力量，照亮了天空中他所有的作品。他是万物之父，是整个循环的心灵和生物本源，是万物的运动。这些说法都很有道理，因此，我没有一棍子把希腊哲学家通通打死。有些人还是凭借着神的启示，有些人或许是因为看了我们的《圣经》，悟出了很多很不错的道理。

## 八、希腊诗歌：对上帝存在的见证

**记者：**

你不仅是一位哲学家，也是一位文学家。听说你对希腊诗歌颇有研究？

**克莱门：**

可以这么说。在我们那个时代，如果你对希腊诗歌不了解，就不能说你是个读书人，更不能说你是一位思想家。

**记者：**

研究希腊诗歌，对你这个基督徒有什么作用呢？

**克莱门：**

你还问到点子上去了。古希腊诗歌对我们基督教有很好的见证价值。

**记者：**

何谓见证价值？

**克莱门：**

这种见证包括两个方面。第一，古希腊诗歌对基督教所主张的上帝是唯一性的存在，是个很好的见证。第二，古希腊诗歌对希腊世界各种各样的神灵的描写，让我们看到了多神教的丑陋，这从反面证明了唯有一神论、唯有上帝才是真正的信仰。

**记者：**

希腊的诗歌是如何见证上帝的存在的？

**克莱门：**

西库昂的阿拉图斯（Aratus of Sicyon）是个诗人，看他的诗，就让人们感觉到神的力量充满着整个宇宙，无处不在，无时不有。

**记者：**

阿拉图斯的诗怎么说？

**克莱门：**

阿拉图斯的诗是这么写的："由于它，一切新生而坚固的事物才能成长，我们将永远向他起誓。万岁，万物之父，伟大的奇迹，人类的大救星。"（转引自赵敦华等主编：《中世纪哲学》上卷，第97页）

**记者：**

请你接着讲。

**克莱门：**

阿斯科拉的赫西俄德（Hesiod of Ascra）不仅是一位历史学家，也是一位诗人，他的诗如此谈到上帝："因为他是君临一切的王和主人；其他的神谁也不能与你在力量上相匹。"（转引自赵敦华等主编：《中世纪哲学》上卷，第98页）

**记者：**

还有呢？

**克莱门：**

雅典的欧里庇得斯（Euripides of Athens）是一位著名的诗人，他曾经在久久地凝视清新的空气、湛蓝的天空后说道："就把它看成是上帝吧。"索菲鲁斯（Sophllus）之子索福克勒斯（Sophocles）也是一位著名的诗人，他的诗也同样提到了上帝。

**记者：**

我知道欧里庇得斯和索福克勒斯都是古希腊著名悲剧作家。

**克莱门：**

索福克勒斯如此写道："只有一位是真正的上帝，他创造了高度的蓝天和绵延的厚土，闪光的海浪和猛烈的风吼。"（转引自赵敦华等主编：《中世纪哲学》

上卷，第98页）

**记者：**

还有别的诗人能见证你们的上帝吗？

**克莱门：**

当然有了。色雷斯的俄耳甫斯（Orpheus of Thrace）曾经写道：

我的诗将要谈到圣洁的对象；
渎神的人们都把耳朵闭上。
穆塞乌斯（Musaeus），月亮的儿子，
你倾听真理的语言；
不让过去的错误夺走今天的时光。
你要注意听那神圣的言（logos theios），
它会把你的心灵引向正确的方向；
还要认真走好狭窄的人生道路，
注视着伟大的世界主宰，
不朽的君王。

接着，俄尔甫斯继续写道：

自生的“一”生存着；万物自一而出；
他永远运行于自己的作品之中，
凡人看不见他，他却能洞察万物。

（转引自赵敦华等主编：《中世纪哲学》上卷，第99页）

**记者：**

看来你真的想从古希腊的诗人那里，证明你们基督教所崇拜的唯一的上帝的存在。刚才你说过，还有一些诗人对形形色色的神灵进行了描述，从而揭示出多神教的丑陋，有这方面的例子吗？

**克莱门：**

当然有了。米南德（Menander of Athens）是一位喜剧诗人，他写过一部戏剧叫《马车夫》，其中在谈到某个神时他写道：“牵着个老太婆在街上走来走去，溜进人家里偷吃圣盘中的食物，这样的东西在我看来绝不是神。”米南德在他的《女祭祀》中也对形形色色的偶像崇拜予以严厉的批评。他写道：“如果一个人，

能用铙钹（一种打击乐器）把神随意地领来领去，那么此人的力量就胜过了神。但这就是人们想出来的无耻的挣钱办法。”（转引自赵敦华等主编：《中世纪哲学》上卷，第100—101页）

**记者：**

这些诗人确实对古希腊的各位神灵不太尊敬。

**克莱门：**

没错。荷马、米南德、欧里庇得斯等这些诗人，他们不仅揭露了诸神的胡作非为，也毫无顾忌地辱骂他们。比如，他们骂智慧女神雅典娜（Athena）是“狗蝇子”，骂火神赫菲斯托斯（Hephaestus）是“双腿残废的跷拐儿”。

**记者：**

没想到，古希腊的诗人对他们的神灵用了这样难听的语言。

**克莱门：**

没错。这些诗人用他们的诗，多次描写大力神赫拉克勒斯（Hercules）发疯的情形，还多次描写这位神灵狼吞虎咽、贪杯如命的丑态。关于他的丑态，欧里庇得斯这样描写道：“一边嚼着生无花果，一边吼唱着没调的歌，只有野蛮人才听得懂的歌。”此外，欧里庇得斯在剧作《伊翁》中也对古希腊的诸神进行了揭露：

> 你们为人类立法，自己却做出不义之举，
> 这怎么可能是合理的呢？
> 假如——我只是说说而已，其实不会发生——
> 你们要为强暴人类而向人类支付罚金，
> 福玻斯（阿波罗）、波塞冬、天空的统治者宙斯，
> 你们就要拆光神庙来惩罚自己的罪行。
>
> （转引自赵敦华等主编：《中世纪哲学》上卷，第103页）

**记者：**

我只研究过荷马的诗，他的诗对许多神灵的描写非常露骨。在荷马笔下，这些神灵与人间那些拥有七情六欲的人一样，也有贪婪，也有弱点。但是，我还真的没有想到这些恰恰对你证明上帝的伟大有这么大的作用。

**克莱门：**

你没有认真研究古希腊的神话，如果你认真研究的话，你就会发现古希腊的那些诗人从内心深处对我们的上帝是非常敬仰的。

## 九、灵魂的升华

**记者：**

我看过你的作品《教育者》的一些残篇，你在强调上帝是人类获得拯救的第一要素的同时，也非常强调人要获得道德上的修炼。

**克莱门：**

没错，你说的是“道德修炼”这个词，我用的是灵魂的修养，简称“灵修”。对我们这些基督徒来说，想获得拯救，就必须注重灵魂的修养。灵魂的升华或者修养是一个过程，有一系列的阶梯，它应该由低级逐步上升到高级，一步一步往上走，每一次升华都让灵魂达到善的境界。

**记者：**

有没有一些具体的修养方法呢？

**克莱门：**

当然有，一个基督徒必须在生活的细节上，如饮食、言谈、洗浴、睡眠等方面严格要求自己，要避免邪恶，注重修养。只有这样，才能获得上帝的拯救。

**记者：**

你把基督徒分为两类：一类是简单的基督徒，另一类是“完善者”。你这种划分有什么意义呢？

**克莱门：**

我确确实实把基督徒分为两类：一类是简单的基督徒，他们只有共同的信仰；另一类是“完善者”或“诺斯替者”，他们的信仰已经得到了充分的发展，甚至达到了一种体系化的程度。不过……

**记者：**

你想说什么？

**克莱门：**

对在道德上称得上是“完善者”的那些人，我并不以为然。我认为，那些人和我们普通的基督徒比起来其实没有什么本质的不同。任何人也不应该以自己所谓在信仰方面高于别人而自以为是、沾沾自喜。

## 十、富有者的得救之道

**记者：**

听说你有一篇作品在基督教世界不受欢迎？

**克莱门：**

我知道你说的那篇作品，就是《富人的获救》。

**记者：**

为什么好多人对你的这篇作品不感兴趣呢？

**克莱门：**

在基督教世界，很多思想家对财富问题都采取回避的态度，而我的这本书专门研究富有者如何获得拯救的问题，因此很多人对其比较反感。

**记者：**

按道理说，随着社会的发展，基督教会与富有阶级相结合是历史的趋势。因此，作为基督教的思想家，就不应该回避这个问题。

**克莱门：**

是的。很多人对发家致富持批评态度，我认为这是有问题的。

**记者：**

基督教要继续生存和发展，必然要调和与世俗社会的矛盾。你的观点是什么呢？

**克莱门：**

我的观点有两点。第一，财物是上帝创造的，而不是我们人类所创造的。因此，我们不应该囤积财富，否则就是对上帝的大不敬。

**记者：**

第二点是什么？

**克莱门：**

第二，作为一名基督徒，要学会与别人分享自己的财富。一个商人拥有财富，没有什么不好。但是，如果他愿意与别人分享他的财富，那他不仅可以拥有财富带来的快乐，也可以获得上帝的救赎。

## 十一、小结

**记者：**

关于古希腊的诗歌，关于古希腊的哲学家们，我们都已经谈得很多了。我总觉得，说来说去，你的观点似乎就是只有基督教才是天下唯一的“真知”，而其他都与“真知”无关。

**克莱门：**

在此，我可以将自己的观点梳理一下，你看可否？

**记者：**

请讲。

**克莱门：**

我的观点可以用四句话来予以概括：第一，希腊哲学不是“真知”，但其包含着不少有用的知识，这些知识可以帮助人们去理解基督教的内在奥义。第二，唯有基督教才是“真知”，基督教的“真知”是以“逻各斯”（至高无上的存在）为基础的，而上帝的“逻各斯”就是耶稣基督，他不仅温和善良，而且无所不能。

**记者：**

还有呢？

**克莱门：**

第三，无所不能的耶稣基督是通过把“真知”当作“种子”，植入人类的身体之中，帮助人类孕育出崭新的灵魂，进而使之获得拯救，走向新生。

**记者：**

还有一句是什么？

**克莱门：**

第四，一个人要想获得拯救，必须修身养性，必须注重灵魂的修炼。唯有从平时的生活细节入手，时时在意，处处小心，才会获得上帝的接纳，一步步实现自我的超越。

## 克莱门简传

提图斯·弗拉维乌斯·克莱门（Titus Flavius Clements，约公元 150—220 年），古罗马神学家、哲学家。克莱门出生于雅典的一个异教徒家庭，年轻时他曾经四处游学，访问过意大利、巴勒斯坦。公元 180 年他到达埃及的亚历山大城，跟随著名基督教教理大师潘代努斯（Pantaenus）学习，深受希腊哲学和神秘宗教的影响，后皈依基督教。克莱门是公元 2—3 世纪重要的基督教教父，著有《劝勉希腊人》《导师》《杂记》《富人的获救》《致新受洗者》等，还有部分残篇传世。

# 第六章　我想做一个教会的人！

## ——对话奥利金

## 引　子

在基督教世界，奥利金这个名字可以说是无人不知、无人不晓。但是，关于此人，人们的评价却是五花八门，有些甚至是完全相反。一方面，欣赏奥利金的人说，在古代教会里，再没有比他心灵更纯洁、志向更高尚的人了。还有人说，奥利金是古代教会里最有学问的教士和最多才的作家。这些人把诸如“圣徒”“正统派”“哲学家”“学者”“殉道士”“道德家”等无比靓丽的词用到奥利金的身上。另一方面，也有人对奥利金的评价完全是负面的。他们称奥利金是“异端派”，是“罪人”，是“阉人”，是“神秘主义者”，是“禁欲主义者”……

不管人们如何评价奥利金，有一点是无可否认的，那就是在基督教教会史上，奥利金的地位非常独特，其思想影响了公元3—4世纪的基督教世界。奥利金的思想博大精深，可谓是一个巨大的思想宝库。任何人研究基督教，尤其是研究公元2—4世纪的基督教，就必须先研究奥利金的著作。因此，我们必须与这位基督教思想家进行交流，交流的重点离不开与奥利金的名字联系在一起的“三一神学”、灵魂理论以及他的自由意志理论。让我们走近这位一生都恪守“我想做一个教会的人”的诺言的奥利金。

## 一、砍头不过碗大的疤！

**记者：**

公元3世纪的教会历史学家欧西庇乌（Eusebius of Caesarea）写过6卷本的《教会史》。在他的笔下，你绝对是一位“高大上”的人物。

**奥利金：**

我不了解他是如何介绍我的。

**记者：**

他说你的父亲勒俄尼得斯（Leonides）是一位皈依基督教的希腊人，他的基督信仰非常执着，九头牛也拉不回。据说，在你很小的时候，他就往你脑袋里灌输《圣经》。你十六七岁就皈依了基督教，是不是与此有关？

**奥利金：**

毫无疑问。

**记者：**

在那个时代，成为一名基督徒，应该是一件非常危险的事情吧？

**奥利金：**

你说得没错，非常危险。当时我们的传教活动基本上处于地下状态，因为罗马皇帝塞普蒂米乌斯·塞维鲁（Septimius Severus）发动了对基督徒的大规模迫害。不过话又说回来了，被这位皇帝疯狂打压的不止我们基督教，犹太教的日子也不好过。

**记者：**

在那些罗马皇帝的眼中，犹太教和基督教似乎是同宗同源的。

**奥利金：**

是的。罗马皇帝在罗马疯狂打压基督徒，在北非的亚历山大也是如此。我的父亲就是在这个时候被捕入狱的。

**记者：**

你父亲被捕入狱，你有想什么办法把他救出来吗？

**奥利金：**

说句实话，我还真没有把父亲救出来。我不仅没有想办法把他救出来，还给他写信，恳请他要立场坚定。现在回过头来看，父亲的死也许与我给他写的信有关系。

**记者：**

据说罗马皇帝到处搜捕基督徒，而你却还到处宣传基督教，有这事吗？

**奥利金：**

是的。父亲被抓，殉教而死，可以说让我的母亲非常痛苦，因此她千方百计劝我躲起来，不要与罗马皇帝作对。但是，我已经抱定了殉教的决心，我要像我父亲一样，为基督教殉教。砍头不过碗大的疤，可惜被母亲阻止，我未能如愿。

**记者：**

怎么回事？

**奥利金：**

母亲为了防止我外出，她竟然把我的衣服统统藏了起来，让我无法出去。

**记者：**

哈哈，这样你的确出不了门了。

**奥利金：**

如果不是母亲用这个怪招，我就会与罗马皇帝拼个鱼死网破了。为基督教而死，我死而无憾。

## 二、亟待解决的神学“大问题”

**记者：**

在你那个时代，有很多人到处宣讲耶稣的言论，而你却非常重视对基督教基础性的理论的研究。我想了解一下，你是出于什么考虑要这样做？做基础理论研究，虽非常劳心费神，但经常劳而无功，弄不好还得得罪同行。

**奥利金：**

我没有如此功力。宗教是一种信仰，一般人都认为，信仰只要相信就可以了，其实是错的。要想使信仰建立在牢固的基础上，我们就必须使信仰逐步走上体系化、理论化甚至是经典化的道路。

**记者：**

你的意思是说，就你当时的基督教信仰来说，还没有做到体系化、理论化和经典化？

**奥利金：**

是的。我的《论首要原理》就是研究这个问题的。

**记者：**

愿闻其详。

**奥利金：**

根据观察和思考，我发现，尽管许多人都信誓旦旦地说自己信仰基督，但是他们在诸如神、主、耶稣基督、圣灵等许多重大问题上的看法都大相径庭，难以形成一致的意见。使徒们在宣讲基督理念的过程中，尽管讲得透彻，但没有涉及万物的存在方式和起源问题。还有，尽管使徒们明确地指出了神是唯一的，子是父所生的，但没有清楚地阐述圣灵究竟是被造的，还是非造的。

**记者：**

你说的问题确实是很重要但没有解决的问题。请接着说……

**奥利金：**

还有，基督教理论尽管阐述了灵魂有它自身的实体和生命，但没有讲清灵魂的其他问题，如它与躯体的关系。还有，使徒们也没有明确解释魔鬼和敌对势力的教义。教会、教义没有讲清楚这个世界现在和之后的情况，没有讲清楚神与希腊哲学家所说的无形体事物的关系，也没有讲清楚如神的本性是什么等问题。

**记者：**

你讲的这些问题都是基督教神学基础性的理论。你能够从基础方面来研究基督教理论，足以表明基督教神学走向了一个新的阶段。但是，基督教历来是以各种生动形象的故事来吸引人，而你用这些晦涩难懂的理论去宣传，我估计会曲高和寡。

**奥利金：**

实践证明，到了我们这个时代，基督教存在系统化、体系化的内在需求。如果不能使之逐步走向系统化，基督教神学可能就会和那些低层次的多神教理论没有什么区别了。

## 三、神并非一个形体的存在

**记者：**

我看过《荷马史诗》，在荷马的笔下，主人公都是神，或者半人半神。人与神有着同样的外貌，同样的性格，只不过神青春常驻、最有智慧和最为健美而已。神不仅具有与人同样的喜、怒、哀、乐，而且在道德品质方面，神甚至在某种程度上比人更富于虚荣心、更加忌妒成性、更加贪婪好色。

**奥利金：**

荷马的宗教观，可以概括为“人神同形同性”。

**记者：**

其实，古希腊的宗教都是如此，并不是只有荷马是这么看的。

**奥利金：**

是这样的，而且也并非只有古希腊的宗教是如此。在当时的世界，无论是在东方还是在西方，甚至在我们基督教内部，也有很多人坚信人神同形同性这种宗教观。

**记者：**

你对此似乎不以为然？

**奥利金：**

是的。我对这种观点向来是嗤之以鼻的。

**记者：**

但问题是，《圣经》中有很多种说法，就容易让人认为神是有形体的东西。

**奥利金：**

你说说看，好像你对《圣经》有些研究。

**记者：**

《新约·希伯来书》中是这么说的：“我们的神乃是烈火。”（《希伯来书》12：29）火毫无疑问是有形体的东西，谁都知道火是什么样子，既然神是火，那就说明神也与火一样有一定的形状，这是其一。其二，《圣经》中还有这样的说法……

**奥利金：**

还有什么说法，你接着说。

**记者：**

《新约·约翰一书》中说：“神就是光，在他毫无黑暗。”（《约翰一书》1：5）

**奥利金：**

还有呢？

**记者：**

《旧约·诗篇》中说："在你的光中，我们必得见光。"（《诗篇》36：9）别的例子我不举了，总之，《圣经》在描述神的时候，总是把神与火和光这些有形状的东西联系在一起。似乎神看得见、摸得着，有长、有宽、有高、有颜色，等等。

**奥利金：**

你这是对神天大的误解，是极端肤浅的。

**记者：**

那如何来解释这些描述呢？

**奥利金：**

《圣经》中的很多语言，是不能从字面上去理解的，我们应该看到字面背后的东西。例如《圣经》说神是火，而火一般烧掉的就是木头、杂草之类的东西。如果你这么理解的话，那么神的荣耀体现在什么地方呢？

**记者：**

那应该如何理解呢？

**奥利金：**

神每时每刻都在燃烧，并且在破坏。

**记者：**

破坏？什么意思？

**奥利金：**

神燃烧的、破坏的是那些信徒们心中的邪念、恶习、私欲。通过这种燃烧和破坏，神最终拯救这些人，好让他们的灵魂与神的智慧共处一处，从而获得神的智慧。比如《新约·约翰福音》中有这样的话："我们要到他那里去，与他同住。"（《约翰福音》14：23），说的就是人经过神的洗礼，而最终成为至善的人，才有资格到神那里去。

**记者：**

我对《圣经》的研究不深，但我不能完全认同你的这种解读。还是请把你关于上帝是无形体的观点总结一下吧。

**奥利金：**

可以。在我看来，凡是与粗糙而坚固的形体相对的事物，都可以称为"灵"。

所谓灵，就是具有理智和灵性的事物。上帝从本质上讲属于灵，这是他的第一个特征。不具有形体性，是他的第二个特征，从本质上讲，他是精神性、理智性的动物。很显然，精神性的东西并不需要物理的空间，并不需要摸得着的大小、看得见的形状和颜色，也不需要其他与物质性相关的性质。一句话，不能片面地理解《圣经》中的话。我们的先知为了让信徒们能够理解神，用了一些形象性的语言；我们不能简单地理解这些语言，而应该理解它们背后的东西。

## 四、意志是自由的

**记者：**

在基督教思想界，公认的一点是，你的自由意志论是你对基督教神学的最大贡献之一。可以说，你的神学理论中，关于自由意志论的一些阐述是极具原创性的。

**奥利金：**

关于这一点，在我之前的基督教思想家论述得比较少。

**记者：**

不是比较少，而是非常少。你为什么要研究这个问题？

**奥利金：**

基督教教会的主要职责就是宣传基督教的理论，宣传我们的真理。我们宣传基督教的真理，也可以称为布道，它并不是没有目的的。

**记者：**

目的是什么？

**奥利金：**

目的是要鼓励人们去追求良善而有德行的生活，并要尽一切可能避免罪恶。对每一个基督徒来说，都不可避免地面临着是选择良善的生活，还是选择罪恶的生活这个问题。如果你的选择是对的，意味着你有一个良好的未来，你的生活将得到上帝的眷顾。反之，如果你选择了错误的生活，你可能会面临上帝对你的惩罚和审判。选择就是自由。

**记者：**

你的意思就是说，教会之所以去宣传自己的道理，目的就是去规劝人们去做自由且趋向是好的选择，这其中必然涉及人的意志是否真的自由，以及人们是否真的有选择自己行为的那种能力的问题。

**奥利金：**

你说得没错。在我的《论首要原理》（*On First Principles*）中我就明确提到过这个问题。（参见［古罗马］奥利金：《论首要原理》，石敏敏译，香港道风书社2002年版）

**记者：**

你在《论首要原理》中表示，你认为自由意志的内核是一种理性的判断能力。我想了解，你是如何得出这个观点的？

**奥利金：**

推动事物变化的原因主要有两种：一种在其自身之中，另一种则是外界的推动。

**记者：**

是这样。

**奥利金：**

没有生命的那些东西，比如石头、木块等，是受到外力的推动。它们的本性是由某种物质性的东西构成的，如果没有外力的推动，它们就不可能运动。

**记者：**

动物似乎不在你所讲的这些范围内？

**奥利金：**

同样是动物，也可能彼此不一样，比如一些动物虽然也是活的，但它们没有灵魂。有灵魂的东西才能自己运动，而没有灵魂的东西，必须在外界事物的推动下才能运动。当这些有灵魂的动物产生幻想、欲望或者某种信念，或者受到某种刺激，它们就会激动地向别的物体运动。在有灵魂的动物中，存在着某种意志或者情感的幻觉，一旦有某种自然的本能降临到它们的身上，就会激发它们，使它们进行某种运动。

**记者：**

你说得这么玄乎，可否举例说明？

**奥利金：**

例如我们看到的蜘蛛，它被某种织网的念头所激发，所以就用一种非常有序的方式，编织起蜘蛛网。因此，是某种本能促使它进行这项工作。但是，这项工作是盲目的，不存在自由意志，而是被某种本能所左右。

**记者：**

与这些动物相比起来，我们人类显然属于有理性的动物，本能在我们人类的运动中所占的地位、作用要小得多。

**奥利金：**

你说得没错。与这些动物相比，有理性的动物不仅具有内在的本能，如蜘蛛织网的本能，在很大程度上还具有理性。

**记者：**

何谓理性？理性就是诉诸理智进行判断的一种特征、一种力量。

**奥利金：**

是的。有了理性，我们人类才能对本能的运动进行判断，有所取舍。我们能赞成一些事情，反对一些事情，放弃一些事情，这就是意志的自由。人类正是凭借这种理性的判断，才逐步抛弃了野蛮的生活，而逐步走向良善的生活。

## 五、《圣经》对自由意志的证明

**记者：**

你坚持认为意志是自由的，因此人应该对自己的自由选择负责。我想知道，《圣经》对这个问题是如何看的？

**奥利金：**

《圣经》里有大量语言能证明意志是自由的。

**记者：**

是吗？

**奥利金：**

当然是的。《旧约·弥伽书》中先知弥伽说：“世人啊，如果耶和华已指示你何为善。他向你所要的是什么呢？只要你行公义，好怜悯，有谦卑之心，与你的上帝同行。”（《弥伽书》6：8）《圣经·申命记》中摩西说：“我将生死祸福陈明在你面前。所以你要拣选生命，使你和你的后裔都得存活。”（《申命记》30

：19）

**记者：**

还有吗？

**奥利金：**

《旧约·以赛亚书》中以赛亚说："你们若甘心听从，必吃地上的美味。若不听从，反倒悖逆，必被刀剑吞灭，这是耶和华亲口说的。"（《以赛亚书》1：19—20）《旧约·诗篇》中有如此说法："甚愿我的民肯听从于我，以色列肯行我的道。我便速速制服他们的仇敌，反手攻击他们的敌人。"（《诗篇》81：13—14）《新约·马太福音》中对于上帝的话也有如此记载："我只是告诉你们，不要与恶人作对"，"凡向弟兄动怒的，难免受审判"，"凡看见妇女就动淫念的，这人心里已经与她犯奸淫了"。（《马太福音》5：39、5：22、5：28）

**记者：**

还有吗？

**奥利金：**

有，《马太福音》如此说："凡听见我这话就去行的，好比一个聪明人，把房子盖在磐石上"，"凡听见我这话不去行的，好比一个无知的人，把房子盖在沙土上"（《马太福音》7：24、7：26），等等。这些话告诉我们，如果按照上帝的命令去行事，便能得到称赞，便被赐予所应有的；反之，如果听从相反的话，或者说做相反的事，则会遭受惩罚。这些告诉我们，人可以选择做好人还是做坏人。可见，要成为怎样的人，完全取决于自己。这就是自由意志。

**记者：**

你的意思是说，《圣经》也坚持自由意志论？

**奥利金：**

正是。

## 六、人应当对自己的犯罪承担责任

**记者：**

依据你的自由意志理论，如何来看待犯罪问题呢？

**奥利金：**

很显然，自由意志就是一种理性能力，一种判断能力。这种能力能够区分什么是善，什么是恶。也正是这种判断，使得人或是选择作恶，成为一个坏人；或是选择行善，成为一个好人。因此，做好人还是做坏人，是人选择的权利。既然人因自己的错误选择而从事危害人类的行为，使自己成为一个犯罪分子，那么他就必须对自己的行为负责。因此，国家法律规定要对这些人进行惩罚，是必须的。

**记者：**

你的这个观点在如今已经成为常识，但在你们那个年代，能够用自由意志理论来解释国家对犯罪的惩罚，确实是很有新意的。

**奥利金：**

上帝赋予了每个人自由选择善恶的权利。要成为什么样的人，完全取决于我们自己。

## 七、罗马法：无须遵守

**记者：**

你还有一部作品《驳塞尔修斯》（*Against Celsus*），有人说它和你的《论首要原理》足以代表你的思想。

**奥利金：**

可以这么说。

**记者：**

我想问一下，这位塞尔修斯是什么人？你为何要专门写一本书去反驳他？

**奥利金：**

塞尔修斯只不过是我当时为了表达自己的思想而选择用来作为靶子予以批判的一个人的名字。这个人是一名法学家，也是罗马法最坚决的拥护者。

**记者：**

你说塞尔修斯是罗马法的拥护者，难道你们基督徒就不是罗马法的拥护者？

**奥利金：**

你说得没错。我对于罗马法的看法与很多人是不一样的。我认为罗马法与我心目中理解的法不是一回事。作为基督徒，不应该去遵守这样的法律。

**记者：**

请你详细讲一讲。

**奥利金：**

我还是从塞尔修斯说起。我们的这位塞尔修斯刚才我说过了，他是罗马法的拥护者。他指责我们基督徒搞秘密集会，而秘密集会在罗马时代是非法的。他还要求基督徒遵守法律、参军打仗、保卫帝国的安全。塞尔修斯还针对我们基督徒拒不担任国家公职的行为提出警告，要求基督徒接受国家的公职。总之，以塞尔修斯为代表的一帮人指责我们基督徒违背了罗马帝国有关集会、征兵、担任国家公职等方面的规定，说我们这样做对帝国的政治秩序构成了潜在的威胁。

**记者：**

那你是如何反驳这位塞尔修斯的呢？

**奥利金：**

我是用古希腊斯多葛学派的自然法理论来反驳塞尔修斯的法律观的。

**记者：**

愿闻其详。

**奥利金：**

在斯多葛学派看来，法律可以分为自然法和成文法。自然法源于上帝，因此必须高于成文法。若成文法符合自然法，也就是与神法不相抵触，公民就有义务遵守它。但是，一旦成文法不符合自然法，那么对于基督徒来说，我们就应该按照内心的虔诚的要求来实行我们心中的法律。

**记者：**

罗马法如何呢？

**奥利金：**

在我们看来，罗马的很多法律都是关于偶像和多神论的法律。这些法律违背了上帝的法律，在强大的神法面前，一切敌对事物都是魔鬼。我们这些基督徒为了上帝的缘故，就必须团结起来与魔鬼做斗争，推翻不正义的法律和施行不正义的法律的政府。我们这样做，恰恰是遵守了上帝所颁布的自然法。

**记者：**

经过你这么一解释，似乎你们这些基督徒所遵守的是上帝支撑的法律而不是地上的法律，而所有的罗马法都和上帝之法背道而驰，因此你们不参军、不履行公职恰恰是对上帝神法的遵守，而不是对神法的违背，是这样吗？

**奥利金：**

你的归纳是对的。上帝的诫命才是神法的根本和核心。对于我们基督徒来说，我们没有义务去遵守那些与神法背道而驰的法律，与其进行毫不妥协的斗争才是我们应尽的义务。

## 奥利金简传

奥利金（Origen of Alexandria，约公元185—253年），古罗马基督教神学家、哲学家，生于亚历山大，先后在亚历山大和凯撒利亚主持基督教教理学校。奥利金对信仰极其热忱，对思辨无比痴迷，是第一个系统解释基督教哲学的人。他认为上帝的创造既自由又受制于必然性，既超乎万物之上又具有内在能动性。上帝与宇宙相互需要与依赖。信徒应坚信基督教的基本教义信条，但又可自由探索。奥利金的神学观点在4世纪时已遭到强烈反对，在6世纪时他被指责为异教徒，但他一直是希腊神学史上最有影响力的教父。奥利金是一位多产的作家，在多个神学分支中撰写了约800篇著作，包括文本批评、释经学、修辞学等。他的主要著作有《六种经文合参》《论首要原理》《驳塞尔修斯》《论祷告》《属灵的寓意》等。其中，最重要的著作是《六种经文合参》（*Hexapla*），是为《旧约》六个版本的摘要。他的很多著作成为之后基督教学者引用的经典，也成为之后异端思想的源头之一。

# 第七章　教会之外无拯救

## ——对话西普里安

## 引　子

我们的主人公西普里安原本家业丰厚，为了获得灵魂的拯救，他最终变卖财产，散金于穷人，并皈依基督教。西普里安年近 50 岁才当上主教，在早期教会史上他的地位也不及奥利金、德尔图良等人，但他最重要的贡献在于促进了基督教的组织化。西普里安针对罗马政府的宗教迫害所引发的问题，提出了以主教为核心的“教会合一”和“救恩论”等宗教思想。“人若没有以教会为母，就不可能以神为父”“在教会之外没有救恩”是他终身捍卫的信条。他把大公教会的主教职权标准化，使其成为大公正统教会的组织核心，以此建立了以主教为中心的教会学，他也成为罗马天主教教会、东正教教会架构的缔造者。有学者如此评价：“三世纪最能干的基督教学者是奥利金，最强有力的作家是德尔图良，最伟大的主教是西普里安。”让我们走近西普里安。

## 一、出身不凡

**记者：**

为了研究你的思想，我曾试图收集关于你的资料。据说你出身于一个富有的异教徒家庭，公元 246 年皈依基督教，但遗憾的是，关于你皈依前的生平人们知之甚少。

**西普里安：**

我可以给你介绍介绍。

**记者：**

好啊。

**西普里安：**

我公元200年出生在北非的迦太基，迦太基是罗马帝国阿非利加省的首府。

**记者：**

据说你的家族在迦太基一带地位显赫。

**西普里安：**

是的。我父亲很富有，是迦太基的主要议员之一，因此我从小就接受了良好的教育。

**记者：**

请说说你的教育情况。

**西普里安：**

在年轻时，我就熟悉罗马政治家、斯多葛派哲学家塞涅卡的著作，很熟悉斯多葛派哲学……

**记者：**

有人说你曾经当过修辞学教授，也有人说你当过政府官员，但人们说的最多的是你曾经管理过家传的巨大产业，过着上流社会的安逸生活。

**西普里安：**

我对法律、政治很感兴趣，对修辞学也很感兴趣，但对所谓的大产业不感兴趣。我管理它们，只是为了确保我能过上安逸的生活就可以了。

## 二、皈依基督教

**记者：**

你的家庭原来是一个非基督教家庭，你是如何成为一个基督徒的呢？

**西普里安：**

情况是这样的：大约在公元246年，当时迦太基教会的一位长老凯基利乌斯（Caecilius）住在我家中。

**记者：**

凯基利乌斯住你家干什么？

**西普里安：**

此人引导我去阅读《圣经》，帮助我熟悉基督教的信仰与教义。

**记者：**

正是受此人的影响，你才成为基督徒的？

**西普里安：**

是的，经过长期的思想斗争，我最终成为一名基督徒。

**记者：**

你改信时已至中年，说说你皈依基督教的原因吧。

**西普里安：**

战争连年不断，世界支离破碎，统治者不自我约束，甚至那些执行法律的人也受腐蚀，整个社会秩序荡然无存。

**记者：**

真是一代乱世！

**西普里安：**

是的，乱世之中，只有一方净土，那就是来世；也只一条路可以通向这方净土，那就是上帝所启示的基督徒的纯洁朴素的德行。人们一旦受洗，就会从世俗的污秽中解脱出来，会感到上天的恩惠就像河流一样浇灌自己的心田。基督的世界就是我梦寐以求的世界，于是我就成了基督徒。

**记者：**

据说你接受洗礼前，竟然卖掉家产，把钱捐给了穷人。

**西普里安：**

有这事，对于一个追求上帝的人来说，财富毫无价值。既然这些财富能帮助穷人，我为什么不做呢？

**记者：**

你的拉丁语全名是塔西乌斯·凯基利乌斯·西普里安（Thascius Caecilius Cyprianus），据说其中的凯基利乌斯就是为了纪念这位引导你皈依的长老？

**西普里安：**

是的，凯基利乌斯是我的老师，是我的精神之父。

**记者：**

一些史料说就你的一生而论，德尔图良对你影响最大。但在你的著作中，看不到你对他的致谢。

**西普里安：**

德尔图良确实是我最敬仰的人，但他立场前后不一——他驳斥了包括希腊哲学在内的每一种异端倾向，却在最后加入了一场轰轰烈烈的异端运动，因此几乎导致教会的分裂，这一点令我对他有些不满。

## 三、当上迦太基教会主教

**记者：**

据说你接受洗礼后不久就当上了大主教？

**西普里安：**

是的，大约是在公元249年，也就是在我接受洗礼三年后，在一次集会上我被与会者们拥立为迦太基教会的主教。

**记者：**

据说由集会人员通过选举把你选为迦太基教会主教的这种选举方式并不符合教会的法律，是吗？

**西普里安：**

是的，但这种情况很普遍。在我们那个时候，民众的声音被视同为神的声音。

**记者：**

这我第一次听说。

**西普里安：**

或许正因为如此，一些长老忌恨我，他们暗中对我进行了有组织、有计划的迫害。

**记者：**

你在教会中的权威尚未真正树立起来之前，不得不经受火的考验。

**西普里安：**

是的。

## 四、遭受迫害

**记者：**

据说罗马帝国皇帝德基乌斯（Decius）于公元250年发动了针对基督教的大迫害，我想知道你是如何应对这场大迫害的？

**西普里安：**

德基乌斯下令全境臣民必须参与一个节日，以此迫害基督徒。

**记者：**

什么节日？

**西普里安：**

一个非常普通的节日，但德基乌斯下令，在节日期间，每个臣民必须参加为皇帝和帝国举行的献祭和祈祷；凡不愿参加者，将受到贬黜、没收财产和肉体折磨等惩罚。

**记者：**

这条敕令意味着什么呢？

**西普里安：**

这显然针对的是我们基督徒，因为基督徒不参加这个节日，就会遭受惩罚，而一旦参加这个节日，就意味着对基督教的背叛。德基乌斯就是希望利用这个场合迫使基督徒叛教，从而摧毁教会。

**记者：**

德基乌斯达到目的了没有？

**西普里安：**

没有。

**记者：**

什么原因呢？

**西普里安：**

一个原因是罗马帝国的军队和监察体制存在漏洞，他们并非百分百听从皇帝摆布。一年之后，皇帝死了，迫害也便暂停。

**记者：**

还有什么原因呢？

**西普里安：**

另一个原因是罗马帝国的皇帝们上有政策，我们下有对策，兵来将挡，水来土掩。

**记者：**

你们是如何应对的呢？

**西普里安：**

我们早就识破了德基乌斯的阴谋，基督教教会在关键时刻表现了灵活的适应性，从而让统治者的企图落空。

**记者：**

怎么个灵活？

**西普里安：**

迫害者原以为，基督徒一旦离开教会，就永远脱离了教会。但事实上，那些曾经被迫去献祭的人在事情过后又返回到了他们的教会。

**记者：**

教会还能接纳这些人吗？

**西普里安：**

能，这就是灵活性。教会开始时把这些人当作忏悔者，然后再接纳他们作为正式的教会成员。这个危机就是如此被化解的。

## 五、不是通过肉体，而是通过精神

**记者：**

据说大迫害开始后，你与几个随从躲到了乡下。不少主教可是视死如归、从容就义的啊，你这种行为肯定会遭到非议。

**西普里安：**

我的解释很简单，我到乡下，不是逃避，而是为了更好地履行职责，无非方式不同而已。

**记者：**

你是如何履责的呢？

**西普里安：**

我不是通过肉体，而是通过精神履责。在那艰苦的岁月，我在隐藏的地方与迦太基的同人们保持着书信往来，劝勉基督徒并对那些勇于牺牲的人盛情赞美。

**记者：**

理解。还有呢？

**西普里安：**

早在离开迦太基之前，我就已经从自己的财产中取出了大量的钱财。现在，我用这些钱支持那些信仰坚定的基督徒，使他们免于受苦。

**记者：**

你的确做了不少工作。

**西普里安：**

那些被释放出来的人也需要衣服、食物和工作，殉道者的尸体也需要安葬，他们受难的日期也要加以记录，以便以后在礼拜上加以纪念。这些事都需要有人来做的。

## 六、教会之外没有拯救

**记者：**

面对迫害你选择逃亡，并通过信件继续主持教会的工作，但那些选择殉道的信徒和本来就反对你的人对你大肆抨击，因此造成了教会的分裂。你是如何弥合这种分歧的呢？

**西普里安：**

我为此召集了约有60名主教出席的会议，并在公元251年春天写了《论教会合一》和《论背教者》两篇著作。最终大家接受了我的意见，即在教会的具体实践中，要保持高度的宽容和灵活性，不能一味地用严格的教义和戒律去强行管理和约束信徒。

**记者：**

你这是在争论之中采取中庸之道吧。

**西普里安：**

是的，若没有可见的合一，教会就不存在，人类也就不可能得到救恩。

**记者：**

你为何如此强调教会的作用？

**西普里安：**

对我们基督徒来说，教会的安全是拯救的保证，也是信仰的保证。我们自己的受苦、生活、奋斗都是为了教会的安全。

**记者：**

难怪你说教会是基督的新娘，是所有信徒的母亲。

**西普里安：**

是的，假如你没有让教会做你的母亲，你就不可能有上帝做你的父亲。一句话，在教会之外没有拯救。

**记者：**

教会是一个还是多个呢？

**西普里安：**

基督所创的教会只有一个。正如光线有很多，但太阳只有一个；树枝有很多，但树干只有一个。同样，许多河流可能来自同一个源头。

**记者：**

我感觉你对教会的分裂很敏感。

**西普里安：**

何止是敏感，是很反感。我们不能从太阳中抽出一道光线，从树上折下一根树枝，从源泉中分出一条小河，并保证它们不消失、不枯萎、不干涸。教会的统一有赖于主教，教会在主教中，主教在教会中。

**记者：**

你对德尔图良很反感，是不是也与此有关？

**西普里安：**

是的，那些不懂这个道理的人把基督完美的衣袍撕成了碎片。撒旦发明了分裂，分裂者就活在撒旦的权柄之下。那些离开正统教会的人，要为无尽的罪孽负责。

**记者：**

我看得出来，维护教会的统一不仅是你的一个宗教理念，也是你的行动准则。

**西普里安：**

是的。

## 七、关于异端施洗的有效性之争

**记者：**

据说你在晚年曾经与罗马教皇发生过严重的冲突，是吗？

**西普里安：**

是的。我作为罗马帝国北非教区的主教，与西部教会的主教、教皇斯蒂芬一世（Stephen Ⅰ）发生了冲突。

**记者：**

冲突因何而发生呢？

**西普里安：**

在此之前，我们北非地区的教会与罗马教皇的关系是很融洽的，我们在对待忏悔的问题上可以援引罗马的程序，罗马教皇科尼利厄斯（Cornelius）在保持其有争议的职位上也得到我们的支持。

**记者：**

你与教皇斯蒂芬一世主要有哪些冲突呢？

**西普里安：**

冲突主要集中在两方面。一方面，斯蒂芬一世信奉君主制观念，企图做教会中的领袖。而在我看来，各个教会之间是平等的，教会之间不存在从属关系。另一方面，就是教会以外的洗礼——对异端和背教者进行施洗的问题。

**记者：**

愿闻其详。

**西普里安：**

斯蒂芬一世承认这种“异端施洗”的有效性，并将其视为罗马人的传统。

**记者：**

你的态度是？

**西普里安：**

我的态度是：一切在正统教会之外施行的圣事都是无效的。这是我们北非迦太基的传统。

**记者：**

你为什么要如此坚持呢？

**西普里安：**

一个叛教的人，一个被魔鬼所附的人，怎么能授予他人圣灵的恩典呢？而且唯有如此坚持，才能保证教会的统一性。

## 西普里安简传

西普里安（Cyprian，约公元200—258年），出生于北非迦太基的一个富裕的异教徒家庭。西普里安皈依基督教的时间大约是246年，信主之前职业不详，但大部分的时间可能是管理其家传的巨大产业，过着上流社会的安逸生活。皈依之后，他立刻开始把他的财富分给穷人，因此深受迦太基及周边遭受迫害之基督徒大众的欢迎。此后，西普里安潜心学习《圣经》和教父们的著作，并于249年在一次集会上被与会者拥立为迦太基教会的主教，成为北非地区基督教神父们的首领。

西普里安最有影响力的神学是救恩的教义。他认为，救恩是一个过程，应该开始于教会，悔改受洗，并且继续留在教会里面，直到老死。他的最大贡献则在于把救恩与教会不可分割地联结在一起，把主教的职权标准化，使其成为教会学（教会的教义与生态）的核心，从而保证了教会的秩序和正统。西普里安的现存著作包括81篇书信和13篇论文，其中《论背教者》（*On the Lapsed*）与《论教会合一》（*On the Unity of the Catholic Church*）影响最大。

# 第八章　基督教与异教世界

## ——对话拉克唐修

## 引　子

我们的主人公是最重要的拉丁教父思想家之一，他的一生是为宣传基督教而奋斗的一生。在拉克唐修看来，人生的目的就是认识上帝，所有偏离神的启示而企图通过哲学的方式来认识上帝的做法都是徒劳的。值得一提的是，拉克唐修在其著作《神圣原理》（参见［古罗马］拉克唐修：《神圣原理》，王晓朝译，香港道风书局2006年版）中第一次系统阐述了关于千禧年的展望。他告诉人们，人世间的一切都是毫无意义的，唯有面向上帝的来世才是最值得重视和追求的。让我们走近拉克唐修。

## 一、无意间成为皇家教师

**记者：**

关于你的生平资料很少，在与你进行交流之前，请你介绍一下自己。

**拉克唐修：**

好的，我简单介绍一下吧。

**记者：**

谢谢！

**拉克唐修：**

我出生在北非一个叫作西卡（Sicca）的地方，我的老师是一位颇有名气的教父思想家阿诺庇乌（Arnobius）。

**记者：**

史家一致公认你是著名的修辞学大师，你的学术威望要远远超过你的老师。

**拉克唐修：**

不敢当的。

**记者：**

不用客气。很多政治家都愿意与你交往，足以说明问题。

**拉克唐修：**

他们与我接近或许有别的考虑。

**记者：**

据说有好几位罗马皇帝都与你有过交往。

**拉克唐修：**

罗马皇帝戴克里先（Diocletianus）曾经邀请我去他的宫殿居住。罗马帝国的另一位皇帝君士坦丁（Constantius）则邀请我到高卢（Gaul）定居，担任他儿子的老师。

## 二、评价诸希腊教父

**记者：**

在你之前，似乎已经有不少传教士在为基督教信仰的传播而战斗。

**拉克唐修：**

是的，在我们基督教的护教史上，最先为基督教辩护的是希腊教父。来自小亚细亚的夸德拉图（Quadratus）是最早的护教士，他大约于公元125年向罗马皇帝哈德良（Hadrianus）上书护教。2世纪的其他护教士还有雅典的阿里斯提德（Aristides of Athens）、佩拉的阿里斯托（Aristo of Pella）、殉道者查士丁、塔提安（Tatian）、弥尔提亚德（Miltiades）、希拉波利斯的阿波利拿里（Apollinaris of Hierapolis）、萨迪斯的梅利托（Melito of Sardis）、雅典的阿萨那哥拉斯（Athenagoras of Athens）以及安提阿的塞奥菲鲁斯（Theophilus of Antioch）等。

**记者：**

哪几位最有代表性，或较有代表性？

**拉克唐修：**

查士丁、塔提安、阿萨那哥拉斯。

**记者：**

可否从你的角度评价一下这三位？

**拉克唐修：**

查士丁以雄辩而闻名，他通过其著作，强烈要求罗马皇帝公平地对待基督徒，并认为基督徒不应该仅仅由于其名号而不是因为真正的罪行就被定罪。查士丁曾大胆地向皇帝说道："如果这些事情对你来说是合理的与真实的，那么请你尊重它们；但是如果它们是荒谬的，那就轻视它们，不要下令处死无辜的人，好像他们是你的敌人一样。因为我们预先警告你，如果你继续行不义之事，你将难逃上帝即将来临的审判，因此我们邀请你做神所喜悦的事情。"

**记者：**

如此尖锐。查士丁还说了什么？

**拉克唐修：**

查士丁还告诉异教徒们，基督教才是真正的哲学。

**记者：**

查士丁是如何解释他的观点的？

**拉克唐修：**

查士丁的论证是：希腊人能够认识到部分真理，是因为上帝的厚爱。哲学是上帝赐予希腊人的礼物。但是，当上帝的道成为肉身来到人间以后，耶稣基督就成了真理本身。因此，基督的教义要高于仅有部分真理的希腊哲学，基督教才是真哲学。也正是在此意义上，查士丁说苏格拉底和柏拉图等哲学家是基督之前的基督徒。

**记者：**

塔提安呢？你如何评价他？

**拉克唐修：**

塔提安是查士丁的学生，与他的老师一样，在皈依基督教之前，塔提安也接受了传统的希腊教育，对希腊哲学颇为精通。但不同于查士丁，塔提安更喜欢贬低希腊文化，他痛斥奥林匹斯诸神的放纵、希腊神话的荒谬和哲学家的不道德行为。

**记者：**

塔提安还攻击希腊人什么？

**拉克唐修：**

塔提安认为基督教哲学要比希腊哲学更早，因为希腊文化的始祖荷马所生活的年代比摩西晚得多。希腊人是从基督教这个源泉汲取他们的学说，却没有意识到这一点。他们中的许多智者在好奇心的驱使下，致力于剽窃从摩西和与摩西相似的哲学化了的人那里学来的东西。他们首先将之窃为己有，然后用修辞手法把不理解的部分掩盖起来，将真理当作寓言一样对其进行曲解。

**记者：**

那阿萨那哥拉斯呢？

**拉克唐修：**

阿萨那哥拉斯是一位哲学家基督徒，他曾写过一封致罗马皇帝马可·奥勒留的辩护书《为基督徒申辩》，以此为基督教信仰据理力争。

**记者：**

阿萨那哥拉斯对奥勒留说了些什么？

**拉克唐修：**

阿萨那哥拉斯反驳了基督徒所面临的三项指控，即吃婴儿、乱伦和无神论。他知道奥勒留皇帝是一位斯多葛派哲学家，因此他充分利用哲学理性表明基督教的合理性。

**记者：**

很巧妙啊！

**拉克唐修：**

在阿萨那哥拉斯看来，哲学家的神非常接近基督教的上帝，因为大多数哲学家的神都是没有形体的、统一的，自然也是最高的神，例如毕达哥拉斯的“一”、柏拉图的“理念”、亚里士多德的“不动的推动者”等。斯多葛哲学中也有把统一的自然力量，如自然法则、秩序等视为神的观点。阿萨那哥拉斯着重强调基督教的神论，以此提醒奥勒留在神的问题上基督教比异教更接近希腊哲学。

**记者：**

阿萨那哥拉斯可谓是用心良苦，效果如何呢？

**拉克唐修：**

不管阿萨那哥拉斯如何强调基督教与希腊哲学是多么相似，都没有改变基督教被镇压的现实。

**记者：**

史料记载，在早期基督教的发展进程中，2 世纪中期是希腊护教士大量涌现的时期，其间大量护教作品被创作出来。随着希腊教父们的思考不断深入，根植于他们头脑之中的哲学思辨性促使他们的兴趣逐渐从护教转向对基督教神学的思考和构建。到 2 世纪末期以后，为基督教辩护已经不再是希腊教父的主要任务，这一点在亚历山大的克莱门和奥利金的身上得到了很明显的体现。你如何看待这两位教父的思想？

**拉克唐修：**

克莱门看重希腊哲学与基督教的相通性，认为受过哲学教育的希腊人最有可能接受基督教。克莱门认为希腊哲学窃取了东方人的智慧，而这种智慧是上帝启示的；希腊哲学虽然具有一定的真理性，但与源自上帝直接启示的基督教相比，希腊哲学还只是二手货。克莱门的护教学说少了一些申辩，多了一些规劝，他的重点已经转移到论证基督教的优越性上来了。

**记者：**

你对奥利金如何评价？

**拉克唐修：**

奥利金比克莱门更进一步，他创作了数量惊人的著作。但是，这些著作大多是对《圣经》的注释以及神学论文和布道文，而为基督教辩护的文章非常少见。

**记者：**

什么原因呢？

**拉克唐修：**

因为希腊护教学已接近它的尾声了。

## 三、评诸拉丁教父

**记者：**

史料记载，从 3 世纪初开始，你们拉丁教父走上了宣传基督教的历史舞台，公元3—5世纪在宣教史上也被称为“拉丁教父时代”。其间，有德尔图良、米努修·菲利克斯、西普里安等著名拉丁教父，当然，其中也包括你。你可否介绍和点评一下他们？

**拉克唐修：**

先说菲利克斯吧。

**记者：**

好的。

**拉克唐修：**

菲利克斯生于2世纪后期，来自北非，他在皈依基督教之前接受过良好的罗马传统教育。《屋大维》是菲利克斯的护教作品，它告诉人们不是基督徒荒谬、堕落和犯罪，而是异教徒在做这样的事情。菲利克斯将异教徒泼向基督徒的脏水全部泼了回去。

**记者：**

我看过《屋大维》，菲利克斯是这么做的。

**拉克唐修：**

菲利克斯在为基督教辩护时几乎没有从正面陈述基督教的学说，也没有提到基督的救赎、基督与信徒的神秘联合、圣礼等内容，他文中涉及的复活观念也没有建立在基督复活的基础之上。菲利克斯尽量减少使用《圣经》和基督教的内容，而更多地采用异教徒能够理解的理论来反驳他们。这其实是一种修辞方法的运用，可以在论辩中更好地反驳和说服对手。

**记者：**

你对菲利克斯的做法似乎很欣赏？

**拉克唐修：**

是的，我也经常如此做。

**记者：**

下面说谁呢？

**拉克唐修：**

德尔图良。

**记者：**

德尔图良是基督教早期一位重要的拉丁教父，有学者评价他是“拉丁神学和教会拉丁文之父，是古代基督教最伟大的人物之一”。

**拉克唐修：**

德尔图良与菲利克斯是同时代的人，也来自北非，他在皈依基督教之前也接受了良好的希腊—罗马教育，熟知法律、哲学、修辞学等。与大多数护教士一样，德尔图良要求罗马统治者公正地对待基督徒，指责政府无故迫害基督徒的行为是一种暴政。面对异教徒对基督教的各种污蔑和指控，德尔图良采取与菲利克斯相同的策略，把异教徒泼向基督徒的脏水泼回去，证明不是基督徒而是异教徒在犯罪。对于异教的神灵，德尔图良进行了无情的嘲讽，指出他们只不过是一些死人而已。对于基督徒面临的“社会性指控”，德尔图良则竭力证明基督徒道德纯洁、行为合法，虽不敬拜皇帝，却为皇帝和国家的安危祈祷。

**记者：**

德尔图良曾经说过：“基督徒与哲学家之间的相似之处在哪里？在希腊的门徒与上天的门徒之间，在以求名为目的者与以做人为目的者之间，在空谈者与实行者之间，在建立者与摧毁者之间，在以谬误为友者与以谬误为敌者之间，在真理的败坏者与真理的恢复和教导者之间，在真理的窃贼与真理的护卫者之间，又有何相似之处呢？”看来他对哲学家非常憎恶。

**拉克唐修：**

德尔图良对哲学家没有任何好感，因此他非常反感将基督教等同于希腊哲学或将哲学家看作基督徒的做法。这种憎恨使他在整个护教士群体中都显得非常特别，他的做法很容易激化基督教与哲学家的矛盾，从而导致哲学家更加敌视基督教。

**记者：**

请再说说西普里安吧。

**拉克唐修：**

西普里安也来自北非，他生活在罗马皇帝德基乌斯和瓦莱里乌斯（Valerius）迫害基督徒的历史时期。在德基乌斯迫害基督徒时，西普里安躲了起来，这使他后来遭到一些基督徒的指责，但是当瓦莱里乌斯又开始迫害基督教时，西普里安勇敢地选择了殉道，用事实驳斥了别人对他的非议。

**记者：**

西普里安能屈能伸，既有智慧又有勇气。

**拉克唐修：**

西普里安把一生的精力都放在了布道和教会管理上，对于基督徒遭受的迫害，他更多地是用天堂里的幸福生活来激励他们，而不是写护教文章来为基督徒辩护。不同于德尔图良，西普里安不喜欢直接攻击异教徒作家。他也不喜欢德尔图良那种激烈、鲁莽的写作风格，而是喜欢遵循传统，喜欢用《圣经》的语言进行说教。他的文章温和且有节制，有一种庄严、高贵的品格。

## 四、批判多神教

**记者：**

基督教时代开始时的罗马帝国是一个多宗教的国家，这个国家内不仅有传统的罗马宗教、希腊宗教，还有各种各样的东方神秘宗教，你如何看待这些宗教?

**拉克唐修：**

在罗马帝国境内，除了基督教、犹太教等极少数宗教是一神论信仰之外，其他宗教几乎都是多神崇拜型的宗教。罗马人给世间的每一种自然事物与社会事务都安上了一个“神”的名字，以为这些神灵主宰着自然界的现象和人生的吉凶祸福。

**记者：**

我知道罗马有十二位主神，他们都是以古希腊神话中的奥林匹斯十二主神作为原型的。

**拉克唐修：**

是的，众神之王朱庇特（Jupiter）对应宙斯（Zeus），他代表天空、雷电、农业和正义，也是罗马十二主神之首。天后朱诺（Juno）对应赫拉（Hera），她代表天堂、女性、婚姻和母爱。此外，还有海神尼普顿，智慧女神密涅瓦、战争之神玛尔斯等。还有许多神祇连名字都没有，统称为拉瑞斯（Lares），意为行善的神仙。

**记者：**

这明显与你们基督教的一神信仰不一样。

**拉克唐修：**

毫无疑问。我们基督教继承了犹太教的一神论传统，坚持认为宇宙中只有一位真神。我们基督徒并不像大多数罗马公民那样参与敬拜异教神灵的活动，即便我们被异教徒指控为犯有渎神的罪名。

**记者：**

你是反对多神论信仰的。

**拉克唐修：**

是的。米努修·菲利克斯在《屋大维》一书中早就说过，如果存在多个神灵，会引起争论和战争。相信存在多神的人看不到，如果多神存在，诸神之间的意愿就会相互反对，他们之间就会有争吵和争斗的事情发生；如荷马所说，特洛伊战争背后还有诸神之间的纷争，他们有些希望特洛伊城被占领，有些则反对这样做。因此，宇宙一定是由一神的意志统治的。

**记者：**

你与菲利克斯的观点差不多？

**拉克唐修：**

是的。“多”就是不如“一”。如果一支部队中有许多将军，就像有许多军团、步兵队、楔形队、百人队那样，首先，要将部队从战阵中撤出来都是不可能的，因为每个部分都会拒绝冒险；其次，也很不容易支配和控制这支部队，因为各个部分都会听从自己的参谋的意见，这种多样性带来的损害多于它们能够提供的好处。因此，在自然事务的统治中，除非让一位上帝照料整体，否则的话，万物都会消解和衰亡。

**记者：**

无论是自然事务还是社会事务都是如此？

**拉克唐修：**

是的。整个自然界和人类社会都体现出一种秩序性，这个现存世界的秩序与和谐就已证明它不是由多神管理的，而是只有一个上帝在“照料”着它。

**记者：**

如此巨大的一个宇宙，只由一个神灵管理何以可能？

**拉克唐修：**

上帝既然能够创造宇宙，就一定能管理它。如果异教徒知道这位神是多么伟大和全能，他就会明白由一神来支配已经由一神所建立起来的东西要容易得多。

## 五、偶像神灵只不过是一堆泥土、木头、石块和金属而已

**记者：**

在当时的罗马帝国境内，偶像神灵充斥着神庙的各个角落。异教徒对偶像崇拜的热情，从罗马城拥挤的万神殿里就可见一斑。

**拉克唐修：**

是的，你说得没错。

**记者：**

你如何看？

**拉克唐修：**

对于在异教世界里广泛流行的偶像崇拜活动，基督教是坚决反对的。《圣经》中共有 185 处提到异教的偶像神灵，其中第一处就是禁绝偶像崇拜的内容。

**记者：**

《圣经》如何说？

**拉克唐修：**

《旧约·申命记》是这么说的："不可为自己雕刻偶像，也不可作什么形象，仿佛上天、下地和地底下、水中的百物。"（《申命记》5∶8）德尔图良更是把偶像崇拜看作人类的主要罪恶。

**记者：**

你如何看？

**拉克唐修：**

异教的偶像神灵只不过是一堆泥土、木头、石块和金属而已，在它们身上毫无神圣性可言。这些东西是人类中的工匠赋予了它们形态和结构，因此，制造偶像的人要比偶像本身更伟大，而人类也没有必要恐惧由自己的双手制造出来的东西。

**记者：**

言之有理，所有的偶像都是人为制造的。

**拉克唐修：**

异教偶像的可笑不只体现在构成偶像的材料上，还体现在它们的脆弱性和无

能上。这些东西可以被打碎，可以被火焚，可以被摧毁。房子年久失修倒塌时这些偶像常被压成碎片，房屋失火时它们常被烧成灰烬；在许多场合下，除非偶像的体积很大，或者有人精心看守，否则它们总是成为盗贼劫掠的对象。因此，人们恐惧这些会毁于房屋倒塌、火灾、盗贼的东西，这是何等的疯狂！希望得到这些连自己都不能保护的东西的庇护，是多么愚蠢！受到伤害时祈求这些无法为自己复仇的东西来保护自己，是多么违反常情！

**记者：**

你的批判有道理。

**拉克唐修：**

还有一点必须指出，人类塑造偶像的目的在于纪念那些死去的故人或者那些他们尊敬的不在场者，人们发明出制造偶像的技艺，就是为了延续因死亡而消失或因缺席而分离的记忆。因此，异教偶像实际上代表了两种事物，一种是已经故去的人，另一种则是不在现场的“缺席者”。无论是哪一种，这些偶像都不代表神灵……

**记者：**

理由是什么？

**拉克唐修：**

理由是，如果这些偶像代表的是已经故去的死人，那么它们显然不代表神灵，因为死人不可能是神；而如果这些偶像所代表的是“缺席者”，那么它们所代表的也不是神，因为真正的神灵是全视、全听、全在的，在任何场合他都不可能“缺席”。既然他会缺席，就说明他根本不是神。

## 六、哲学家的伪智慧

**记者：**

你对哲学家似乎很反感，哲学家拥有高深的学问和雄辩的口才，与他们大量的体系对阵，这个任务不好做吧。

**拉克唐修：**

哲学是“世上的小学”，它披着智慧的外衣，具有迷惑性，很容易使人偏离正确的生活道路。虽然哲学家在人类社会生活中以拥有智慧而著称，但是这帮人并不具有真正的智慧，他们拥有的只是伪智慧，因为哲学家的智慧与宗教无关。

**记者：**

怎么讲？

**拉克唐修：**

智慧主要包含两个方面的内容：认识上帝和崇拜上帝。因此，智慧与上帝的宗教紧密相关。上帝是智慧的源头，在创世之初，上帝按照自己的形象创造了人，又将智慧赋予了人，使其可以管理（地上的）所有事物，并能充分利用这个世界上的所有有利条件。但随着人类的堕落，人类从上帝那里获得的智慧逐渐减退，最终也遗忘了智慧的起源。这些忘记了智慧源头的人类，开始试图凭借自己的能力而不是通过上帝的恩赐和启示来获得智慧，而这种寻求智慧的错误方式，最终导致人类陷入了异教迷信和哲学的谬误之中。

**记者：**

难道哲学家拥有的智慧不是真智慧？

**拉克唐修：**

是的，哲学不是真智慧。尽管哲学家在不断地追求智慧，但正如"哲学"这个词的词意所揭示的那样，哲学只是"爱智慧"，而"爱智慧"并不等于拥有智慧，它只是追求智慧的一种手段。

**记者：**

你始终把智慧与宗教联系在一起。

**拉克唐修：**

是的。作为来自上帝的启示，智慧拥有两个基本特征：第一，智慧是普遍的，它不会回避任何人，上帝将智慧无差别地赐予所有人；第二，智慧包含深刻的道德含义，它能给人类的生活带来根本性的改变。如果我们以这两个标准来衡量哲学，就会发现哲学并不具有智慧的这两个特点。

**记者：**

为什么这么说呢？

**拉克唐修：**

首先，哲学并不面向所有的人，能够学习哲学并掌握哲学这门学问的人少之又少，哲学将大部分人都排除在“智慧”之外；其次，哲学并不能改善人们的生活，这从哲学家们堕落的生活实践中就可以得到证明。

## 七、认识上帝

**记者：**

你把认识上帝和崇拜上帝视为人类一生中最重要的事情，你为什么如此认为呢？

**拉克唐修：**

在生命中，只有关于创造了我们的上帝的知识，以及对他虔诚的崇拜，才是我们可以依靠的东西，除此别无其他。人类被创造，就是为了能够认识上帝，进而崇拜上帝，并最终获得上帝赐予的不朽作为奖赏。这是上帝创世的目的，也是整个人生的最大奥秘。

**记者：**

你把认识上帝作为人生的目的，是不是太夸张了？

**拉克唐修：**

我们的出生不是为了能够看到这些被造的东西，而是为了能够思考被我们的心灵看到的创造万物的造物主本身。因此，如果有人问一个真正懂得人生目的的人为什么要出生，他会毫无畏惧、毫不犹豫地说，他生来就是为了崇拜上帝，是上帝使我们存在，使我们能够侍奉上帝。

**记者：**

按照你的说法，上帝是一种至高无上的存在，作为其创造物的人，如何认识上帝呢？

**拉克唐修：**

受制于人类肉体的限制，人类仅凭自己的理性能力是无法认识上帝的。要认识上帝，就要接受来自上帝的启示。

**记者：**

如何才能获得这种启示？

**拉克唐修：**

瞧！天上有一个声音在教导我们真理，向我们展示一道比太阳还要明亮的光芒，而这正是那些饱学之士浪费一生却不能找到的东西。让希望变得聪明的人愉快地聆听上帝的声音，学习人间正义，理解人生的奥祕，藐视人间的事物，拥抱神圣的事物，人出生的目的就在于此。

## 八、千禧年的到来

**记者：**

你曾经将你的整个护教工作比作建造一座大厦，我想知道，作为这座大厦的总设计师和总建筑师，你对你建造这座大厦的最终诉求是如何设定的？

**拉克唐修：**

为了来世，来世才是一切，因为将来的东西要比现在的东西更值得拥有。同样，天上的、永恒的东西要比地上的、暂时的东西更有价值；因为恶德带来的好处是暂时的，而由美德获得的奖赏却是永恒的。

**记者：**

基督教世界有一个流传已久的关于千禧年的传说，我想就是关于来世的吧？那你心目中的来世是一个什么样的世界呢？

**拉克唐修：**

《新约·启示录》预言将来会有一个由基督统治的一千年，其间一切邪恶的魔王将被铁链捆绑，按照天条被监禁一千年。这样，在义人统治世界的时候，他就不能再设计出任何邪恶来对抗上帝的子民。在基督降临之后，义人将从全世界召集起来，完成审判。大地中央将建起一座圣城，作为建造者的上帝本身可以在那里与义人同住，对圣城进行治理……

**记者：**

然后呢？

**拉克唐修：**

然后，能使天空变黑的黑暗将从这个世界上消失，月亮将接受太阳的光明，不会再变得暗淡。太阳将比现在明亮七倍；大地将盛产万物，按其所愿提供丰硕的果实；高山峻岭将滴下蜂蜜，到处洋溢着醉人的酒香，乳汁成河。到那个时候，野兽不再茹毛饮血，不再捕捉猎物，万物都将平安宁静。

## 九、末日审判

**记者：**

在基督教的整个历史叙事中，上帝在世界末日来临时的审判，无疑是整个人类历史中最重要的事件。你的《神圣原理》最终也结束于对这一重要事件的论述。希望你对此阐述一下。

**拉克唐修：**

在千禧年快要结束的时候，那个在千禧年开始时被铁链捆绑和监禁的魔王将被释放，重新获得自由。这个魔王将召集世界上所有被正义统治着的民族起来与基督和义人共同统治着的这个正义的国度作战，这时上帝的愤怒将降临到各族的头上，最终完全毁灭他们，从而开始他在世界末日时的审判。

**记者：**

这场审判的过程是怎样的？

**拉克唐修：**

首先，上帝将猛烈地摇晃大地，叙利亚的群山会被震裂，山峰下陷，所有城市的城墙都会倒塌。上帝还将命令太阳当空悬挂，不光是静止三日，还要它喷发烈火，把灼热的火星以及硫黄、冰雹降到那些敌对的不虔诚的民众头上——他们的灵魂将被热浪所消融，肉体将被冰雹所砸伤；他们会用刀剑相互残杀，死尸遍布群山，骸骨覆盖平原。而在这三日中，上帝的子民在地穴中藏匿，直到上帝对万族的愤怒平息，最后的审判才结束。

**记者：**

听上去很恐怖。

**拉克唐修：**

不恐怖，因为真正伟大的时代来了。

**记者：**

是吗？

**拉克唐修：**

是的，因为审判过后，义人将走出他们的藏身之地，此时所有恶人都完全灭绝了，这个世界上不再有任何民族，只剩下上帝的民族。

**记者：**

和平是不是快来了？

**拉克唐修：**

是的。在千禧年快要结束的时候，无人需要去山中砍伐木柴，只需要用各族的兵器作为燃料。此时不再有战争，只有和平和永久的安宁。当这个千年结束的时候，上帝将更新这个世界，天空将重新合拢在一起，大地将改变模样。上帝将把人变成天使，他们会像雪一样白：他们会永远受万能者的驱使，会向他们的主献祭，永远侍奉上帝。

**记者：**

末日审判是审判谁呢？

**拉克唐修：**

所有不义之人都将接受审判。这些不义之人就是那些崇拜用他们自己的双手创造出来的作品的人，他们不认识世界的主和父，或者否认世界的主和父。他们的主人及其侍从，连同所有这些恶人的团伙，都将被逮捕，接受审判，都将在天使和正义之人的监督和注视下接受永恒之火的炙烤。

## 拉克唐修简传

拉克唐修（Lactantius，约公元250—320年），生于北非，是最重要的拉丁教父思想家之一。公元263年，拉克唐修在迦太基附近师从当时著名的修辞学家阿诺庇乌学习修辞学。根据当时的教学传统，研习修辞学的过程中也会学习法律，因此拉克唐修也精通法律。在后来进入君士坦丁皇帝的宫廷后，拉克唐修曾为这位皇帝早期的一些宗教政策提供过法律方面的建议。在学习了修辞学之后，拉克唐修就在努米底亚的某个地方教授修辞学，其间他也开始写作。修辞学教师的职业给拉克唐修带来了极大的声誉，他的名声甚至远超自己的老师阿诺庇乌，以至远在帝国东部的戴克里先皇帝都听闻过他的大名。公元290年，戴克里先邀请拉克唐修到当时罗马帝国东部的首都尼科米底亚教授修辞学。到了尼科米底亚后，拉克唐修获得了一个修辞学教师的职位，他在这一职位上干了大约 13 年，直到公元 303 年对基督徒的大迫害爆发时才结束。拉克唐修一生创作了众多作品，主要包括《论上帝的作品》《神圣原理》《论上帝的愤怒》《论迫害者之死》《神圣原理概要》《凤凰》等。

# 第九章　世界史乃“基督教的胜利史”

## ——对话欧西庇乌

## 引　子

我们主人公欧西庇乌是凯撒利亚的主教和第一位教会历史学家，因其著作《教会史》而被誉为“基督教的希罗多德”和“教会里最博学的人”。欧西庇乌并非是传统“三位一体”神学理念最坚定的支持者，但就其历史观而言，他是基督教历史哲学的首倡者和终生矢志不渝的坚持者。让我们走近欧西庇乌，聆听他的历史观。

## 一、潘菲鲁斯之子欧西庇乌

**记者：**

人们通常称你为“凯撒利亚的欧西庇乌”（Eusebius of Caesarea），原因在于你曾经在凯撒利亚教会担任主教多年。

**欧西庇乌：**

是的，但我一直自称为“潘菲鲁斯之子欧西庇乌”。

**记者：**

也就是说你的父亲名叫潘菲鲁斯？

**欧西庇乌：**

那倒不是，潘菲鲁斯是我的恩师，也是我的密友，他还是一位伟大的殉道者。

**记者：**

你是如何结识他的呢？

**欧西庇乌：**

我出生在巴勒斯坦，时间大约是在公元260年，又在叙利亚的安提阿接受了教育。

**记者：**

后来呢？

**欧西庇乌：**

后来我去了凯撒利亚，正是在那里，我认识了潘菲鲁斯，并与之结下了深厚的友谊。

**记者：**

他因何殉道呢？

**欧西庇乌：**

潘菲鲁斯是位大学者，他收集了相当多的《圣经》方面的史料，也收集了诸多早期教父的著作。不仅如此，他还建立了一所神学学校，非常兴旺。或许正是因为如此，当罗马帝国皇帝戴克里先大搞迫害的时候，潘菲鲁斯就成为牺牲者之一。

**记者：**

潘菲鲁斯之死我想对你触动肯定很大。

**欧西庇乌：**

是的，他死后，我万念俱灰。我后来去了埃及，还有其他几个地方。目睹“大迫害”的残酷，我感到很恐惧。

**记者：**

但你似乎并没有退缩？

**欧西庇乌：**

是的，即便在那种恶劣的情况下，我也声明决不放弃信仰，即使丢掉性命也决不退缩。

**记者：**

但你运气要比潘菲鲁斯好得多。

**欧西庇乌：**

此一时，彼一时。

## 二、基督教的崛起

**记者：**

你的恩师因为宣传基督教而遇害，但很多资料说，在你生活的那个时代，基督教崛起之快已经是非常厉害了。

**欧西庇乌：**

是的。根据我的研究，在公元180年以前，基督教只是来自古代东方的在帝国大城市的居民中才能觅得栖身之地的众多宗教之一。

**记者：**

如果我没记错的话，在这段时间，是罗马帝国皇帝马可·奥勒留在执政。

**欧西庇乌：**

是的，马可·奥勒留对基督徒非常不友好。但在这位皇帝去世以后，情况就完全不一样了。

**记者：**

具体情况请你说说。

**欧西庇乌：**

从马可·奥勒留逝世到君士坦丁大帝支持基督教的这120多年里，基督教获得了长足的发展。

**记者：**

原因是什么呢？

**欧西庇乌：**

君士坦丁大帝的支持是最重要的原因，此外，还有一个更深层次的原因……

**记者：**

什么原因呢？

**欧西庇乌：**

这段时期的罗马帝国告别了先前的繁荣，而被内乱、苦难和动荡所取代。当时社会管理模式被彻底摧毁，传统的信仰难以驾驭普通民众，人人感到恐惧，人人寻求寄托，于是基督教迎来了历史上最好的发展时期。

**记者：**

苦难孕育宗教！

**欧西庇乌：**

基督教的发展速度不仅越来越快，其信徒的成分也发生变化。以前的基督徒几乎全部由贫苦阶层组成，绝大多数人都是农民、匠人、妇女、儿童、乞丐、奴隶……

**记者：**

后来呢？

**欧西庇乌：**

到了3世纪初，越来越多的有文化修养的人士进入了教会，其中也包括一些著名的学者。

**记者：**

有谁呢？

**欧西庇乌：**

比如亚历山大的克莱门、奥利金、德尔图良等人。

**记者：**

看来基督教进入了一个完全不一样的境界。

**欧西庇乌：**

是的，完全不一样了。很多政府的公务员都成为基督徒，甚至有些人官居行省总督之位。

## 三、《米兰敕令》与基督教国家的开端

**记者：**

据说在你所处的时代，基督教从地下走向公开，从民间走向官方，尤其是逐渐成为西方世界的主要宗教。这个过程请你说说。

**欧西庇乌：**

我是这个伟大转折的直接见证人。

**记者：**

你很幸运。

**欧西庇乌：**

313 年 2 月，罗马皇帝君士坦丁一世与统治帝国东部的李锡尼在麦地奥兰（今米兰）会面，以两位执政官的名义颁布了著名的《米兰敕令》。

**记者：**

史书上说，这个具有宗教宽容色彩的敕令确立了基督教为罗马帝国的国教。

**欧西庇乌：**

需要澄清的是，《米兰敕令》并没有立基督教为国教。通过这个敕令，罗马帝国承认了基督教的地位，摘掉了基督徒头顶上的邪教徒的帽子。从此，罗马帝国的统治者对待基督教的态度发生了根本性的变化。

**记者：**

敕令的具体内容是什么？

**欧西庇乌：**

该敕令宣布，整个帝国的人民都应以自己喜欢的任何方式进行宗教崇拜。敕令特别提到了基督徒，他们被赋予法律权利，被没收的财产得到归还，并被允许建造教堂。一句话，很多有利于基督教大发展的重要原则都通过这个文件最终得以确立。

**记者：**

据说后来也有些反弹。

**欧西庇乌：**

是的，尤利安（Julian）皇帝在位期间提倡信仰自由，希望改变基督教一教独大的局面，但这种局面很快就过去了。从此以后，基督教的发展谁也阻挡不了了。

## 四、阿里乌之争

**记者：**

罗马帝国的皇帝们已经把宽容赋予了基督教，基督教本该顺顺当当地发展下去。但据说基督教内部的争论越来越大，其发展并非一帆风顺。

**欧西庇乌：**

是的。基督教教父们的那些思想为罗马帝国正统信仰的发展和确立提供了重要的理论基础，但这种对信仰的诠释能否为发展起来的各个教会所接受还是个问题，还需要时间的检验。当时，一方面，基督教的发展很迅速；另一方面，教会内部的纷争越来越激烈，主教们互相开除教籍，宗教会议动不动就把不同的观点一概斥为异端。在这些分歧中，最严重的就是阿里乌派之间的论争。

**记者：**

在基督教的历史上，阿里乌之争确确实实是一个不可回避的话题。请你介绍一下，阿里乌之争是怎么回事呢？

**欧西庇乌：**

阿里乌是亚历山大教会的长老，此人深受亚里士多德思想的影响，把神性的标志定义为自我存在。他还说，圣子既然是由圣父得以存在的，因此圣子不是上帝。

**记者：**

这个观点显然与我们所了解的“三位一体”不一样。

**欧西庇乌：**

是的。阿里乌也反对圣子是逻各斯的说法，认为逻各斯是受造之物，在创世前是靠上帝的意志得以存在的。圣子和一切事物一样，从不存在到存在，所以有一段时候它尚未存在。

**记者：**

阿里乌明显否定了圣子的神性。上帝因为有神性而得以永恒地存在，圣子有一段时间不存在，自然它就与神不一样。

**欧西庇乌：**

没错。在阿里乌看来，圣子根本不与圣父具有同一性质，他在各方面都不同于圣父的特殊的质。阿里乌还说，在礼拜仪式中称圣子为上帝，但实际上圣子不是上帝。

**记者：**

这种公开否定圣子也是上帝的说法或许在你们那个时代会被斥为异端。

**欧西庇乌：**

是的。321年，在亚历山大召开的宗教会议把阿里乌和他的拥护者们撤了职，但事情并未平息。阿里乌和他的同伴前往巴勒斯坦开展活动，争取东部各个教会的支持，从而引起了更大范围内的论战。

**记者：**

没完没了的论战肯定会影响基督教的发展。

**欧西庇乌：**

没错。后来著名的尼西亚会议就因此而召开。

## 五、评《尼西亚信经》

**记者：**

如果在基础性的教义方面存在严重的分歧，那必然影响基督教的发展。

**欧西庇乌：**

正因如此，公元325年，在君士坦丁大帝的主持下，罗马帝国全境基督教主教300多人聚集在下亚细亚的尼西亚举行了会议。这次会议批准把阿里乌放逐到伊利里库姆，然后通过了一份重要文件，对基督教最基础性的教义做出明确规定，以防止再次出现争端。

**记者：**

这份文件就是《尼西亚信经》吧，可否请你把它的内容说一说？

**欧西庇乌：**

这份文件看起来有些晦涩，其实表达的思想很简单，就是说圣子或化身为耶稣基督的逻各斯，不是比圣父次一等的神，而是与圣父属于同一性质的神，因而圣子也在神性中具有永远独立的人格。

**记者：**

这就是后来被基督教世界所公认的“三位一体”理论吧。圣父、圣子、圣灵都是具有同等性质的神，圣子虽然来源于圣父，但其神性与圣父完全一样。

**欧西庇乌：**

是这个意思。就其本质来看，《尼西亚信经》是对阿里乌主义的彻底否定。

**记者：**

尼西亚会议上，除了皇帝君士坦丁，最高贵者就是你了，你坐在皇帝的右侧，足见你地位之显赫。我想知道你对《尼西亚信经》的看法。

**欧西庇乌：**

一言难尽。

**记者：**

历史上关于你对《尼西亚信经》的态度，说法有很多种。有人说你观点善变，一会儿支持阿里乌主义，一会儿支持《尼西亚信经》，是典型的墙头草。我想知道你到底是如何看待圣子与圣父的关系的。

**欧西庇乌：**

在君士坦丁的强力支持下，我不可能明确反对《尼西亚信经》。不过，我的著作写得很清楚，那就是我虽然不否定圣子的神性，但我从来就不认为圣子与圣父具有同等性质。

**记者：**

话里话外，还是阿里乌主义！

**欧西庇乌：**

既然你点透了，我也就承认了。

## 六、一部历史就是基督教的胜利史

**记者：**

在所有历史学家中，你大概是第一位用基督教神学观点解释历史的大学者。你为什么要从基督教神学的角度，而不是从别的角度来解读历史？

**欧西庇乌：**

道理很简单。人类的一切都是由上帝预先安排好了的，一部历史就是上帝意志的体现，同时也是上帝的见证。

**记者：**

把人类历史与上帝的存在联系起来，以前似乎没有人这么干过，最起码据我了解是如此。

**欧西庇乌：**

在历史的每一个关键时刻，都有上帝在主宰一切。写历史就是要证明上帝的存在，赞美上帝的全知全能。

**记者：**

你的《编年史》把历史分为神圣的历史与世俗的历史，可否介绍一下？

**欧西庇乌：**

好的。历史可以分为两种：一种是神圣的历史，即希伯来人和基督教的历史；另一种是世俗的历史，即埃及、巴比伦、叙利亚、波斯、希腊、罗马的历史。

**记者：**

我们中国的历史呢？

**欧西庇乌：**

毫无疑问属于世俗的历史。

**记者：**

你是采用什么时间标准来作为编写历史的标准的呢？

**欧西庇乌：**

自然是基督教纪年。我是以年代为经，左边记载神圣的历史，右边记载世俗的历史，让两者相互对照。在我这里，基督教的公元纪年就成为历史编纂的统一标准了。

**记者：**

这一点毫无疑问是历史性的贡献。那如何看待这两部历史的关系呢？

**欧西庇乌：**

基督教的产生和传播是世界历史的中心，而世俗的历史则处于从属的地位。世俗的一切历史都只是为基督教铺平道路，而一部历史就是基督教的胜利史！

## 欧西庇乌简传

欧西庇乌（Eusebius of Caesarea，约公元260—339年），凯撒利亚主教和第一位教会历史学家，也是基督教历史上著名的尼西亚会议的致辞人。欧西庇乌的著作主要包括两大类：第一类是历史著作，有《编年史》《教会史》《巴勒斯坦的殉道者史》《君士坦丁传》等；第二类是护教著作，有《福音的准备》《福音的证明》《反希洛克勒》等。此外，还有《反马凯鲁》《论基督教神学》等。仅凭《编年史》一书就使欧西庇乌名垂青史，他被誉为“基督教教会历史之父”“基督教的希罗多德”“教会里最博学的人”。欧西庇乌是基督教历史观的首倡者，他认为一部历史就是基督教世界的胜利史，人类的存在与发展不过是对于基督教的一次又一次的证明。

# 第十章　为正统神学而苦战的一生

## ——对话阿他那修

## 引　子

我们的主人公阿他那修是尼西亚会议时期重要的神学家，他一生的事业都与基督教的核心信仰——“三位一体”紧密相连。他竭力维护的尼西亚教义后来成为正统神学，规制了后世基督教神学的基本走向。阿他那修一生命运多舛，五次被迫流亡。他的一生充满传奇色彩，以至于他尚在人世时，就有人猜测他具有某种魔法。对于他的评价历来褒贬不一，正统派誉他为“圣阿他那修”，反对者则将他贬为热衷于纷争的“野心家”。让我们走近阿他那修，了解其传奇的人生经历，与其面对面探讨他的“三位一体”学说。

## 一、古希腊文化的影子

**记者：**

研究你的著作，感觉古希腊文化对你影响很大。

**阿他那修：**

那肯定是的。

**记者：**

请详细说说。

**阿他那修：**

我出生在亚历山大的一个富裕家庭，父母均具有一定的社会地位，我小时候接受的教育基本上是希腊式的传统教育。柏拉图和亚里士多德的著作我看得很多，荷马的史诗我也非常熟悉。

**记者：**

感觉你对新柏拉图主义也很熟悉。

**阿他那修：**

是的。

**记者：**

你给皇帝的上书修辞技巧娴熟，语言铿锵有力，你显然模仿了古希腊雄辩家德谟斯提尼（Demosthenes）的风格。

**阿他那修：**

德谟斯提尼是一位伟大的演说家，他的演说集我最爱看。

**记者：**

感觉你对《圣经》也很了解。

**阿他那修：**

我不懂希伯来语，有关《旧约》的知识只限于《七十子译本》（《希伯来圣经》最早的希腊文译本），我对《新约》更熟悉。

## 二、《米兰敕令》仅仅解决了基督教的合法性问题

**记者：**

《米兰敕令》把合法性赋予基督教，基督教世界理当进入快速发展的平坦大道，但一些史料显示，基督教世界内部却又开始乱了起来，这是什么原因呢？

**阿他那修：**

说来话长。

**记者：**

请慢慢道来，我对这段历史很感兴趣。

**阿他那修：**

君士坦丁和李锡尼两位政治家联名颁布《米兰敕令》，允许帝国境内有信仰基督教的自由，教会作为合法组织也得到了保障。从此，基督教作为一个整体，不必再将为生存而斗争当作首要任务了。

**记者：**

但基督教取得合法地位之后，各种争论甚至更厉害了。

**阿他那修：**

基督教思想家的首要任务是为自己的信仰正名。他们要向世人说明什么是基督教，什么是基督教的信仰，基督教与希腊—罗马多神教的区别何在，并且要证明基督教信仰比多神教信仰更具合理性和优越性。

**记者：**

他们是如何阐释的呢？

**阿他那修：**

在基督徒心目中，只有一位唯一的真正的神，他既是旧约之神，即不是通过哲学范畴才为人所知的神，而是作为父、解救者，可以为人实现期望、与人订约之神；他也是新约之神，他的真体在基督身上显现，调解世人与神的关系，在基督的福音里向信者表现他的正义。在基督身上，基督徒懂得了神就是爱。

**记者：**

道理是这个道理，不算复杂。但一旦诉诸文字，会不会就产生冲突呢？

**阿他那修：**

是的，当人们试图用语言分析和阐明神的概念时，神学就开始出现，矛盾与冲突也开始了。

**记者：**

有其必然性。

**阿他那修：**

当信仰开始寻求以神学的形式进行表达时，亦即人们企图用思辨方法来把握宗教问题时，难题就开始出现。早期基督教神学家面临的主要难题是：一方面要肯定耶稣基督的神性，另一方面又要相信只有一位真神。该如何协调这一矛盾呢？另外，《圣经》中有关圣父、圣子、圣灵的大量记载，是不是唯一真神在不同状况下的三种不同名称呢？倘若不是，这三者之间的关系又是怎样的呢？等等。

**记者：**

这些问题诉诸理论，确实让人如堕五里雾中。我关心的是，为什么《米兰敕令》颁布之后，这种争论更加厉害了呢？

**阿他那修：**

早在《米兰敕令》之前，基督教神父们就围绕这些问题进行了大规模的争论，在对上述各类问题的解答过程中，历代神学家提出了各种方案。到了公元3世纪，神学教义种类繁多，争奇斗艳，蔚为大观，思辨的闸门一旦开启，要想重新关闭就不可能了。

**记者：**

理解。

**阿他那修：**

《米兰敕令》给基督教世界提供了一种宽松的外部环境，促进了教会的发展，同时也给教会内部的教派纷争提供了更加广阔的活动空间。随着教会势力的膨胀，教众数量的骤增，教徒的成分也越来越复杂，教会与世俗社会之间的关系也越来越密切。尤其是帝国政府也开始关注并且介入了教会的内部事务，政治与宗教的勾连，让神学争论更加复杂了。

## 三、阿里乌之争

**记者：**

公元318年，亚历山大城的一位深孚众望的长老阿里乌对“三位一体”提出异议，否认基督的神性，这导致当时的基督教会陷入激烈的论战之中。你对此持怎样的态度呢？

**阿他那修：**

“阿里乌之争”是《米兰敕令》颁布后基督教世界内部发生的最激烈的冲突之一，对后世的影响可能也最大。阿里乌生于利比亚，是安提阿教理学校创办人卢西安的学生。311年他担任神职，313年起成为亚历山大教会的长老。在一次教会内部讨论圣子与圣父之间的关系问题时，阿里乌提出了自己的神学思想。

**记者：**

请详细说说。

**阿他那修：**

阿里乌认为，如果圣子确实是圣父之子，圣子就必须有一个开始，故必定有一个时期圣子不曾存在。因此，可以推出圣子是一个受造物，并不具有与圣父相同的完满的神性。

**记者：**

这个说法与正统的“三位一体”理论完全相悖。

**阿他那修：**

是的，阿里乌的说法立即遭到亚历山大的主教亚历山大（Pope Alexander of Alexandria）等人的谴责。阿里乌不服，仍坚持己见。321 年，亚历山大召集埃及和利比亚的主教开会，会上罢免了阿里乌及其追随者的教职。之后，阿里乌开始到处活动，获得了众多同情者和支持者。于是，围绕圣子的神性问题，教会内部开始形成两大对立派别。

**记者：**

这件事与你有何关系？

**阿他那修：**

我便是大主教亚历山大的助手。

## 四、尼西亚会议

**记者：**

阿里乌之争引发了基督教教会内部的大分裂，皇帝君士坦丁一世为此于公元 325 年召开了尼西亚会议。

**阿他那修：**

是的。君士坦丁大帝发现阿里乌之争愈演愈烈，大有分裂教会之势，于是便决定采取行动，维护基督教的统一。

**记者：**

君士坦丁是如何做的？

**阿他那修：**

记得是在 324 年，君士坦丁大帝亲笔写了一封信交给科多瓦主教何西乌（Hosius），让他前往亚历山大调解两派的纷争。君士坦丁在信中劝说两派平息争论，并指出两派所争论的不过是一个无关紧要的细节问题。但是，皇帝的书信和何西乌的调解未能达到预期的效果。

**记者：**

涉及信仰问题，肯定谁也不会轻易让步。

**阿他那修：**

但君士坦丁急于想平息教会内部的纷争，于是下令召集全帝国境内的主教举行会议，解决这场争论。325 年 5 月，会议在小亚细亚的尼西亚召开，我则作为亚历山大主教的助手出席了这次会议。

**记者：**

请说说尼西亚会议的情况。

**阿他那修：**

参加尼西亚会议的主教约 300 人，东部教会的代表人数占绝对优势，而西部教会仅有 6 人。在会上，以尼科米底亚的欧西庇乌（Eusebius of Nicomedia）为首的一派，同情并支持阿里乌主义，而亚历山大的支持者则组成另一派（尼西亚派），坚决反对阿里乌主义。但是，一部分代表对所争论的问题没有鲜明的立场，凯撒利亚主教欧西庇乌就属于这种类型，不过他的信经显然不赞成阿里乌主义。

**记者：**

结果肯定是阿里乌主义遭到惨败。但据说欧西庇乌后来又对阿里乌主义做了让步，是吗?

**阿他那修：**

阿里乌派提出的信经遭到拒绝，而凯撒利亚的欧西庇乌提出的信经经过君士坦丁的同意在会议上得到通过。至于欧西庇乌背弃了自己的观点，而最终与阿里乌主义同流合污，那是后来的事情。这位欧西庇乌后来千方百计打压我，此人其实是个小人。

**记者：**

话扯远了，说当下吧。

**阿他那修：**

在皇帝的亲自监督下，除两人外，其他与会主教都在信经上签了名。会议还通过了谴责阿里乌学说的诅咒文，那些拒绝在诅咒文部分签名的主教都被解除教职，同阿里乌一道遭到放逐。阿里乌的著作被焚毁，其追随者被谴责为基督教的敌人。

**记者：**

你是如何对这次会议施加影响的呢？

**阿他那修：**

尼西亚宗教会议罢免阿里乌后，亚历山大向各地主教分别寄了一份备忘录，说明会议何以做出这一决定，而这份备忘录就出自我手。

## 五、年轻的大主教

**记者：**

326 年亚历山大城的主教亚历山大去世，你作为继任者于 328 年也成为主教。能当上主教，想必很不容易吧？

**阿他那修：**

是的，亚历山大教会是罗马帝国的第二大教会，统辖埃及和利比亚两地的众多教会，在帝国东部拥有举足轻重的影响力，是教会内外人士关注的一个焦点。亚历山大大主教的位置自然成为教会里对立教派角逐的对象。

**记者：**

亚历山大年逾 60 岁时才成为主教，而你在大约 30 岁时就成为主教，足见你的贤能。

**阿他那修：**

这都要靠恩师亚历山大一直以来的提携。

**记者：**

如果没有足够强大的精神内涵和道德力量，亚历山大是不可能选择你的。

**阿他那修：**

不管怎么说，既然恩师选择了我，我就得尽职尽力，把工作做好。

**记者：**

关于你这位青年大主教最初几年的工作情况，史料记载极少。我只知道你在所辖的地区做了一番巡视，访问过沙漠地区的隐修者。因此可以得出这样一个判断，那就是在你开始就任大主教的一两年里，你的生活是比较平静的。

**阿他那修：**

基本如此。

## 六、击退欧西庇乌派的攻击

**记者：**

据说你的恩师所代表的“三位一体派”虽然在尼西亚会议上占据上风，但很快你们就遭遇到了强烈的反击，是吗？

**阿他那修：**

是的。以尼科米底亚的欧西庇乌为首的欧西庇乌派人士因支持阿里乌主义，或被免教职，或被流放，但他们并不甘于失败。

**记者：**

这位欧西庇乌与凯撒利亚的欧西庇乌不是一个人吧？

**阿他那修：**

不是。这位尼科米底亚的欧西庇乌认识到，若想要在教派斗争中取胜，皇帝的支持是至关重要的。于是，他们运用各种手段，试图博得皇帝的同情和信任。

**记者：**

皇帝后来支持他们了吗？

**阿他那修：**

328 年，欧西庇乌等人从流放地回来，着手劝说皇帝恢复阿里乌等人的教职。不久，皇帝接受了欧西庇乌等人的意见，命令我恢复阿里乌的教职。

**记者：**

皇帝的理由是什么？

**阿他那修：**

皇帝写信说，阿里乌业已悔改，并接受了《尼西亚信经》，所以就应该给他恢复教职。

**记者：**

你的态度呢？

**阿他那修：**

我拒绝执行皇帝的指令，因为尼西亚会议已经正确地判决了阿里乌，如果现在毫无原则地向阿里乌等人让步，等于是否定了亚历山大的正确性。另外，阿里乌并没有真心接受尼西亚教义。

**记者：**

结果呢？

**阿他那修：**

欧西庇乌派将我视为眼中钉，他们开始散布谣言，对我进行人身攻击，指责我滥用职权迫害异己分子，并捏造了一系列的证据指控我，企图把我说成是一个暴君式的大主教和邪恶的魔法师。

**记者：**

有哪些谣言呢？

**阿他那修：**

他们编造说我谋杀了一位名叫阿尔塞尼乌斯（Arsenius）的教士，并切下了此人的手用来施行魔法。皇帝闻讯后大为震惊，他将我召至安提阿进行审查。

**记者：**

你去了吗？

**阿他那修：**

去了，在那次会议上，欧西庇乌派当众出示了一项证据——他们拿出一只盒子，里面装着一只干枯苍白的手，他们宣称这只手是阿尔塞尼乌斯的。

**记者：**

你和你的拥护者们是怎么应对的呢？

**阿他那修：**

我的拥护者们使出浑身解数，找到了隐藏在乡间的阿尔塞尼乌斯，他什么事也没有。于是欧西庇乌派对我的首轮攻击宣告破产。

## 七、第一次被流放

**记者：**

你连皇帝的话都不听，以后的日子肯定不会好受。

**阿他那修：**

你说的或许是对的。君士坦丁大帝希望自己在位期间，教会内部能够统一起来，不再有纷争。而欧西庇乌派不断给皇帝施加影响，要求在凯撒利亚召开宗教会议，进一步审查与我有关的案件。

**记者：**

会议开了吗？

**阿他那修：**

开了，但我拒绝参加会议。

**记者：**

我相信那些人不会善罢甘休吧？

**阿他那修：**

是的，他们又于次年在推罗（Tyre）召开宗教会议，企图迫使我出席会议。

**记者：**

你不会再次拒绝吧？

**阿他那修：**

没有，我带领 49 名埃及主教出席了推罗会议。

**记者：**

欧西庇乌派有多少人参加这次会议呢？

**阿他那修：**

他们有 60 名主教。

**记者：**

这种情况对你肯定不利。

**阿他那修：**

是的，但我不怕。

**记者：**

你是如何应对他们的呢？

**阿他那修：**

我沉着应战，逐一加以辩解、澄清。比如他们的一项指控是说我指使一名亲信迫害了一位名叫依斯克拉斯（Ischyras）的教士，即在后者执行圣事时，我的亲信掀翻了圣案，打破了圣杯，并焚烧了《圣经》。这项指控在数年前就被提出过，当时已经受到我的驳斥，因为依斯克拉斯做了坦白，承认自己做了伪证。这次欧西庇乌派重提旧事，声称有了新的证据，会议遂指派人员进行调查，收集证据。我知道他们在耍诡计，不能与他们过多纠缠，便与五名随从突然离开推罗，乘船前往君士坦丁堡去见皇帝。

**记者：**

你离开会场，会议是不是就不开了呢？

**阿他那修：**

会议继续进行。他们在会上罢免了我的大主教职位，还宣布阿里乌是正统的神学家，而且他现在已经接受了尼西亚教义。

**记者：**

你去找皇帝，皇帝帮你了吗？

**阿他那修：**

在君士坦丁大帝骑马从行宫返回君士坦丁堡的途中，我们突然从路旁站出来挡在皇帝的马前，要求皇帝听取我们的辩解。皇帝下令让参加推罗会议的人前来君士坦丁堡，欧西庇乌等人随即赶来。

**记者：**

当着皇帝的面，你解释清楚了吗？

**阿他那修：**

见到皇帝后，那帮人不再提起在会议上谴责我的那些指控，而是编造了一项新的罪名。他们说，我曾派人拦截和扣押从亚历山大运往君士坦丁堡的粮船。

**记者：**

还有这事？

**阿他那修：**

我告诉皇帝说，即便我有这种想法，也没有这种能力。

**记者：**

皇帝相信你了吗？

**阿他那修：**

欧西庇乌派人说我拥有巨额财富，在埃及有强大影响力，进而污蔑我有能力拦截粮船。

**记者：**

关键看皇帝的态度了，功高盖主，难免不引起皇帝的猜疑。

**阿他那修：**

皇帝因此对我有所忌惮，他相信了欧西庇乌派的话，于是决定惩罚我……

**记者：**

如何惩罚你的？

**阿他那修：**

皇帝最终决定把我流放到高卢的特里尔，这是我人生中第一次被放逐。

## 八、重返亚历山大

**记者：**

你遭遇流放，自然无法参加宗教会议了。如此一来，欧西庇乌派就可以为所欲为了。

**阿他那修：**

他们也有翻船的时候。

**记者：**

意思是说你后来翻身了？

**阿他那修：**

不公正的事，神也会干预的。

**记者：**

发生了什么？

**阿他那修：**

336年，就是我第一次被流放的那一年，欧西庇乌派在耶路撒冷召开宗教会议，决定恢复阿里乌的教职。当时年事已高的君士坦丁堡大主教亚历山大得知这一决定，立即伏地向神祈祷："如果明天阿里乌能重返教会，就让我——您的仆人——死去吧！但是，您若要宽恕您的教会，就请注意欧西庇乌派的语言吧，别让您在世间的财产受损和蒙羞，就让阿里乌死去吧！"话音刚落，奇迹就发生了，阿里乌突然之间倒地而死。

**记者：**

竟有此事？真是不可思议！

**阿他那修：**

真有此事！阿里乌的死，证明了主亲自宣判了反叛他的异端的死刑。

**记者：**

有人说阿里乌是因为年岁太高且太兴奋而死。

**阿他那修：**

只有阿里乌主义者才会这样说。这是神意，这是天罚！

**记者：**

后来呢？

**阿他那修：**

337 年，君士坦丁大帝逝世，终年 65 岁，他的三个儿子君士坦丁二世（Constantine Ⅱ，337—340 年在位）、君士坦提乌斯（Constantius，337—361 年在位）和君士坦斯（Constans，337—350 年在位）同时继位，将罗马帝国一分为三，分而治之。337 年底，在君士坦丁二世的首肯下，我从特里尔回到了亚历山大。

**记者：**

没有统治者的首肯，你还是回不来的。

**阿他那修：**

那是自然。

**记者：**

人们的反应呢？

**阿他那修：**

自然是热烈欢迎。

## 九、第二次流亡

**记者：**

终于重见天日了。

**阿他那修：**

其实，我的坎坷人生才刚刚开始。

**记者：**

磨难造就伟人啊！

**阿他那修：**

帝国东部属于君士坦提乌斯的管辖范围，这位皇帝从一开始就倾向于欧西庇乌派。我重掌亚历山大教会的大权后，欧西庇乌派不断向君士坦提乌斯进言，目的是激起这位皇帝对我的反感。

**记者：**

他们如愿了吗？

**阿他那修：**

在君士坦提乌斯的许可下，欧西庇乌派任命了一位信奉阿里乌主义的长老庇斯图斯（Pistus）为亚历山大主教。他们还派遣特使前往罗马游说罗马大主教尤利乌斯（Julius）……

**记者：**

他们找罗马大主教干什么呢？

**阿他那修：**

罗马大主教地位最高，我也努力争取这位主教的支持。

**记者：**

后来呢？

**阿他那修：**

338 年，在亚历山大召开的宗教会议上，埃及主教们逐一驳斥了欧西庇乌派对我的每一项指控。会后，我亦派特使前往罗马，将会议决议呈给罗马大主教。339 年 1 月，应欧西庇乌派的建议，在安提阿召开了一次宗教会议，继续审理我的案件。

**记者：**

为何在安提阿举行会议呢？

**阿他那修：**

安提阿是君士坦提乌斯所管辖的帝国东部的首府。

**记者：**

你说过，君士坦提乌斯倾向于支持欧西庇乌。

**阿他那修：**

欧西庇乌此时已经是君士坦丁堡的大主教，在教会中的地位更高了。自从330年君士坦丁大帝迁都于这座以他命名的城市后，君士坦丁堡在基督教世界的地位与日俱增，俨然有一种与罗马教会分庭抗礼的态势。

**记者：**

一旦君士坦提乌斯与欧西庇乌两股势力合流，你的处境肯定不利了。

**阿他那修：**

是的。

**记者：**

莫非他们又要免除你的主教之职？

**阿他那修：**

是的，他们沆瀣一气，罢免了我的大主教职位，提名一位名叫格里高利（Gregory）的阿里乌主义者接替了这一职位。格里高利在埃及行省长官的支持下，开始对亚历山大及埃及境内的我的追随者们进行大规模的迫害。

**记者：**

你怎么办呢？

**阿他那修：**

我只好逃往罗马，寻求罗马大主教尤利乌斯的庇护，我的第二次流亡生涯就此开始。

## 十、黄金时期

**记者：**

据说此后你的人生进入了黄金时期，希望你能分享一下。

**阿他那修：**

340年秋，尤利乌斯在罗马召开宗教会议，公开对我表示支持。

**记者：**

这很关键。

**阿他那修：**

但欧西庇乌派大为不满。

**记者：**

他们如何行动？

**阿他那修：**

341 年夏，欧西庇乌派在安提阿再次召开宗教会议。这次会议不仅再次确认对我的罢免，而且进一步将矛头指向尼西亚教义，企图从神学教义上正式推翻《尼西亚信经》。

**记者：**

他们企图来个釜底抽薪，彻底搞倒你。在我印象中，在此之前，尤其是在君士坦丁大帝在位期间，没有人胆敢公开反对尼西亚教义。

**阿他那修：**

是的。341 年的安提阿会议重新把关注点集中到神学教义的分歧上来，与会者多数是保守主义者……

**记者：**

你说保守主义者，是不是说他们都是中庸主义者？

**阿他那修：**

是的，这些人既不喜欢贬低基督神性的阿里乌主义，也不赞同尼西亚教义中的圣父、圣子“本质同一”。

**记者：**

会上肯定吵得一塌糊涂吧？

**阿他那修：**

是的。会议提出了四条信经，其中第二条信经以殉道者安提阿的卢西安的名字命名，被称为“卢西安信经”，也被称为“奉献信经”。“卢西安信经”小心翼翼地避开了“本质同一”一词，但认为圣子是“不变的”，是“神的真实形象”。保守主义者一般都倾向于“卢西安信经”，这是介于阿里乌主义与尼西亚教义之间的中间路线，后来这种观点也被称为“半阿里乌主义”。第四条信经则是阿里乌主义者的作品，他们将这条信经呈给西部皇帝君士坦斯，企图通过皇帝对西部教会施加影响。

**记者：**

在这场博弈中，罗马大主教至关重要啊！

**阿他那修：**

是的。罗马大主教尤利乌斯向君士坦斯表明了西部教会对我的支持，在这种情况下，君士坦斯下令将我召至米兰，同时与君士坦提乌斯协商，决定再召开一次宗教会议，请东西部主教们一起参加。

**记者：**

情况怎么样？

**阿他那修：**

342 年 5 月，我离开罗马前往米兰。是年晚秋，尼科米底亚的欧西庇乌去世。

**记者：**

此人去世，肯定对你有利。

**阿他那修：**

是的。343 年 7 月，东西部主教们在萨迪卡（今保加利亚索非亚）召开了会议。

**记者：**

萨迪卡在哪里？

**阿他那修：**

萨迪卡位于帝国东西两部分的接壤处，属西部皇帝君士坦斯管辖，而与会的西部教会代表多于东部教会代表。

**记者：**

西部主教人数多，对你更加有利。

**阿他那修：**

是的。东部教会的主教们眼见形势不利，竟集体退席，到东部的腓力波利斯（今保加利亚普罗夫迪夫）另外召开宗教会议分庭抗礼。至此，由于对《尼西亚信经》和我本人的不同看法，东西部教会开始处于对立状态。萨迪卡会议否定了对我的一切指控，认为应该恢复我亚历山大大主教的职位，君士坦斯对会议的决议也表示支持。

**记者：**

形势对你越来越有利。

**阿他那修：**

345 年 6 月，亚历山大大主教格里高利也去世了。

**记者：**

影响你重返主教之位的障碍一个个都没有了。

**阿他那修：**

是的。君士坦斯威胁君士坦提乌斯说，如果后者再拒绝恢复我的职位，他将不惜为此而开战。

**记者：**

这位皇帝对你真够意思啊！

**阿他那修：**

在这种情况下，君士坦提乌斯最后屈服了。次年 10 月，我返回亚历山大，重掌教会大权，十年的“黄金时期”就是这么来的。

**记者：**

真是不容易。

**阿他那修：**

苦难是人生的常态！

## 十一、为“教会自由”鼓与呼

**记者：**

所有的障碍都没了，你的事业终于步入坦途。

**阿他那修：**

这段时间，我的布道事业确实成果卓著。

**记者：**

请分享一下。

**阿他那修：**

这一时期，埃及民众中出现皈依基督教的热潮。有多少未婚女子在即将出嫁之际，决定献身给基督，保持自己的纯洁之躯！有多少青年人由于看见他人的榜样，而走上隐修之路！有多少父母劝说他们的孩子去过节欲的生活，又有多少孩子也这样劝说他们的父母！有多少妻子劝告她们的丈夫，又有多少丈夫劝告他们的妻子，要专心祷告，如使徒所说的那样！有多少曾经饱受饥寒之苦的寡妇和孤儿，现在由于得到人们的热诚帮助而不再缺衣少粮！总之，人们追求德行的热诚是如此之高，对神的侍奉是如此虔诚，我们甚至可以把这里的每一户人家都看作一个伟大的教会。

**记者：**

真不错啊。不过，又该说“但是”了吧？

**阿他那修：**

那段时间我顺风顺水，这完全离不开当时的政治背景——西部皇帝君士坦斯对我倾心支持，东部皇帝君士坦提乌斯保持中立和沉默，没有公开反对我。但是，这种情况不久就发生了变化。

**记者：**

发生了什么？

**阿他那修：**

350 年 1 月，君士坦斯被篡位者马格嫩提乌斯（Magnentius）所杀，而君士坦提乌斯打败篡位者，成为帝国的唯一皇帝，是为君士坦提乌斯二世。

**记者：**

这个家伙上台，你的日子肯定不好受。

**阿他那修：**

是的，他一上台，就开始报复我。

**记者：**

他是如何报复你的？

**阿他那修：**

这位皇帝认为我是东西部教会分裂的罪魁祸首，如果惩办了我，西部教会也许能与东部教会统一起来。于是，这位皇帝先后召开了两次宗教会议，强迫西部教会的主教们离弃我。其时，罗马大主教尤利乌斯已经去世……

**记者：**

此人可是你最强大的保护者啊！

**阿他那修：**

是的，没有了尤利乌斯的支持，我的日子并不好过：尤利乌斯的继任者利贝里乌斯（Liberius）在政治高压面前屈服了，我在教会中被孤立。埃及行政长官率军队包围了我所在的教堂，企图逮捕我。一片混乱中，我在教众的帮助下巧妙地逃离了亚历山大，开始了又一次的流亡生涯。

**记者：**

这是你一生中的第三次流亡吧？

**阿他那修：**

是的。从356年到362年，我依靠隐修者的帮助，东躲西藏，避开了帝国军队对我的一次又一次搜捕。

**记者：**

你没有试着向皇帝解释吗？

**阿他那修：**

起初我还对皇帝仍抱有幻想，也给他写过信，为自己辩解，希望他能够收回成命。但是，后来我失望了。

**记者：**

为什么？

**阿他那修：**

我最终意识到，这位君士坦提乌斯是“异端的皇帝”。再说了，教会的事务与皇帝有何相干？如果主教决定了的事情还要皇帝批准，那还要主教干什么？

**记者：**

你的意思是说皇帝本不该干预教会的事务？

**阿他那修：**

是的，皇帝是皇帝，教会是教会！宗教要想存在下去，就必须拥有独立和自由，这才是根本！

**记者：**

你的这番话，可以说是教会第一次对身为基督徒的皇帝表达“教会自由”的思想。这是教会史上的一件大事。

**阿他那修：**

或许是吧！

## 十二、新尼西亚主义

**记者：**

你离开亚历山大教会后，谁接替了你的位置？

**阿他那修：**

卡帕多西亚的乔治（George of Cappadocia），此人是一位极端的阿里乌主义者。

**记者：**

他的观点是什么呢？

**阿他那修：**

此人坚持认为圣子在本质上与圣父毫不相似。

**记者：**

我想此人的极端观点也不会赢得保守派的支持吧？

**阿他那修：**

是的。保守派对极端派也很反感，因此这种极端阿里乌派的势力在亚历山大和其他地方刚一抬头，就遭到保守派的强烈反对。

**记者：**

你完全可以对其加以利用。

**阿他那修：**

是的，其实保守派的主张与尼西亚教义并无本质上的冲突，词语之间一些微妙的差别并不要紧，只要所指的实质相同即可。

**记者：**

求同存异很重要。

**阿他那修：**

是的，我也不计前嫌，最终促成了尼西亚派与保守派的联合。在这一过程中，早期的尼西亚主义也有了某些修正，形成了新的尼西亚神学。

# 十三、短暂的异端复辟

**记者：**

即使在基督教成为罗马帝国的国教之后，也曾经出现过反复，是吗？

**阿他那修：**

君士坦提乌斯二世于361年去世，他的堂弟尤利安继任皇帝，而后者的父亲尤利乌斯·君士坦提乌斯与君士坦丁一世是同父异母的兄弟。因为尤利安之父和其他亲戚均遭到君士坦丁杀害，尤利安当时由于年幼而幸免一死，所以他把君士坦提乌斯二世看作谋杀其父的凶手。他在生命毫无保障的环境中长大，还被迫奉行教会外在的严格礼仪，因此痛恨君士坦提乌斯二世所主张的一切。

**记者：**

那他痛恨的自然也包括基督教了？

**阿他那修：**

是的，这位皇帝痛恨基督教，而对古希腊的文学、哲学和生活方式充满了向往。长期以来他真正信奉的并非基督教，而是古希腊的多神教，只是在面对公众时不得不加以隐瞒。君士坦提乌斯二世一死，尤利安就无所顾忌了。复兴异教，打击基督教，便被他提上了议事日程。

**记者：**

你的日子又将不好受了。尤利安是如何做的？

**阿他那修：**

尤利安相信基督教内部各派之间的争吵会有助于异教的复辟，于是下令召回在君士坦提乌斯二世统治期间遭到放逐的主教。

**记者：**

自然也包括你了？

**阿他那修：**

没错。我于362年再次回到亚历山大，但这一年尚未过去之时，尤利安就因我说服许多异教徒皈依基督教而感到震怒，于是我第四次被迫流亡。

## 十四、最后一次流亡

**记者：**

不过据说尤利安迫害基督教也只是昙花一现的事情。

**阿他那修：**

是的。363 年，尤利安在同波斯人的作战中丧生，他是罗马帝国最后一位信仰异教的皇帝。362 年，我主持召开了亚历山大宗教会议。在这次会议上，我对新尼西亚神学做了阐释，肯定了圣灵的神性，指出圣灵与圣父、圣子的本质同一，圣父、圣子、圣灵三者都真正存在，都是唯一的神，是圣三位一体。

**记者：**

这不挺好吗？为什么不久后你又遭到流放了呢？

**阿他那修：**

尤利安死后，身为基督徒的约维安（Jovian）继位，但不到一年他就去世，又由瓦伦提尼安一世（Valentinian Ⅰ）继位。瓦伦提尼安一世感到帝国太大，难以防御，便把帝国东部交给其弟瓦伦斯（Valens）管辖，自己只统治西部。瓦伦提尼安一世很少干预教会事务，瓦伦斯则受到君士坦丁堡阿里乌派教士的影响。

**记者：**

你又遭遇阿里乌主义者了？

**阿他那修：**

是的，他们又把我流放了。这是我人生第五次也是最后一次遭到流放，不过时间很短。此后，我就离开了人间，谁再想流放我，是绝对不可能了。

**记者：**

看来死亡是人生最强大的保护伞。

**阿他那修：**

言之有理。

# 阿他那修简传

阿他那修（Athanasius of Alexandria，约公元 300—373 年），基督教尼西亚会议时期重要的神学家。阿他那修一生的事业与基督教的核心信仰——“三位一体”学说紧密相连。他竭力维护的尼西亚教义后来成为正统神学，规制了后世基督教神学的发展方向。他一生也为此多次被流放。

阿他拉修的主要著作都是具有论战性的护教著作，是与阿里乌主义斗争的产物，主要是在流亡期间写成的。作为一名神学家，他的思想很有深度，但许多作品写得很匆忙，未能形成很好的系统性，这可能与他颠沛的经历有关。他的现存著作有：《反异教徒讲演稿》《论道成肉身讲演稿》《反阿里乌的第四次讲演稿》《论三位一体与圣灵》《反阿里乌护教书》《关于逃离的申辩》等。

# 第十一章　基督教与希腊哲学

## ——对话巴西尔

## 引　子

在本次对话的主人公巴西尔出现之前，基督教还被视为异端邪说而遭到罗马帝国统治者的大肆围剿，但在巴西尔的时代，基督教终于取得了合法的地位。巴西尔与纳西盎的格里高利、尼撒的格里高利（巴西尔的弟弟）被称为罗马帝国东部卡帕多西亚地区的三大教父神学家，并且是三位卡帕多西亚教父中唯一获得“大”字头衔的。巴西尔认为，在《圣经》之外，还有使徒们口耳相传的传统的东西，也同样传播了真理和福音。他利用新柏拉图主义的“流溢说”创造了自己颇具特色的“三位一体”理论，从而为基督教中的柏拉图主义奠定了理论基础。还需要强调的是，巴西尔是一位很谦卑的教父神学家，他认为对很多就连上帝都弄不清楚的问题，人们应该保持沉默，认真阅读《圣经》，在沉思中把握上帝的存在。让我们走近巴西尔。

## 一、“殉道者”之家

**记者：**

在基督教世界，你的影响举足轻重。很多人在称呼你的时候，都会在你的名字之前加上一个形容词。

**巴西尔：**

哪个形容词呢？

**记者：**

那就是“大”（great），人们称你为“大巴西尔”或“圣大巴西尔”。

**巴西尔：**

非常荣幸。

**记者：**

一些资料说，你们全家都是基督徒，是这样吗？

**巴西尔：**

在回答这个问题之前，我简单地对我的家庭做个介绍。我出生在罗马帝国卡帕多西亚（Cappadocia）行省的首府凯撒利亚（小亚细亚东南部）。这个地方很富有，我的家庭在历史上也很富有。我的祖先自称为“殉道者”，你知道什么叫“殉道者”吗？

**记者：**

就是为上帝而死的人。

**巴西尔：**

是的。我的祖母叫玛克琳娜（Macrina），父亲也叫巴西尔，母亲叫艾米莉亚（Emmelia）。

**记者：**

你的祖父，你为什么不介绍一下呢？

**巴西尔：**

很抱歉，我对我的祖父印象不深，所以没有办法给你说。

**记者：**

在你的家庭中，谁对你的影响最大？

**巴西尔：**

祖母和母亲对我的影响最大。

**记者：**

你有兄弟姐妹吗？

**巴西尔：**

有啊，我有4个兄弟、5个姐妹，我们全家都过着宗教生活。我是家中最大的男孩，我的弟弟彼得担任过塞巴斯特的主教（Peter of Sebaste），另一个弟弟格里高利担任过尼撒的主教（Gregory of Nyssa）。

**记者：**

你的弟弟格里高利也是个大名鼎鼎的人物。

**巴西尔：**

是的，他的影响超过了我。还有，我的姐姐小玛克琳娜（Macrina the Younger）也是一个虔诚的基督徒。姐姐在很小的时候就开始过女修士的生活，并鼓励我和年纪更小的弟弟格里高利成为修道士。她和我都曾被罗马东部教区列为圣徒。

**记者：**

真是一个十足的基督教家庭。我相信，在这样的家庭中，你的基督教信仰肯定是非常坚定的。

**巴西尔：**

毫无疑问。

## 二、摘玫瑰花时要防刺

**记者：**

我曾经看过你的一篇演说词，你在其中说“摘玫瑰花时要防刺”。我感觉你是话中有话，你想表达什么意思呢？

**巴西尔：**

在解释这句话之前，需要把我的求学生涯给你做个介绍。

**记者：**

请讲。

**巴西尔：**

在刚才的交流中，我告诉你，在年幼时，对我影响最大的是祖母和母亲。但是，最早我还是从父亲那里接受了正规的教育。

**记者：**

听说你父亲也是一个学者？

**巴西尔：**

是的，他是个修辞学家。

**记者：**

请接着讲。

**巴西尔：**

公元347年，我去了君士坦丁堡的一所学校学习，在那里我拜利巴努斯（Libanius）为师。

**记者：**

利巴努斯是一个什么样的人呢？

**巴西尔：**

利巴努斯是一位颇具盛名的大学者，我从他那里学到了不少东西。

**记者：**

听说你后来又到文化之都雅典去求学了？

**巴西尔：**

是的。351—355年我在雅典求学，其间我主要学习修辞学、数学和哲学。当时我还结交了几位后来名震基督教世界的大学问家，比如纳西盎的格里高利（Gregory of Nazianzus）。

**记者：**

你为什么说“摘玫瑰花时要防刺”？这是什么意思？

**巴西尔：**

我讲这句话，涉及作为一个基督徒，应该如何处理各种各样的神秘教义之间的关系，以及如何处理哲学与神学之间的关系。

**记者：**

怎么讲？

**巴西尔：**

就当时的情况来说，雅典确实是无与伦比的文化中心。但是，这里也是充满诱惑的地方，各种巫术、神秘的宗教泛滥成灾，异教主义的狂热可以说是一触即发。我讲摘玫瑰花时要防刺，是在提醒人们，在这样充满诱惑的地方，哪些东西该学，哪些东西不该学，必须心里明白。

**记者：**

明白了。你的这句话同样适用于处理哲学与神学的关系。

**巴西尔：**

这个话题我们单独再谈。

## 三、东方隐修主义的立法者

**记者：**

据说你特别注重隐修生活，不仅身体力行，还为此制定了规范基督徒修身养性的一些规范，因此一些人说你是“东方隐修主义的立法者”。我想了解一下你所过的隐修生活是什么样子的？

**巴西尔：**

在雅典学习以后，我回到了凯撒利亚，先是当了一名修辞学家，后来又到叙利亚、埃及、巴勒斯坦等地游览考察了一段时间。在这些地方，我发现人们对隐修生活很感兴趣，很多人开始过隐修生活。

**记者：**

隐修生活是不是就是选一个安静的地方，远离世俗的纷扰，修身养性？

**巴西尔：**

是的。我当时把财产分给了穷人，然后到附近一个叫庞都斯（Pontus）的地方去隐修，此地非常僻静，很少有人打扰，非常适合独处。还有一点，这个地方离我的母亲、姐姐和其他一些修女隐修的地方也不远，我可以经常去看看她们。

**记者：**

听说你的弟弟格里高利也被你拉来一起隐修？

**巴西尔：**

是的。我们一起祈祷、一起学习、一起劳动，还共同制定了关于隐修生活方面的规范。我相信，你刚才说的人们说我是“东方隐修主义的立法者”，可能就是指这个。

**记者：**

可否介绍一下这些规范？

**巴西尔：**

这些规范有些烦琐，我告诉你篇目的名字，有空你再去翻翻。

**记者：**

也可以，请讲。

**巴西尔：**

有《禁欲论》，包括三篇论文；《道德论》，共有 80 条道德规范；《修道规则》，有长短两种，《长规则》包括 55 条较长的规则，《短规则》包括 313 条简短的规则。还有《论洗礼》等，有空你可以看一看。

**记者：**

真是烦琐，我恐怕只能大致了解一下了。不过我知道这些规范后来成为希腊语教会所有修道戒规的基础，你也被称为“东方教会的修道主义之父”！

**巴西尔：**

有了规范和制度，修道才能传承和延续。

## 四、神学与哲学

**记者：**

早期的基督教教父神学家们都非常关心神学与哲学的问题，我不知道你对此怎么看，希望你能表个态。

**巴西尔：**

关于神学与哲学，我的观点十分清楚，也从来不隐瞒我的观点。

**记者：**

请你详细阐述一下。

**巴西尔：**

哲学与神学之间有着深刻的差异性，也就是说两者从本质上讲是不同的。哲学研究现实的世界，是为了入世，而神学虽然研究的是此岸的世界，但它的目标不在此岸，而在彼岸。

**记者：**

彼岸世界，就是上帝待的地方，也就是天国。

**巴西尔：**

是的。

**记者：**

你的意思是说，哲学与神学没有任何关系？

**巴西尔：**

不，我说的不是这个意思。

**记者：**

那它们是什么关系呢？

**巴西尔：**

两者虽然终极目标不一致，但是它们彼此之间还是有一些关系的。

**记者：**

怎么讲？

**巴西尔：**

人们研究哲学是为神学服务的。也就是说，人们研究现实世界，也是为了帮助人们走向彼岸世界服务的。既然前者是为后者服务的，那么后者缺了前者也是不行的。也就是说，神学离开哲学的支持和辅助也是不行的。

**记者：**

你的意思是说，人们要想到达彼岸的世界，也必须高度重视哲学的研究？

**巴西尔：**

没错。如果说哲学是下行路的路线，那么神学就是上行路的路线。这两条道路相辅相成。

**记者：**

你的思路似乎与当时很多哲学家大同小异。据我所知，如普罗提诺（Plotinus of Lycopolis）、波菲利（Porphyry of Tyre）等哲学家，以及奥利金、克莱门等神学家，他们在从事研究的时候，也同时考虑哲学与神学的兼容。哲学家不仅考虑理性推理，也经常用出神、入迷之类的神秘体验来讨论问题。也就是说，哲学家并不仅仅从理性的角度考虑问题，也经常从神学的角度考虑问题；同样，神学家也不仅仅停留在神秘的思辨上，也常常用理性推理来说明问题。也就是说，在你们那个时代，无论是哲学家还是神学家，都强调哲学与神学的兼容，强调它们的共通性。

**巴西尔：**

是这样的。但是，我与他们还略有不同。

**记者：**

不同在什么地方？

**巴西尔：**

在我看来，在引导人类走向未来的征途中，理性是第二位，信仰才是第一位。理性不过是人类为了掌握真理、追求信仰的一种好的方法，但人的理性终究低于上帝的神智，低于上帝的神性。上帝的神性属于启示，人类的理性能力是达不到的。

**记者：**

既然凭人类的理性能力是达不到的，那么如何获得真理呢？

**巴西尔：**

在我看来，真理有四个来源：除了理性以外，还有《圣经》、圣人的传统言行、各种教会会议制定的规范。比较起来，后三者在帮助人类认识真理方面所起的作用要远远大于理性，尤其是《圣经》。

**记者：**

请你接着讲。

**巴西尔：**

为了掌握终极的真理，我首先建议人们要逐字逐句地学习《圣经》，理解它所包含的道德规范，以便规范人们的日常生活。其次，人还必须主动净化理智，摆脱世俗物质的诱惑，达到纯粹而简单的心智世界。只有这样，人才可以同上帝融为一体，人才可以从内心世界发现上帝。否则，即便你与上帝面对面，你也不知道上帝在什么地方。

## 五、巴西尔版“三位一体论”

**记者：**

“三位一体”理论在教父神学家中存在争议，你是如何看待“三位一体”的？

**巴西尔：**

“三位一体”毫无疑问是基督教神学的核心理论，也是我们基督教与犹太教的根本区别。

**记者：**

我知道，基督教认为上帝是“三位一体”，即上帝只有一个，但他有三个“位格”，也就是圣父、圣子、圣灵；而犹太教只认耶和华为独一的神，不承认“三位一体”。

**巴西尔：**

在我看来，在“三位一体”中，神是至高的善，是并非来自被创造的自然，是至高无上的主宰。也就是说，圣父是至高的善，是绝对的存在，是“一”，是第一原因，是圣子与圣灵的根据和来源。

**记者：**

在这一点上，你的看法与别的神学家相比似乎大同小异。那你如何看待圣子呢？

**巴西尔：**

圣子是圣父在世人面前的显像，它同样是积极的、创造的力量，它与圣父一起，创造着宇宙万物。

**记者：**

那圣灵呢？

**巴西尔：**

圣灵就是圣言，是从至高无上的善那里流出来的金玉良言。正是这些金玉良言，渗透到世界中去，激活了世界，照亮了灵魂，把上帝与他的所有创造物联系在一起，形成一个有机的整体。

**记者：**

新柏拉图主义的创始人普罗提诺有一个理论叫“流溢说”，即万物的源泉是“一”（又译“太一”），世界中的一切都是从“一”中流出来的。看来你所理解的圣言和“流溢说”中所强调的、“流溢”出来的、作为理性的思想没有什么区别。

**巴西尔：**

也可以这么讲。

## 六、驳古希腊哲学的“宇宙生存二元论”

**记者：**

我看过你写的《创世六日》（参见［古罗马］巴西尔：《创世六日》，石敏敏译，生活·读书·新知三联书店 2010 年版），你在其中多次指出，古希腊哲学家提出的“宇宙生存二元论”是极端荒谬的。我想向你请教一下，你所批判的“宇宙生存二元论”是什么意思？

**巴西尔：**

古希腊的一些哲学家说，在这个世界上存在着“质料”或“本体”。这些“质料”或“本体”不可见，没有性质，没有形式，它们就是一种存在。造物主，也就是上帝，用智慧对它们进行加工，赋予其形式，因而创造了可见的世界。这就是我所批判的“宇宙生存二元论”。

**记者：**

依照你的观点，他们的这种说法有哪些方面值得批判呢？

**巴西尔：**

“宇宙生存二元论”的弊端和荒谬性显而易见。首先，这种理论认为，如果说“质料”或“本体”不是上帝所创造的，那么就说明这个东西是永恒存在的；既然它是永恒存在的，那么它就有权宣称它与神同等荣耀，处于同一的地位。这不是等于说，在我们这个世界上有两个神同时存在吗？真是荒谬至极。你想想，一种东西没有性质、没有形状、没有形式，怎么能与美、与智慧、与全能的代表的神相提并论呢？这显然很荒谬。

**记者：**

还有呢？

**巴西尔：**

马上快要说到正题了。其次，依照这种观点，我们这个世界来源于两方面：一方面就是源自那永恒存在的所谓的“质料”；另一方面就是神，也就是至高造物主的智慧。“质料”是构成世界基础性的材料，而其形式则是上帝所赋予的。按照这个说法，我们的世界显然是由双重因素造就的，这就是“宇宙生存二元论”。

**记者：**

我对基督教的研究没有你透彻，但按照常规的道理，似乎人家也没有说错。打个比方，对一件家具来说，肯定有两个方面的原因使之成为一件家具：首先是要有木头，其次是木工运用智慧和技艺对其进行加工。很显然，这也有一定的道理。

**巴西尔：**

我不想与你争论，我只是告诉你，无论是这些哲学家所讲的“质料”，还是他们所说的“形式”，都是上帝或者造物主所创造的，并不存在一半是上帝创造的，另一半是永恒赋予的。

**记者：**

你的意思原来是这样。请你继续。

**巴西尔：**

古希腊的哲学家有一点说得是对的，即世界是由水、火、土、气等基础性的材料构成的。我与他们的不同之处在于，我认为这些材料本身也是上帝所创造的。在创造出这些材料之后，上帝用它们创造了第一天国，也就是宇宙世界。

**记者：**

上帝具体是怎么做的呢？

**巴西尔：**

上帝通过不可分解的技术把宇宙中各不相同的部分结合在一起，并在它们身上赋予某种完美的友谊和和谐的关系。即便是非常遥远的事物，也被连接在一起，彼此相互感应、有机联系，从而形成了看得见、摸得着的有机的世界。世界就是这么来的。

## 七、对不可知之事，还是沉默为好

**记者：**

你选择修道生活，是否也出于某种理性的考虑？

**巴西尔：**

当然是了。在我们那个时代，各种教派纷争不断，如果再持续下去，教会绝对会土崩瓦解。

**记者：**

这么严重？

**巴西尔：**

这话一点儿都不过分。我不愿卷入各种各样的纷争，而希望身体力行，通过我的隐修生活，把信徒们引向对上帝的奥秘做灵性的沉思。

**记者：**

灵性的沉思？什么意思？

**巴西尔：**

有很多人间的道理，不要说我们人类搞不清楚，就是神也搞不清楚。《圣经》也不是无所不知的，遇到很多问题，《圣经》都保持沉默。既然如此，神学家还有什么资格唠唠叨叨、叽叽喳喳的呢？

**记者：**

你说得也是。

**巴西尔：**

面对许多问题，神学家要保持沉默，不应该以自己的雕虫小技来扰乱人们的认识。对很多只有上帝才可能知道，甚至连上帝都不知道的事情，作为人，我们不要去追根究底，不要期盼通过追问来知道超现实的事，不要妄图通过思索看不见的事物来认识这些东西。我可以明确地告诉你，这些都是徒劳的。

**记者：**

是吗？

**巴西尔：**

是的。对有些问题的思考，当适可而止，该闭嘴时就闭嘴。

## 巴西尔简传

巴西尔，又称凯撒利亚的巴西尔或圣大巴西尔（Basil of Caesarea/St. Basil the

Great，330—390年），古罗马神学家、哲学家，早期教会修道主义的奠基人之一。在教会史上，很少有哪一个家庭像巴西尔一家那样声名卓著、影响深远。巴西尔出生于一个敬虔的名门望族，外祖母是一名殉道者，父母生有十个孩子，有五人被不同的基督教传统视为圣人，其中最有影响的是巴西尔、尼撒的格里高利和圣玛克琳娜。巴西尔与弟弟尼撒的格里高利和纳西盎的格里高利并称为卡帕多西亚三大教父，他们共同奠定了尼西亚正统教义的基础。他的姐姐玛克琳娜则是东方教会修道传统中的重要人物。

巴西尔受过良好的教育，在叙利亚和埃及一带做过修士，后来作为隐修士回到新凯撒利亚（Neocaesarea）居住了一段时间（358年）。公元370年，他承袭优西比乌（Eusebius）任凯撒利亚的主教，维护正统派神学，竭力与阿里乌的异端思想抗争。他还在凯撒利亚建立了修道院，以他从埃及那里学来的方式组织活动，因此也有人说巴西尔与其说是神学家，不如说是一位组织能力很强的管理者。

巴西尔终生为“三位一体”和“道成肉身”学说辩护并为穷人工作，罗马天主教会和东正教教会都尊崇他为圣人。他的著作主要有《反欧诺米乌》《论圣灵》《解经九篇》《论诗篇》《论以赛亚第1—16章》《禁欲论》《修道规则》《论洗礼》等。

# 第十二章　论人的造成与人的本质

## ——对话尼撒的格里高利

## 引　子

我们的主人公是三位卡帕多西亚教父中最具神学创见的人物，他留下的著作也最多。研究尼撒的格里高利必须注意两点：其一，他率先利用古希腊哲学与基督教神学，开始对人进行研究。其二，通常那些不熟悉基督教思想史的人都会想当然地认为，基督教在有神论的背景下一般会把人的问题置于上帝的存在之下，而忽视对人进行必要的研究和探讨，然而事实并非如此。让我们走近这位具有人文主义精神的教父哲学家尼撒的格里高利。

## 一、一个家族，五个圣人

**记者：**

你的家族很了不起，一个家族竟然出了五位圣人。请你介绍一下。

**格里高利：**

我的出生地是卡帕多西亚，这你是知道的。

**记者：**

你是卡帕多西亚三大教父之一，出生地自然就是卡帕多西亚。

**格里高利：**

我的家庭是一个信仰基督教的贵族家庭，母亲是凯撒利亚的艾米莉亚（Emmelia of Caesarea），父亲老巴西尔（Basil the Elder）是一位雄辩家。

**记者：**

据说你有9个兄弟姐妹？

**格里高利：**

是的，我有 9 个兄弟姐妹。年幼时，我在家里接受教育。

**记者：**

那谁是你的老师呢？

**格里高利：**

母亲和姐姐就是我的老师。此后，我到了正规的学校继续我的学业，攻读古典文学、哲学还有医学。

**记者：**

你后来成为主教，成了一位神职人员，但据说你一开始的职业选择并非如此，是吧？

**格里高利：**

是的，我起初希望做一份非宗教性的职业，但终究还是没有离开主的怀抱，成了尼撒（Nyssa）的主教。

## 二、“灵意解经”最靠谱

**记者：**

你们三位卡帕多西亚教父中，巴西尔是领袖级的人物，你与他有何不同？

**格里高利：**

其一，他只研究自然，没有研究人，而我不同……

**记者：**

你是说你不仅研究自然，还研究人。

**格里高利：**

是的。其二，我们的解经方法不一样。巴西尔遵循的是“历史—文法”解经，从文字到文字，《创世六日》最具典型。我则使用了灵意解经，立足寓意，不拘泥文字的表面意义，这一点在我的《摩西的生平》（参见［古罗马］尼撒的格列高利：《摩西的生平》，石敏敏译，生活 · 读书 · 新知三联书店 2010 年版）中表现得最为明显。

**记者：**

在我印象中，“历史—文法”解经与灵意解经的争论在你之前就存在了。

**格里高利：**

是的，在教会建立初期，以奥利金为首的亚历山大学派所持的就是灵意解经的原则，而安提阿学派则坚持“历史—文法”解经，两派常常争得不可开交。不管别人怎么看，我认为解读基督教的经典不能就文字谈文字，而应该从其内在的寓意进行研究，否则要我们学者干什么？

## 三、人的独特性

**记者：**

根据《创世记》的记载，在上帝创造人之前，宇宙万物就已经被上帝造好。那么，在宇宙中最后出现的人是否是处于最低等的位置呢？

**格里高利：**

我不这么认为。在我看来，人最后出现，恰恰说明人的高贵以及对其他事物的支配权和统治权。

**记者：**

你这么说的理由是什么？

**格里高利：**

第一，人最后才产生，是因为他是地上之王。人就像国王一样，在造物主没有准备好他所统治的事物之前，他是不会出现的。一旦造物主在世上为“人”这位国王准备好许多奇妙的事物，他也希望人来欣赏它们，希望人能够通过这种方式认识到造物主本身的伟大。

**记者：**

如此说来，人似乎成了上帝请来的客人，当主人没有准备好丰盛的食物时，是不会请客人落座的。

**格里高利：**

是这样的啊！

**记者：**

还有什么理由？

**格里高利：**

第二，上帝创造人的方式，表明人的本性比其他事物的本性更高贵。

**记者：**

从何说起呢？

**格里高利：**

你看，上帝在创造其他事物时，或者是瞬间创造的，如宇宙及其组成部分；或者是根据一个命令来创造的，如日月星辰、空气、大地以及海洋等。

**记者：**

难道上帝在创造人时不是这样？

**格里高利：**

是的。上帝在创造人时，首先是准备材料，然后再根据自己的完美形象来创造人，这表明在人形成的过程中就已经蕴含着人的高贵性。

**记者：**

还有什么理由呢？

**格里高利：**

第三，人所具有的能够寻求上帝的灵魂表明了人的高贵性，因为造物主赋予人的灵魂远远不同于低等事物的本性，而是使其与上帝的本性相契合。

**记者：**

那是不是说其他物种的灵魂与人的灵魂不一样？

**格里高利：**

是的。人的灵魂的显著特征就是它是自己的主人，为自己的意志所支配，因而它是自治的。最后一个理由就是，尽管从表面上看，最后形成的人由于没有任何自然武器和遮盖物而成为最容易受到攻击的可怜的存在物，但他却善于借助各种动物来为自己服务。

**记者：**

人虽然弱小，但他能够驾驭比他要强壮得多的物种。

**格里高利：**

就是这个意思，这一点足以表明人对其他事物具有绝对的统治权。

## 四、人的直立行走表明人具有向上的高贵性

**记者：**

人的高贵除了你刚才说的几点，还有别的理由吗？

**格里高利：**

人能够直立行走，就是原因。

**记者：**

如何理解？

**格里高利：**

人用双脚站立，就可以把手解放出来为理性服务。我们运用手来书写以表达自己的思想，从某种意义上看，就是借助手来交谈，即用文字的方式使思想得以传递和保存。

**记者：**

希腊哲学家阿那克萨戈拉在述说人和野兽之间的差异时说："正是有了双手，才使得人成为最有智慧的生物。"

**格里高利：**

正是此意。

## 五、人作为上帝的形象

**记者：**

《旧约·创世记》在描述上帝造人时写道："上帝说：我们要照着我们的形象、按着我们的样式造人，使他们管理海里的鱼、空中的鸟、地上的牲畜和全地，以及地上所爬的一切昆虫。"（《创世记》1∶26）

**格里高利：**

是这么写的。

**记者：**

如何解读？

**格里高利：**

人拥有神的形象，正是人的神圣之处。

**记者：**

你的这种说法与古希腊学者的说法似乎不一样。

**格里高利：**

是的，古希腊学者说人是一个小宇宙。但是，如果认为人是一个小宇宙，也是由构成宇宙的水、土、火、气四大元素构成的，那么就会把蚊子和老鼠的特性也赋予人，因为它们也是由四大元素构成的。

**记者：**

你的意思是说，人不可能是一个小宇宙，不可能是一个自然的存在物。

**格里高利：**

是的。人是伟大的，这并不是因为他与被上帝所创造的世界相似，而是因为其与造物主的本性相似。具体来说，就是人有像神一样的心灵和理性，这使人可以根据自己的喜好来决定自己的事情。

## 六、人与神从基础上是不同的

**记者：**

人是神按照自己的形象创造的，因此人与神具有相似性，但相似性并非等同性，是吧？

**格里高利：**

是的。人与神相似，但这并不是说人与神完全等同。

**记者：**

既然他们之间仅仅是相似的关系，那么他们的差异是什么？

**格里高利：**

上帝是自生而非被造的，但人是被造的；上帝的本性是不变而始终如一的，而人的本性若没有变化，就根本不会存在，因为他被上帝创造出来就经历了从不存在到存在的变化过程。

**记者：**

也就是说，人与上帝从本质上是不一样的。

**格里高利：**

是的。尽管人与上帝有许多共同的特征，但从根本上来说，他们的基础是不同的。作为神的形象的人仍是自然界的一部分，与神分属于不同的世界。

## 七、人是身心的复合体

**记者：**

你一会儿说人与上帝相似，一会儿说人与上帝不同，那在你看来，人到底是一种什么东西呢？

**格里高利：**

人是上帝的形象，这蕴含着双重含义：一是人与上帝相似，二是人与上帝相异。人的本性位于无形的神的本性与非理性的生物的本性之间，是这两者的复合。一方面，我们可以在人身上看到其与上帝相似的部分：理性和理智元素；另一方面，我们也可以在人身上看到其非理性的部分：身体的形式和结构等。

**记者：**

似乎人就是神灵与普通动物的结合体，就是身体与灵魂的结合体？

**格里高利：**

灵魂与身体是统一的，没有无灵魂的身体，也没有无身体的灵魂。

**记者：**

有人说，灵魂先于身体而存在，你如何看？

**格里高利：**

这是奥利金主义的灵魂观，其主张灵魂在与身体结合之前是完全与善相结合的，而正是由于与善的分离，才使灵魂进入身体之中。这种观点的错误在于它导致灵魂轮回、灵魂在情感支配下变得日益邪恶直至不存在。

**记者：**

也有人说，身体先于灵魂而存在，你如何看？

**格里高利：**

此种观点认为从时间顺序来看，上帝在创造人时首先创造出来的是人的身体，然后才赋予身体以灵魂，因此身体比灵魂更高贵。这一观点的错误之处就在于它会贬低人的理性和人在宇宙中的地位。人是一个包括灵魂和身体的整体存在，既然人的存在原因只有一个，那么人的身体与灵魂的存在也应该源于此。如果认为身体先于灵魂而存在，或者是灵魂先于身体而存在，那就意味着一个人既先于他自己而存在，又后于他自己而存在。

## 格里高利简传

尼撒的格里高利（Gregory of Nyssa，公元335—394年），古罗马神学家、哲学家，出生于一个信仰基督教的贵族家庭，家族内有五人被尊为圣人。年幼的格里高利在家中接受母亲和姐姐的教育，之后他在凯撒利亚继续学业，攻读古典文学、哲学、医学。格里高利是凯撒利亚的巴西尔之弟，与巴西尔、纳西盎的格列高利并称为卡帕多西亚三大教父，他们共同为基督教的两大传统之一——希腊传统（另一传统是希伯来传统）立下了神学典范。他曾参与君士坦丁堡会议，对“三位一体论”和灵修神学贡献甚大。

372年，格里高利成为尼撒地区的主教，在大巴西尔和罗马帝国东部皇帝瓦伦斯去世之后，他成为尼西亚派的主要领袖之一，并因其坚持《尼西亚信经》所体现出来的教义思想以及为传播基督教信仰所作出的贡献而受到后世的称颂。格里高利最重要的三本著作是《论三一神》《非三一神论》《驳欧诺米》。

# 第十三章 论政教关系

## ——对话安布罗斯

## 引 子

安布罗斯是与奥古斯丁、哲罗姆、教皇大格里高利齐名的基督教思想家。观其一生，我们的主人公积极参加宗教政治实践，同时又积极完善基督教神学理论。可以说，安布罗斯是同时在这两大方面都作出突出贡献的第一位拉丁教父。需要特别说明的是，鉴于安布罗斯关于政教关系的理论在其理论体系中具有特殊的价值，且对其后西方基督教世界的政治实践产生了持续性的影响，本次对话也将重点介绍这方面的情况。让我们走近安布罗斯。

## 一、高卢总督之子

**记者：**

据说你的父亲是一位高官，是吗？

**安布罗斯：**

是的。我340年出生在特里夫斯（Treves，今德国境内），我的父亲奥勒留·安布罗斯（Aurelius Ambrose）大约于337—340年任罗马帝国驻高卢总督。可惜……

**记者：**

怎么啦？

**安布罗斯：**

可惜我父亲英年早逝，早早结束了本该越来越辉煌的政治生涯。

**记者：**

父亲去世以后，你们母子将如何生活呢？

**安布罗斯：**

母亲带着我们三个孩子去了罗马。

**记者：**

为什么去罗马呢？

**安布罗斯：**

因为我们在罗马有很多亲戚和朋友。

**记者：**

原来如此。

**安布罗斯：**

我们的那些亲戚大多属于上层贵族人物，当时的罗马贵族传统上非常重视文化教育，社会上文化气氛浓厚。

**记者：**

相信这对你的早年教育肯定很有好处。

**安布罗斯：**

是的。我从小就很熟练地掌握了希腊语，这对我的助益无疑是巨大的。

## 二、不要当一名法官，而要当一名主教

**记者：**

据说年轻时你就立志要当个政治家？

**安布罗斯：**

我的亲戚们在政府中工作的很多，受他们影响，我也希望将来能在政府中谋得一个好职位。

**记者：**

你如愿了吗？

**安布罗斯：**

我从学校毕业后就继承父业，在政府部门从事文职工作。

**记者：**

你后来官居何位？

**安布罗斯：**

360年，我与我哥哥萨提洛斯（Satyrus）一道在西尔米乌姆（Sirmium，今塞尔维亚的斯雷姆斯卡·米特罗维察）做辩护律师。370年，我被任命为利古里亚（Liguria）和以米里亚（Emilia）的总督，驻节米兰。

**记者：**

当时你才30岁吧，可谓春风得意啊！

**安布罗斯：**

意大利总督普洛布斯（Probus）在我赴任前对我说："去吧，不要当一名法官，而要当一名主教。"

**记者：**

你为什么要提到意大利总督的这句临别赠言呢？

**安布罗斯：**

我后面的生活被这位总督说对了。

**记者：**

有意思。说说你后来是如何当上主教的吧。

**安布罗斯：**

这得从米兰的宗教教条之争说起。

**记者：**

好啊。

**安布罗斯：**

米兰有意大利第二首府之称，当时的米兰主教是奥克森修（Auxentius），他由皇帝君士坦提乌斯亲自任命，此人也是帝国西部阿里乌派的首领。

**记者：**

阿里乌派就是反对"三位一体"学说的宗教派别吧？

**安布罗斯：**

是的。奥克森修既强烈反对人们把他称为阿里乌派，又拒绝承认《尼西亚信经》，不支持尼西亚信徒。他努力避免有关教条的争论，以维护他的宗教权威。

他的反对者们都认为他是一个落后保守的人。

**记者：**

你是执政官，如何处理好与主教的关系很重要啊。

**安布罗斯：**

当然。在个人信仰方面，我必须谨慎。

**记者：**

我关心的是你本是一个执政官，怎么又担任了主教的职务呢？

**安布罗斯：**

374年，奥克森修主教去世，尼西亚派认为时机已经成熟，属于他们的时代已经到来，所有的异端邪说终于到了应该消失的时候了。然而，奥克森修的追随者们仍在进行不懈的斗争，这导致教会内矛盾十分尖锐，竞选主教随时都可能引发一场骚乱。

**记者：**

你是不是因为妥善处理了两派的纠纷而被皇帝任命为主教？

**安布罗斯：**

纯属巧合。

**记者：**

怎么讲？

**安布罗斯：**

为平息两派的矛盾，维护教会内部统一，我去教会平息事态。正当我进入教堂去与基督徒们谈话时，一个孩子突然尖叫起来："安布罗斯当主教！"于是在场的基督徒，无论属于阿里乌派，还是属于尼西亚派，都齐呼"阿门"表示同意。这些人把那个孩子的声音当成了神的旨意。

**记者：**

你就这样当上了主教？

**安布罗斯：**

信不信由你。当时的我虽然皈依了基督教，但还没有受过洗礼。此外，因为我是帝国的政府官员，没有政府的同意，一名执政官是不可能接受这个职位的。

**记者：**

报告帝国政府不就行了吗？

**安布罗斯：**

是的，我要求把就职仪式推迟一段时间，以待政府的批准。后来罗马皇帝瓦伦提尼安（Valentinian）赶到米兰批准了对我的任职。我那年35岁，由此结束了政治生涯，成为米兰大主教。

**记者：**

据说从此以后你便以一个基督徒的标准严格要求自己，过上了一个基督教神职人员的生活。

**安布罗斯：**

是的。我把自己的财产全部变卖后捐给了穷人，只为终身不嫁的妹妹留了一份抚养金。我从来不接受参加宴会的请帖，每天晚上大部分时间都用于祈祷、学习《圣经》和希腊教父的神学著作，白天则用于布道活动。

**记者：**

米兰少了一位执政官，却为基督教世界贡献了一位伟大的思想家。

**安布罗斯：**

谢谢！

## 三、为恢复尼西亚正统信条而战

**记者：**

史料说，你骨子里是正统的尼西亚派。你是如何既能平衡各派之间的关系，又能一步步把《尼西亚信经》推到主位上的呢？

**安布罗斯：**

这是一门艺术啊。

**记者：**

请分享一下。

**安布罗斯：**

就职后，我做的第一件事就是庄严地接回前任主教狄奥尼修（Dionysius）的遗骨，并进行隆重的安葬。狄奥尼修是正统的尼西亚派，在遭到流放的途中不幸去世。

**记者：**

此举表明同情和支持《尼西亚信经》。

**安布罗斯：**

是的。

**记者：**

那你如何处理那些具有阿里乌主义思想的人呢？

**安布罗斯：**

我明确表示愿意保留奥克森修任主教时期的全体神职人员，这避免了矛盾和分歧的进一步加剧，有利于形势的稳定。

**记者：**

平衡战略搞得不错嘛。效果如何呢？

**安布罗斯：**

效果非常好！方方面面都支持我的工作。

**记者：**

你的政治能力的确很突出，难怪几年后你便成为帝国西部首屈一指的主教。

**安布罗斯：**

作为一名主教，我时时刻刻不能忘记弘扬《尼西亚信经》。只要一有机会，我就会有所行动的。

**记者：**

具体是如何做的呢？

**安布罗斯：**

我利用一切机会积极培育尼西亚派的势力，逐步遏制异教和异端的发展。例如，我通过策划在西尔米乌姆举行的主教竞选，使正统派的人当上了主教，并重新确认了《尼西亚信经》的有效性，从而使正统派在该地区取得了绝对的统治地位。

**记者：**

哥特人打败了罗马军队，接管了整个巴尔干地区，你是如何应对的呢？

**安布罗斯：**

哥特人大部分是异教徒，尽管阿里乌主义者乌尔菲拉（Ulfilas）使哥特人在很大程度上改变了信仰，但并没有使他们变成正统的基督徒。

**记者：**

你是如何做的呢？

**安布罗斯：**

为了遏制阿里乌主义，防止其死灰复燃，我把有关信仰的著作献给年轻的皇帝格拉提安（Gratian），他也主动向我请教有关宗教和政治方面的问题。

**记者：**

赢得统治者的支持至关重要。

**安布罗斯：**

是的。让我更加高兴的是，这时东部皇帝狄奥多西一世（Theodosius Ⅰ）也开始信仰《尼西亚信经》。他在君士坦丁堡召开了东部宗教大会，在这次会议上，曾在尼西亚会议上提出的“三位一体”神学体系最终完成，尼西亚派在东部一统天下。

**记者：**

你也影响了这次会议吧？

**安布罗斯：**

是的。与此同时，我在阿奎莱亚（Aquileia）召开了西部宗教大会。按照事先的计划，那些顽固坚持阿里乌主义、拒不承认《尼西亚信经》的人在这次大会上受到了指控，并由政府出面解散了他们的教会。至此，奉行尼西亚主义的正统教会在我们西部也终于大获全胜了。

## 四、提出标准的“三位一体”理论

**记者：**

你是一位神学家，我看也是一位政治家，你特别善于利用政治力量来实现宗教思想的统一。

**安布罗斯：**

其实，靠政治和武力来推行思想与宗教的统一弊端很多。

**记者：**

怎么讲？

**安布罗斯：**

思想的冲突只有靠思想才能解决，宗教的冲突只能靠宗教来解决。要想结束分歧，实行宗教统一，就必须以一种稳定、系统的神学理论为基础。单靠政治力量，或者说以武力的方式，是不能最终解决信仰问题的。

**记者：**

那就要投入巨大精力完善神学理论了。你在理论上做了哪些研究呢？

**安布罗斯：**

我的理论还是从批判阿里乌主义着手的。

**记者：**

根据我的理解，阿里乌派在理论上坚持等级服从论，即坚持子从父而来，圣灵从子而来，所以父高于子，子高于灵。他们认为父与子是有区别的，不论在神的本体上或者在神的位格上，神总是“一”，即神及其性质总是不可分割的。神是自我存在、无始无终和永恒的。子是从“无”才开始有的，是神从“无”中创造出来的。有一个时期，子并不存在，他是在时间内为神所创造的。在时间上，他不像神那样是永恒的；神之子在智慧和知识上是日益增长的，可见他也是变化的；因此，子低于父。

**安布罗斯：**

并不尽然。尽管阿里乌派把子抬高到神的第一创造物的高度，但其本质上否认了子是神这一基本的基督教信条，而这恰恰是我所坚决反对的。

**记者：**

那你的观点呢？

**安布罗斯：**

神有圣父、圣子、圣灵三个位格，但这种区分不是实质的区分，而是形式的区分，不是能力的区分，而是现象的区分。三个位格是同本质、同权能、同尊荣，他们是原生、永恒、不变的，其各方面的特征都永远彼此联结。

**记者：**

这是标准的“三位一体”理论嘛。

**安布罗斯：**

这些理论一旦成立，信仰就成为一种简单的公式和规范，任何基督徒对这些规范都不能做更改和变动。它们是衡量每一个信徒的尺度，服从就是正确的，不服从就是错误的。只需敬畏上帝，不必理解上帝。

## 五、在灵性事务上教权高于王权

**记者：**

王权与教权的关系，即世俗权力与属灵权力、政治主权与道德权威的关系，一直是各方关注的焦点，请说说你的观点。

**安布罗斯：**

公元 1 世纪，耶稣基督对众人说："恺撒的物当归恺撒，上帝的物当归上帝。"（《新约·马可福音》12：17）按照这句话，教会与王权应该相分离，各自保持其统辖的范围，各具有属于自己的独立性。

**记者：**

当两者出现权力冲突的时候怎么办呢？

**安布罗斯：**

世俗的皇帝是上帝在世间的"代理人"，负责处理世俗社会的事务。王权的目的是维护人类向来世过渡过程中的秩序，而罗马法便是维持这种秩序的工具。

**记者：**

当世俗权力不能胜任其职责的时候该怎么办？

**安布罗斯：**

皇帝应该依据法律和道义行事，否则就会产生不公正。皇帝犯罪时，教会必须予以谴责。

**记者：**

作为一名基督徒，你虽然没有过分贬低世俗权力的权威性，但你总的趋势是强调教会权力的重要性。

**安布罗斯：**

对于基督徒来说，教会的重要性毫无疑问。我不会放弃教会，只有我的肉体可以与教堂分离。皇帝也在教会中，而不是在教会之上，好的皇帝祈求教会的帮助。总之，在所有与精神和心灵有关的事务上，教会权力高于世俗权力。

## 六、有上帝的地方就有自由，有信仰的地方就有自由

**记者：**

你如何看待自由这个概念呢？

**安布罗斯：**

对自由这一概念的探索可以追溯到古希腊时期，柏拉图的《理想国》中就有关于自由的讨论。

**记者：**

柏拉图是如何看的呢？

**安布罗斯：**

柏拉图认为人类的理性具有至高无上的地位，由理智支配的人是自由的，由欲望支配的人是不自由的，是情感的奴隶。

**记者：**

你怎么看？

**安布罗斯：**

在我看来，人的生活可以分为灵性生活和世俗生活两部分，人类只有在灵性生活中才能获得真正的自由。

**记者：**

如何才能获得自由呢？

**安布罗斯：**

首先，真正的自由是基于虔诚的信仰，它只存在于对耶稣基督的追随与智慧的知识中。智慧的人是自由的，愚蠢的人被奴役。奴役人类的罪魁祸首不是自然，而是我们自身的愚蠢。智慧的人之所以自由，是因为他能分清善恶，不会被恐惧所征服，他的所有行为都是自由的、合宜的，他追求的是美德与纪律。同时，智慧的人对美德的遵守是自愿的，而非强制的。

**记者：**

请继续讲。

**安布罗斯：**

其次，真正的自由并无阶层的限制。奴隶和奴隶主并无差别，因为在精神生活方面，奴隶可能优于其主人。任何生活状况都不能妨碍人获得美德，肉体可以被奴役，但精神是自由的。

**记者：**

请你总结一下。

**安布罗斯：**

真正的自由必须与对上帝的信仰相关，不以上帝为核心的自由都是伪自由，有上帝的地方就有自由，有信仰的地方就有自由。

## 七、人类不是财产的所有者，而只是上帝财产的管家

**记者：**

当代的一些学者认为，对私有财产的敌意是 4 世纪教会对抗世俗世界的方式之一，也是基督教政治伦理的重要组成部分。对私有财产的贬低可以缓解贫富矛盾，构建起一套以宗教“神圣秩序”为核心的价值体系，这对巩固罗马帝国的统治、促进基督教的发展壮大作用不小。

**安布罗斯：**

言之有理。

**记者：**

《圣经》是如何看待财富的呢？

**安布罗斯：**

无论在《旧约》还是在《新约》中，都没有对整个人类的财产表现出蔑视。相反，《圣经》的多个段落肯定了人类使用上帝财产的合理性，例如《旧约·出埃及记》中的第十诫如此说：“不可贪恋人的房屋，也不可贪恋人的妻子、仆婢、牛驴和他一切所有的。”（《出埃及记》20：17）

**记者：**

核心思想是什么呢？

**安布罗斯：**

《圣经》对财产的核心观点便是：上帝创造了一切，他是一切物质财富的基

础与归宿。人类不是财产的所有者，而只是上帝财产的管家。

## 八、富人的贪欲造成了人类生活的苦难

**记者：**

你出生于富贵之家，想必一直过得很幸福。

**安布罗斯：**

是的。虽然我父亲英年早逝，但有那么多亲戚的帮助，我们照样过着不错的生活。

**记者：**

没有财富，你就不可能享受良好的教育，就不可能有那么多闲暇来从事宗教理论研究，可见财富是个好东西。

**安布罗斯：**

财富本身无所谓好坏，问题是一些人太过贪婪。《旧约·列王纪上》第21章中有这样一个故事：亚哈是以色列之王，拿伯是个穷人，前者拥有大量的财富，后者则只有一块狭小的土地。贫穷的拿伯不垂涎亚哈的财富，而亚哈却将拿伯的葡萄园据为己有。

**记者：**

亚哈是一个王，本来可以过安逸的生活，但他却不肯抑制自己的贪欲，贪图别人的田地。

**安布罗斯：**

是的。直到现在，我们身边还发生着同样的事情。一个亚哈死去，还有千千万万个亚哈出现，因此也可以说亚哈永远不会消失。

**记者：**

富人凭借优势侵占穷人的财富，确实是一个永恒的问题。

**安布罗斯：**

富人都是铁石心肠，他们早把自然赐予他们的同情心抛到九霄云外了。

**记者：**

也不全是吧。

**安布罗斯：**

绝大多数是的。这个世界是属于每个人的，无论穷人还是富人。为何单单富人能享受特别待遇呢？我们每个人在出生的时候，都是赤裸着身体，没有任何财产，但富人的贪欲造成了人类生活的苦难。

**记者：**

弱肉强食，赢者通吃，自然界也有这种现象。

**安布罗斯：**

唯有人类才如此贪婪、如此凶残。你看看，鸟类互助团结，天空中飞满了它们的同伴，牛与牛结对，马与马成群。但是，人类将自己的同伴驱逐，占有他们的财产，这就使得社会秩序越来越混乱，使上帝的神圣律法离我们越来越远。

**记者：**

也有一定道理。

**安布罗斯：**

富人拥有的越多，他想要的就越多，对金钱贪婪的欲火永不止歇。这就像爬梯子一样，爬的阶数越多，就越想往上爬，但是一旦从梯子上滑下来，就会摔得很惨，因为他违反了神圣律法，必将遭到上帝的严惩。

**记者：**

你认为人类该如何对待财富呢？

**安布罗斯：**

财产本身并无对错，但因人类的贪婪而产生的私有化却不符合人类堕落前的本性，也与上帝的律法相悖。人类应该遏制欲望，正确运用财富。

**记者：**

如何使用财富才算正确呢？

**安布罗斯：**

那就是要用自己的财产帮助那些穷困的人，使人类能更好地践行上帝的神圣律法，彼此和谐共处。

# 安布罗斯简传

安布罗斯（Ambrose，约 339—397 年），出生于今天德国境内的特里尔。他的父亲奥勒留·安布罗斯曾在罗马政府中担任要员，在 337—340 年任罗马帝国驻高卢的总督，后来遭遇不幸，英年早逝。在亲戚朋友的接济和母亲的照料下，安布罗斯自小便接受了良好的教育，精通希腊语。他和弟弟后来一起通过了罗马的法律考试，顺利继承了父亲的事业，在帝国政府中谋得了一个职位。370 年，他被选为上意大利的执政官。374 年，他担任米兰大主教。随后，安布罗斯在对抗阿里乌异端、捍卫教会独立性、维护社会公正等方面做了大量的工作。在担任米兰主教期间，安布罗斯撰写大量的神学、伦理学著作，其中对后世影响较大的作品包括《论神职人员的职责》《论基督教的信仰》《论拿伯》《论贞女》《书信集》《创世六日》《论天堂》《论寡妇》《论奥义》等。

# 第十四章　最伟大的联姻

## ——对话奥古斯丁

## 引　子

圣奥古斯丁的大名无人不晓，他不仅是基督教历史上杰出的圣徒，还被誉为带领西方在精神上进入中世纪的第一人。可就是这样一位圣人，却也有着不堪回首的经历。奥古斯丁一生有很多身份：他是一个放荡的青年，一个狂傲智巧的雄辩学家，一个误入歧途的摩尼教徒，一个敬虔的主教，一个谦卑睿智的神学家，一个寻求上帝真理的基督徒……如果你走近这位伟大的基督教思想家，浸染在其浑厚精密的哲学与神学体系中时，你会感受到他多元和丰富的思想所带来的震撼。在奥古斯丁的理论中，笛卡尔的拥趸可以发现“我思故我在”的原型，培根和波普尔的拥趸可以找到实践与实验观念的原型，加尔文的拥趸可以找到“借恩典而得救”的观念，安瑟伦的拥趸可以找到本体论证明的理论摹本……此外，用心的读者可以在奥古斯丁的著作中发现诸如关于恶的问题的两种传统解决办法，关于自由意志、关于唯意志论等伟大理论的原创性痕迹。

## 一、我并非一个坏小孩

**记者：**

古今中外写你的书可谓汗牛充栋，我都看过几十本。你传奇的一生可谓是浪子回头的典范。

**奥古斯丁：**

我对早年的经历做过忏悔，写过一部《忏悔录》。

**记者：**

据说你小时候是一个喜欢逃学、打架、偷窃的孩子，经常因为品行不端而遭到惩罚。

**奥古斯丁：**

年少无知时，我的确做过很多后悔的事，但并没有那么不堪。我可以告诉你我是如何成长的。

**记者：**

请讲。

**奥古斯丁：**

我于公元 354 年出生在北非的塔加斯特（Thagaste，今阿尔及利亚境内的苏格艾赫拉斯），父亲帕特里修斯（Patricius）是一名税吏，也是个异教徒。

**记者：**

你母亲呢？

**奥古斯丁：**

我母亲莫妮卡（Monica）也只是个普通人，但她是一名虔诚的基督徒。在母亲的影响下，我很小时就是基督教的慕道友……

**记者：**

慕道友？意思是追求真理的朋友？

**奥古斯丁：**

是的。慕道友就是仰慕某种信仰或对其感兴趣，愿意成为志同道合者的人。

**记者：**

那算不算一个基督教徒呢？

**奥古斯丁：**

仅仅是一个仰慕者，还不是基督教徒。

**记者：**

明白，那算一个预备分子吧。

**奥古斯丁：**

差不多。

**记者：**

父母对你期望很高吧？

**奥古斯丁：**

虽然我家境一般，但父母还是打定主意让我接受最好的罗马式教育。虽然我小时候调皮捣蛋，非常顽劣，但我天资聪颖，自小就表现出很好的学习天分。我7—12岁入启蒙小学，学识字和算术；12—16岁，入文法学校，学文法、诗歌和历史等；16—20岁，入雄辩术学校，学修辞和哲学。

**记者：**

看来你并非是个“混世魔王”，否则你父母是不会节衣缩食送你去学习的，你也不会对学习有那么高的热情。

**奥古斯丁：**

是的。

## 二、为什么要忏悔？

**记者：**

年少无知时谁没有调皮捣蛋过呢？这也用不着“忏悔”吧？你平生到底做过什么不好的事情，值得你去“忏悔”呢？

**奥古斯丁：**

主要还是那些与情欲有关的事情。当然，在宗教信仰上，我也一度迷信一些异端邪说，这些都是值得我去忏悔的事情。

**记者：**

可否详细说说，不说也可。

**奥古斯丁：**

但说无妨。我父母对我寄予厚望，我17岁时，他们将我送到迦太基学习修辞学，希望通过此举把我培养成为一名演讲家。你要知道，在我们那个时代，演讲家可是一种了不起的职业，社会地位很高。迦太基是当时仅次于罗马的大都市，奢靡浮华，灯红酒绿，加之父母不在身边，青春懵懂的我无人管束，便成了情欲的俘虏……

**记者：**

于是你放浪形骸，陷在了情欲之中？

**奥古斯丁：**

情欲的荆棘长得高出头顶，没有一人来拔掉它。一名迦太基女子走进了我的生活，我与她同居了，同居了整整 15 年。我们认识的第二年就有了一个孩子，是个男孩，名字叫阿德奥达图斯（Adeodatus）。

**记者：**

你的红颜知己是何许人也？

**奥古斯丁：**

这是个人隐私，无可奉告。在基督教世界，这可是一种亵渎神灵的犯罪行为，你知道吗？

**记者：**

那你与这位神秘女子结婚不就没事了吗？

**奥古斯丁：**

我深爱此女，不然我们不会在一起生活了 15 年之久。我们后来又一起去了罗马、米兰，度过了无比美好的岁月，每每想到她，我都感到撕心裂肺的痛苦。我们曾经想过一起走进婚姻的殿堂，但是我母亲无论如何都不同意。她可以默许我们在一起同居，但绝不答应我们去举行结婚仪式。

**记者：**

你分析过没有，你母亲阻止你们结婚，真正的原因到底是什么？

**奥古斯丁：**

我分析过，我们西方在这一点上与你们东方似乎没有什么不同，那就是父母都望子成龙，望女成凤。我母亲希望我走上仕途，光宗耀祖，而要在政治上出人头地，没有靠山是不可能的。因此，我母亲希望我能娶到某个达官贵人的千金，以便能攀龙附凤，飞黄腾达。

**记者：**

这种想法似乎也可以理解嘛。

**奥古斯丁：**

迫于母亲的压力，我不得不与我的初恋情人分开，她留下了孩子，返回了迦太基。之后在母亲的安排下，我与一名年龄不足我一半的女子结了婚。说实话，我与这名女子毫无感情可言，因为我们虽然名为夫妻，但实际上形同路人，聚少离多。为了排解心中的痛苦，我又与另一位女子生活在了一起。

**记者：**

你的痛苦缓解了吗？

**奥古斯丁：**

并没有。那种与日俱增的罪恶感，让我更加痛苦。

**记者：**

年轻人耽于情欲并不少见。此种纷扰源自你对暂时的有限的存在不满足所产生的内在焦虑和困惑。

**奥古斯丁：**

为了改变这种境况，我转而探求不朽的永恒，进而寻求真理，即上帝。

## 三、一度迷恋摩尼教

**记者：**

你刚才提到你曾经一度迷信一些异端邪说，是怎么回事？

**奥古斯丁：**

19 岁那年，我归信了发源于波斯的摩尼教，那是公元 3 世纪中叶波斯人摩尼（Mani）所创立的一种宗教。

**记者：**

你为何说这种宗教是异端邪说呢？

**奥古斯丁：**

一种宗教，当局说你是正统，你就是正统，当局说你是邪教，你就是邪教。

**记者：**

摩尼教的教义是什么呢？

**奥古斯丁：**

摩尼教是典型的善恶二元论的宗教，认为宇宙有光明和黑暗两大势力在斗争，善来自光明，恶来自黑暗。

**记者：**

你从小就是基督教的慕道友，为何又转信摩尼教呢？

**奥古斯丁：**

我受西塞罗的著作《霍坦修》（*Hortensius*）的影响，向往不朽的智慧，于是开始阅读《圣经》，想寻找西塞罗文中所提及的智慧。但一读《圣经》我就感到十分失望，因为当时我并没有真正意识到《圣经》的价值，只觉得其中的文字过于单纯，又缺乏哲学性的内容。当我进一步思考善恶问题时，发现基督教不能给我解释——一个全能、全知、全善的上帝，怎么会创造一个充满了这么多苦难的世界呢？此时摩尼教的善恶二元论给了我答案。

**记者：**

你又是在什么情况下发现应该抛弃摩尼教的？

**奥古斯丁：**

我虽然一度痴迷摩尼教，但现在回过头来看，我对摩尼教的接受终究还是有所保留的。摩尼教虽然声称向往光明，但没有指出明确的道路，反而很多经文中的意思造成了一些信徒偏激的行为，使这些人盲目地去追寻自己理想中的生活，甚至全然不顾个人乃至家人的生命安危。那些摩尼教的教徒似乎不把自己弄得皮包骨头就不能悟得真经，而我则不相信这些东西。我认为在任何情况下，人最基本的欲望都是应该得到满足的，否则这种教义就是虚伪透顶的东西。

**记者：**

你的这番话让我想起了释迦牟尼。在得道之前，他也苦修六年，每日仅食一麦一麻，身体变得极其消瘦，但还是没有找到真正解脱的方法。于是他放弃了苦修生活，这才逐步有了灵感，最终在菩提树下悟道成佛。

**奥古斯丁：**

我不敢妄比释迦牟尼，但我对摩尼教的那种苦修方法并不完全认可。当然，我离开摩尼教，还有别的原因。

**记者：**

什么原因呢？

**奥古斯丁：**

374 年，我在从雄辩术学校毕业后，先在塔加斯特任教，后来在迦太基教授雄辩术。我一面治学，一面教书，同时又崇奉了摩尼教共有九年。然而，我越来越开始怀疑这个教派在理智上的效能，于是去拜见了在摩尼教内颇有声望的主教福斯图斯（Faustus）。但是，这位主教在许多问题上也无法自圆其说，这让我十分失望。最终，我脱离了摩尼教，皈依了基督教。

## 四、公元 386 年，醍醐灌顶那一刻

**记者：**

在基督教世界，人们普遍把你皈依基督教视为一件无比伟大的事情。我想知道，你是在一种什么样的情况下投入了耶稣基督的怀抱？

**奥古斯丁：**

384 年，我动身前往米兰当雄辩术教授，在那里，我受到基督教米兰主教安布罗修（Ambrosius）的影响，开始接近基督教。那段时间，婚姻上的失败、对摩尼教的失望以及新柏拉图主义的影响，让我的思想斗争十分激烈。突然之间，一种奇特的灵感如闪电一般掠过我的脑海，击垮了我灵魂深处固有的那些观念，以一种难以置信的力量把我定格在了基督教这一伟大的信仰上。

**记者：**

如此神奇？

**奥古斯丁：**

就是这么神奇。我在一棵无花果树下号啕大哭，泪如雨下，幡然醒悟。经过激烈的思想斗争，32 岁的我决定离开情妇，辞去职务，隐居在一处山庄，与友人共同钻研哲学，并改信基督教。

**记者：**

我看过一幅关于你树下悟道的画……

**奥古斯丁：**

什么画？

**记者：**

15 世纪一位意大利画家弗拉·安吉利科（Fra Angelico）画的一幅画，画的名字是《圣奥古斯丁改宗》，不是全画，而是局部。画面中，你坐在一棵树下，双手捂着脸，似乎在进行着某种痛苦而悲壮的思考。从画名可以得知，那是你在经历皈依基督教的那个激动人心的时刻。

**奥古斯丁：**

是的，这个时刻对我来说太神圣了。当时我端坐在花园里，和往常一样，正在为信仰而彷徨。突然，我听到一个天使般的声音唱道："拿起来读！拿起来读！"我急忙翻开手边的《圣经》，恰是圣保罗的教诲赫然在目……我在《忏悔录》里对此做过记载，你愿意不愿意听一听啊？

**记者：**

愿意，请讲。

**奥古斯丁：**

你听：

> 我压制了眼泪的攻势，站起身来。我找不到其他解释，这一定是神的命令，叫我翻开书来，看到哪一章就读哪一章……我抓到手里，翻开来，默默读着我最先看到的一章："不可耽于酒食，不可溺于淫荡，不可趋于竞争嫉妒，应皈服主耶稣基督，勿使纵欲恣于肉体的嗜欲。"我不想再读下去，也不需要再读下去了。我读完这一节，顿觉有一道恬静的光射到心中，冲散了阴霾笼罩的疑阵。
>
> （［古罗马］奥古斯丁：《忏悔录》第8卷，周士良译，商务印书馆1996年版）

**记者：**

看来这一刻对你的信仰确实是产生了关键性的影响。

**奥古斯丁：**

是的。自此以后，我便彻底投入了基督的怀抱。

## 五、让信仰建立在理智的基础上

**记者：**

你最重要的贡献是关于基督教的哲学论证，即利用新柏拉图主义来论证基督教的教义。把神学和哲学结合起来，这是一项伟大的系统工程，促使你从事这项伟大工程的动机是什么？

**奥古斯丁：**

我这样做的动机其实很简单，就是要把基督教信仰系统化、理论化，使之建立在理智的基础上。

**记者：**

所以你用哲学来阐扬神学。

**奥古斯丁：**

罗马帝国建立后的几个世纪，是一个多种信仰与宗教并存、百花齐放、百家争鸣的时代。在这个阶段，我们基督教仍然是一个小宗派，但我们毫无疑问是最有希望的一个教派。当时已经出现了一些基督教思想家，如查士丁、克莱门、德尔图良和奥利金等人，他们已在利用古希腊的柏拉图哲学和斯多葛哲学来改造基督教，力图使之更加系统化和理智化。唯有如此，才能使基督教为越来越多的人所信仰。

**记者：**

你的意思是说，在你之前已经有很多思想家在做把基督教与希腊哲学结合起来的伟大事业？

**奥古斯丁：**

正是。在这些伟大的思想家中，普罗提诺对我皈依基督教影响最大。

**记者：**

但据我所知，普罗提诺从未提到基督教啊。

**奥古斯丁：**

没错。但是，普罗提诺的著作只要改动几个词，他就是一个标准的基督徒了。

## 六、普罗提诺：一个不能不提的人

**记者：**

普罗提诺是新柏拉图主义的奠基人，《九章集》是他的唯一一部作品，共有54篇文章。我之前也采访过他，我想知道，《九章集》中的哪些思想对你影响最大，或者说你借鉴了《九章集》中的哪些思想去完善基督教？

**奥古斯丁：**

通过对《九章集》的反复研究，我终于在普罗提诺所代表的哲学——新柏拉图主义中发现了基督教的哲学表述。基督教就是柏拉图主义，柏拉图主义就是基督教。柏拉图主义是基督教的哲学表达，基督教是柏拉图主义在信仰与权威上的另类表述。二者是金币之两面，形式虽有不同，但本质是一样的。

**记者：**

我问你的问题你还没有回答呢。

**奥古斯丁：**

《九章集》中的如下思想最让我关注：其一，是关于非物质世界是一个与物质世界完全分离的世界的观点；其二，是关于人们具有某种能使其认识神和非物质世界的精神性的知觉能力的观点；其三，是关于恶不是肯定的存在，而是一种善的缺乏的思想；其四，也是对我影响最大的，是新柏拉图主义帮助我克服了先前的怀疑主义、唯物主义和二元论，让我看到了世界的统一性而无须设想在灵魂与肉体的背后还存在着两个本原。

## 七、耶路撒冷永远第一

**记者：**

你在融合《九章集》与《圣经》的过程中，如果发现二者出现了不一致，或者说出现了矛盾，那应该以哪一个为准呢？

**奥古斯丁：**

对于这个问题，我的前辈德尔图良已经替我做了回答，我的后辈托马斯·阿奎那后来也再次替我做了回答。

**记者：**

德尔图良怎么说？

**奥古斯丁：**

德尔图良堪称“拉丁神学和教会拉丁文之父”，他平生有三句名言流传千古。

**记者：**

哪三句名言？

**奥古斯丁：**

一句是，“雅典与耶路撒冷何干？”；一句是，“异教徒与基督徒何干？”；还有一句是，“学院与教会何干？”。

**记者：**

你提到这三句话，是想表达什么意思呢？

**奥古斯丁：**

第一句话就是要回答你刚才提出的那个问题。

**记者：**

怎么讲？

**奥古斯丁：**

德尔图良说雅典与耶路撒冷不相干，他的意思是说：在信仰面前，理性是起不到任何作用的。信仰就是信仰，理性就是理性，二者是井水不犯河水。

**记者：**

德尔图良是拉丁神学的创立者，我们理应尊重他，但他如此界定理性与信仰的关系，是不是太过绝对了？绝对得有点非理性，有点荒谬不堪了。

**奥古斯丁：**

你说的这套话，德尔图良早就有应对之策了。德尔图良说，信仰就是非理性的，信仰就是荒谬的；即便是荒谬的，他也是坚信不疑的。或许正是因为信仰的非理性，正是因为信仰的荒谬，他才相信，否则他还不相信呢。

**记者：**

你赞同德尔图良的观点？

**奥古斯丁：**

德尔图良的表述确实有点极端，但其核心思想我是赞同的。理性离开信仰就不能称其为理性。没有宗教的把持，哲学也就不称其为哲学。

**记者：**

那你后辈托马斯·阿奎那又是怎么说的？

**奥古斯丁：**

他的话是这样说的：“奥古斯丁对柏拉图主义者的学说烂熟于心，一旦在他们的著作中找到任何和信仰相一致的东西时，他就予以采纳，而凡是他发现与信仰相反之处，就予以修正。”

**记者：**

可以说，你是以信仰为先，以《圣经》为本。

**奥古斯丁：**

我们为什么要掌握知识呢？掌握知识就是为了理解上帝，任何有利于我们理解上帝的知识，就是最好的知识。因此，在评估这些知识的价值时，除了必须运用哲学的角度外，还必须顾及《圣经》的原则，而且《圣经》应该是第一位的。这就是原则。如果用耶路撒冷代表《圣经》，用雅典代表希腊哲学的话，那原则就是：在任何情况下，耶路撒冷永远第一！

## 八、罗马之亡与基督教无关

**记者：**

在与你讨论哲学与宗教问题之前，我想向你请教一个问题，这个问题搁在我心中好长时间了。

**奥古斯丁：**

但说无妨。

**记者：**

罗马帝国的灭亡是世界历史上的一件大事，在罗马人民的心目中，罗马是一座“永恒之城”，雄伟而庞大，无人相信罗马会走向崩溃。

**奥古斯丁：**

是的，没有哪个罗马人相信罗马城会轰然倒塌。

**记者：**

关于导致罗马帝国灭亡的原因，不同的人看法是不一样的，甚至是针锋相对的。我看过你们西方人爱德华·吉本写的《罗马帝国衰亡史》和特奥多尔·蒙森写的《罗马史》，也看过我们东方人盐野七生写的《罗马人的故事》，发现大家对这个问题的研究远没有形成一致的意见。作为一名基督教哲学家，不知道你的观点是什么？

**奥古斯丁：**

410年，野蛮的哥特人洗劫罗马城，罗马帝国从此陷入万劫不复之厄运。对于罗马帝国的灭亡，我们这些基督徒感到万分悲痛，彻夜难眠。但是，当时一些非基督教的政客和学者却信口雌黄，说什么罗马灭亡，我们基督徒是罪魁祸首。

**记者：**

是这样的，直到今天，把罗马帝国的灭亡与基督教的传播相联系的观点依然很流行。

**奥古斯丁：**

那些人说我们基督教强调人们要尊奉上帝，服务于上帝，久而久之人们就淡化了爱国主义，这导致国家的防卫能力遭到严重削弱。因此，面对蛮族的入侵，帝国变得不堪一击，最终土崩瓦解了。

**记者：**

依照你的解释，罗马帝国灭亡的原因是什么？

**奥古斯丁：**

为了反驳人们对我们基督教的污蔑，我于413年写了一本书。

**记者：**

《上帝之城》吧？说说你的观点。

**奥古斯丁：**

就是《上帝之城》。通过这本书，我表达了我的两个观点：一个观点是，罗马之灭亡，并非基督徒企图颠覆罗马之结果，其最根本的原因在于罗马城内无处不在的暴行；另一个观点是，罗马的灭亡是上帝计划的一部分，上帝借此昭示人们必须相信上帝，必须通过建立符合上帝旨意的“上帝之城”来贬抑罪恶的“世俗之城”。

## 九、“上帝之城”与“世俗之城”

**记者：**

你的第一个观点一目了然，很好了解。但你的第二个观点，我觉得有很多说法令人费解。

**奥古斯丁：**

你可以提出来，一起探讨嘛。

**记者：**

例如，你说罗马帝国的灭亡是上帝计划的一部分，难道是上帝“计划”让罗马灭亡？

**奥古斯丁：**

就是这个意思。

**记者：**

为什么呢？你们基督徒遭受迫害300多年，付出了血的代价，才让基督教成为罗马帝国的国教。罗马帝国的灭亡给人民带来了无穷的灾难，在某种程度上也是你们理想的破灭，为什么上帝要"计划"让罗马灭亡呢？上帝意欲何为呢？

**奥古斯丁：**

这个问题很复杂，我可能需要绕点弯子才能给你说清楚。

**记者：**

没关系，请说吧。

**奥古斯丁：**

392年，罗马皇帝狄奥多西一世颁布命令，废除一切旧有的宗教，关闭一切氏族神庙，禁止一切异教活动，基督教自此成为唯一合法的宗教，开始迅猛发展。但问题是，这是一种虚假的繁荣，因为人们虽然都皈依了基督教，但很多人仅仅是浮于表面，至于他们内心到底是怎么想的，只有他们自己知道。

**记者：**

我明白你的意思，你是说人们虽然都宣布自己是基督徒，但实际上很多人阳奉阴违，是"伪基督徒"。人们虽然貌似住在一个屋檐下，但实际上分属不同的阵营。

**奥古斯丁：**

是的。我将人类一分为二，一支是依照人的标准生活的人，他们构成了"世俗之城"；另一支是依照神的旨意而生活的人，他们构成了"上帝之城"。住在"上帝之城"的人，自然会得到上帝的眷顾，而住在"世俗之城"的人虽然可以享受各种人间福利，但由于拒绝信仰上帝，这样的"城"必然不会持久。毫无节制的争斗、诉讼、战争，足以让"世俗之城"四分五裂。

**记者：**

你说来说去，是不是就是想强调罗马帝国的灭亡不是因为基督徒宣扬要敬仰上帝，而恰恰是因为越来越多的人对上帝采取阳奉阴违的态度？

**奥古斯丁：**

是的。

**记者：**

为什么会这样呢？

**奥古斯丁：**

基督教被罗马帝国统治者利用，成为其进行思想统治的工具，基督教则利用国家政权排除异己。在这种情况下，很多异教徒和一些团体为了防止遭到政府的打击和迫害，就纷纷表示信奉基督教，但其实他们对基督教是恨之入骨的。

**记者：**

入教的人越来越多，门槛越来越低，教会难免会成为一个鱼龙混杂的团体。

**奥古斯丁：**

是的。政权与信仰的愚蠢结合，导致大量异教徒涌入教会，使信仰开始变得表面化、形式化，国家里尽是口是心非的伪君子。这样的一个帝国，一旦遭遇强敌的攻伐，不立马土崩瓦解是不可能的。

## 十、一个等级化的世界

**记者：**

我们是不是扯远了，越谈越让人感到悲哀。说说你的哲学思想吧。听说在你的理论中，世界是一个等级化的世界，宛如一座金字塔。

**奥古斯丁：**

是的。在新柏拉图主义的理论中，世界也是一个等级化的世界，不同的事物处于不同的等级。

**记者：**

标准是什么？

**奥古斯丁：**

自然是事物内在的价值。拥有较高价值的事物，自然在这个世界中拥有较高的地位。

**记者：**

我们人类在其中处在什么位置呢？

**奥古斯丁：**

在说人类之前，我们先来说说上帝的位置。上帝——如同柏拉图主义中的

"善"——价值最大、最卓越、最真实，因而自然在我们的世界中处于最顶端的位置，可以俯瞰天下。

**记者：**

那我们人呢？

**奥古斯丁：**

在说我们人类之前，应该先说物质对象，也就是上帝的创造物。在我们的世界中，人是上帝的创造物的一部分。上帝在没有创造人类以前，还先创造了天使。当然，天使中有好的天使，也有堕落的天使。

**记者：**

我想知道我们人类的位置。

**奥古斯丁：**

综合来说是这样的：上帝处于世界的顶端，所有物质对象都处于比较低的位置，人则位于其间。好人比恶人位置要高一些，好的天使低于上帝而高于好人，堕落的天使则处于恶人与那些纯粹的物质性的东西之间。

**记者：**

这个世界的结构有些复杂啊。

**奥古斯丁：**

其实很简单，核心就是两个层次，一个是上帝，另一个是物质对象，也就是上帝的创造物。上帝的创造物虽然有天使、人与纯物质层次的区分，但总体来看，这些东西的价值与上帝比起来都微乎其微。究其实在性而言，只有上帝才是实实在在的存在。上帝主宰的世界，是牢不可破的。

## 十一、自由意志与被颠覆的世界

**记者：**

你刚才说上帝主宰的世界是牢不可破的，是永远如此吗？

**奥古斯丁：**

还真不是。一般来说，上帝创造了世界，理所当然地统治价值较低者，这种世界秩序是改变不了的。但是，凡事都不是绝对的，而是相对的。

**记者：**

你是说，你的世界也经常会被颠覆，是吗？

**奥古斯丁：**

是的。

**记者：**

谁竟然胆大包天，敢僭越神圣的世界秩序？

**奥古斯丁：**

只有人会这么做。

**记者：**

为什么呢？上帝创造了我们，我们却要去破坏上帝的世界，难道我们的脑后有“反骨”不成？

**奥古斯丁：**

是的，人类身上确实有一种可以被称为“反骨”的东西，这个东西就是“自由意志”。

**记者：**

那自由意志从何而来呢？

**奥古斯丁：**

毫无疑问来自人类自身。

**记者：**

如何理解？

**奥古斯丁：**

上帝创造了人类，让人类拥有智慧和自由，但上帝相信人类不会借此犯上作乱。人及其所拥有的自由意志毫无疑问是上帝创造的，但如何行使这种自由和权利，上帝则不会加以干预。因此，决定人类如何选择的力量不会是上帝。

**记者：**

那会不会是别的因素使然？

**奥古斯丁：**

别的因素无非两种：一种是比人类的灵魂更加高尚的灵魂，如那些纯洁的天使。但既然这些天使是高尚的，也就不可能“诱惑”人类去做任何不好的选择；

另一种是不如人类的灵魂高尚的灵魂，其并不具有影响人类灵魂的能量，因而也就不可能促使人类做出任何不好的选择。

**记者：**

依照你的逻辑，祸国殃民，玷污文明，颠覆世界，亵渎上帝，都是人类自由意志的结果，因此人类就应该为自己的行为负责，是吗？

**奥古斯丁：**

毫无疑问，没有任何人有义务去为人类的恶行买单！

## 十二、地狱中的灵魂

**记者：**

上帝创造了人，却又让人类拥有自由意志，而自由意志又让人类经常得意忘形，动不动就干出伤天害理、倾覆天下的事情。难道上帝创造人就是要让自己亲手创造的世界不得安宁，就是要给自己添乱吗？

**奥古斯丁：**

不，上帝创造万物都是为了善，为了正义，为了有一个和谐无比的世界，因此人类的所作所为是悖逆上帝意志的。

**记者：**

那该如何是好呢？

**奥古斯丁：**

拯救，上帝会拯救人类堕落的灵魂。

**记者：**

你是说，人靠自身是无法弃恶从善、获得拯救的，因此只能依靠上帝。

**奥古斯丁：**

是的。

**记者：**

这是十足的宿命论啊。你这是在否定人，把人类的命运完全交予上帝，人类成了上帝手中的一个玩偶。

**奥古斯丁：**

如果你是一个异教徒，鄙视上帝，藐视上帝，你就应该接受上帝的惩罚，你就得在地狱中待着，一直待到你心中的恶迹完全消除为止。

**记者：**

在你的眼中，一切不服从上帝的人都是魔鬼，都应该遭受上帝的惩罚。你或许不知道，正是因为你的这些言论，一些基督教会对那些被他们认定为不信基督的人采取了野蛮的镇压措施，有些人甚至被活活烧死。尊贵者当谨言慎行，你预料到你言论的后果了吗？

**奥古斯丁：**

我无法预料到我的思想会与骇人听闻的大屠杀联系在一起。

**记者：**

后世的一位大哲学家尼采曾经发出如此感叹："总有一天，我的名字将会和某些可怕的回忆连在一起。"

**奥古斯丁：**

我不如尼采，我没有料到这一点。

## 十三、光照说

**记者：**

刚才都扯到尼采那里去了，我们现在说点纯哲学的问题如何？

**奥古斯丁：**

随便你问什么。

**记者：**

7+3=10，这是不是真理？

**奥古斯丁：**

是的。

**记者：**

那我问你，人类是如何获得这个真理的呢？

**奥古斯丁：**

是老师教的。当你把7个萝卜与3个萝卜放在一起时，你只要数一数，就知道是10个了。但是，如果是7亿个萝卜与3亿个萝卜放在一起，你能数得过来吗？

**记者：**

数不过来。

**奥古斯丁：**

你知道柏拉图和亚里士多德是如何回答这个问题的吗？

**记者：**

不知道。

**奥古斯丁：**

柏拉图是这样说的："人是灵魂与肉体的结合体，灵魂在进入肉体之前，就已经存在并独立于肉体。"灵魂具有理智的特征，它知道很多真理，"7+3＝10"只是其中之一，而投生为人的灵魂，会不断通过回忆获得以前就掌握的真理。

**记者：**

那教育还有什么用呢？

**奥古斯丁：**

教育可以帮助你我去更早地回忆起这些真理。

**记者：**

怪论啊，怪论！那亚里士多德是怎么说的？莫非也是一番怪论？

**奥古斯丁：**

亚里士多德的看法与柏拉图完全不同。亚里士多德认为，万物背后都有着目的，也有着秩序，这种秩序就是规律，一旦被认识，这些就是知识。

**记者：**

那人类是如何发现和把握这些知识的呢？

**奥古斯丁：**

人类诉诸自己的理智，通过不断的研究和思考，自然就会发现这些规律，知识就是这么来的。

**记者：**

那你同意柏拉图和亚里士多德的观点吗？

**奥古斯丁：**

我坚决反对亚里士多德的观点，又有所保留地同意柏拉图的观点。

**记者：**

愿闻其详。

**奥古斯丁：**

还是举例说吧。我问你：如果在你的面前有一块宝石，你如何才能看见它呢？

**记者：**

我睁开眼不就看见了吗？

**奥古斯丁：**

如果是在一间伸手不见五指的房间里，你能看见它吗？

**记者：**

看不见。

**奥古斯丁：**

那怎样才能让你看见？

**记者：**

当然要有光。

**奥古斯丁：**

你说对了，要有光。《旧约・创世记》里就记载，上帝七日创世，最先创造的是光，最后创造的是人。

**记者：**

这和如何看见宝石有什么关系呢？

**奥古斯丁：**

宝石就是潜藏在人类心灵中的真理，当人的灵魂与肉体结合以后，这种真理就如同你骨头里的骨髓一样。

**记者：**

你的观点似乎与柏拉图基本一样，即认为知识先天存在于记忆之中，而不是人类通过后天学习获得的。

**奥古斯丁：**

是的。人类通过回忆等手段就可以发现真理，但这些真理处在黑暗之中，没有光，人类再聪明也是看不见的，而上帝用他的智慧之光让人类穿透黑暗去认识真理。

**记者：**

你的意思是说：光照来自上帝，没有上帝，人类就不可能发现真理。因此，归根结底，上帝才是真理的源泉，自然也是人类智慧的源泉。

**奥古斯丁：**

是的。

## 十四、三位一体

**记者：**

你把上帝置于一种至高无上的地位，似乎没有上帝一切都将灰飞烟灭。

**奥古斯丁：**

就是如此。没有上帝，世界将不复存在，人类的认识也不复存在。

**记者：**

那上帝与人的关系呢？

**奥古斯丁：**

人与上帝的关系也是一种位格性的关系。

**记者：**

你是说“三位一体”吗？人属于上帝的哪个位格呢？

**奥古斯丁：**

人类的灵魂有三个方面——存在、知识和意志，它们对应着上帝的三个位格——圣父、圣子和圣灵。

**记者：**

它们是如何对应的呢？

**奥古斯丁：**

在《忏悔录》中，我把人的灵魂分为存在、知识和意志。而在《论三位一体》中，我把人的灵魂分为记忆、理解和爱。记忆与圣父相对应，有了记忆，才有理解，才有爱。记忆是创造者，是第一动力，因此它代表着作为创造者的圣父；理解与圣子相对应，它代表着知识；爱与圣灵相对应，爱就是意志，它是把人与上帝联系起来的桥梁。

**记者：**

这些关系太复杂了，我只想知道，在你的“三位一体”中，哪个要素最重要呢？

**奥古斯丁：**

毫无疑问就是圣父，也就是记忆，它是人类存在的核心。

## 十五、走向上帝吧，关键是现在

**记者：**

所有哲学家都会思考时间和空间的问题，我想知道你是如何看待的。

**奥古斯丁：**

时间和空间都是上帝创造的，上帝在创造世界之前是无所谓时间的，只有上帝创造了世界之后才有时间，而上帝是超时间性的，上帝是永恒的。

**记者：**

如何理解时间呢？

**奥古斯丁：**

在我看来，时间虽然从理论上讲由过去、现在和未来所构成，但过去如果与现在无关，这种过去就是无意义的；同样，未来如果与现在无关，这种未来也是毫无意义的。

**记者：**

那过去在何种意义上才能对现在有意义呢？未来在何种意义上才能对现在有意义呢？

**奥古斯丁：**

过去的时间和将来的时间，都是以现在的方式存在着的。过去之所以对现在有价值，是因为过去可以使现在的我们去回忆、去追思、去总结；未来之所以对现在有价值，是因为未来可以使现在的我们去期待、去预测、去幻想。如果一种过去或者未来与现在的我们没有什么关系，那它们都是绝对的虚无，都是毫无价值的。

**记者：**

你的时间观是主观主义的一种极端的形式。在哲学上对时间做出如此解释的，恐怕只有你一个人了。你是一位基督教哲学家，我想知道，你的时间观与你的宗教观有关系吗？

**奥古斯丁：**

当然。我的理论的核心是强调现在，不管我们做什么事情，都不应该把我们的精力放在过去，也不应该把我们的精力放在未来。只有将我们全部的精力和时间集中侍奉上帝，才是真正有意义的生活。

**记者：**

因为在上帝那里，没有过去和将来，只有永恒的现在。

**奥古斯丁：**

是的，走向上帝吧，关键是现在。

# 奥古斯丁简传

圣奥勒留·奥古斯丁（Saint Aurelius Augustinus，354—430年），古罗马神学家、哲学家。奥古斯丁出生于罗马帝国北非努米底亚省的塔加斯特，371年在迦太基的修辞学校读书时成为摩尼教追随者。从修辞学校毕业后，他先在迦太基、后到罗马和米兰教授修辞和演讲术。其间，他受米兰主教安布罗修的影响而脱离摩尼教，后受新柏拉图主义的影响于386年皈依基督教。此后他回到北非的家乡，隐居三年之后被教徒推选为省城希波教会的执事，395年升任主教。在任职期间，他以极大的精力从事著述、讲经布道、组织修会、反驳异端异教。他在晚年目睹了汪达尔人的入侵，死于希波城沦陷之前。

奥古斯丁的主要贡献是关于基督教的哲学论证，他借用新柏拉图主义的思想服务于神学教义，为人们认识上帝的绝对权威奠定了基础。奥古斯丁是教父哲学的集大成者，他的著作堪称神学百科全书，主要著作有《忏悔录》《上帝之城》《论三位一体》《论自由意志》等。

# 第十五章　哲学的慰藉

## ——对话波埃修

## 引　子

奥古斯丁去世后，罗马帝国在异族的冲击下轰然倒塌，欧洲由此进入了中世纪，也进入了文化凋零的“黑暗时代”。这一时期，最值得提及的哲学家是西方的波埃修和东方的伪狄奥尼修。我们的主人公波埃修出身罗马望族，一度官至宰相，又被称为“古罗马最后一位哲学家”和“中世纪第一位经院哲学家”。波埃修虽然是一位天主教徒，但当他面临死亡时，所期盼的并非来自宗教方面的心灵寄托，而是来自哲学方面的慰藉。人们记住波埃修，并非因为他是一位杰出的政治家，而是因为他的传世名著《哲学的慰藉》。人因思想而伟大，人因思想而永恒！让我们走近波埃修。

## 一、出身官宦之家

**记者：**

在哲学家和思想家中，你算官当得最大的了。

**波埃修：**

我生于480年，那时西罗马帝国已经灭亡，意大利处在以狄奥多里克（Theoderic）为首的东哥特人的统治之下。从510年起，我在东哥特王国担任执政官，也就是最高行政长官。

**记者：**

那就是官至宰相，可谓“一人之下，万人之上”了。

**波埃修：**

在罗马帝国时期，执政官更多的是一种荣誉性的头衔。就政治而言，我不能算不成功，不过我的一生最终也是毁在政治上，连命都丢了。

**记者：**

后悔吗？

**波埃修：**

人生没有后悔药，我没有什么后悔的。

**记者：**

不过，后人记住你，恰恰是因为你在狱中等待处决的过程中写的那本书《哲学的慰藉》（*De Consolatione Philosophiae*）。

**波埃修：**

你是说我因为这本书而名垂青史？果真如此，那也就值了。

**记者：**

罗马帝国是如何分裂和灭亡的呢？

**波埃修：**

395 年，罗马皇帝狄奥多西一世（Theodosius Ⅰ）在逝世前将帝国分给两个儿子继承，罗马帝国由此分裂为东、西罗马帝国。此时日耳曼人、斯拉夫人、凯尔特人等蛮族已经崛起，不断冲击着摇摇欲坠的罗马帝国。410 年，日耳曼人的一支西哥特人在领袖亚拉里克（Alarich）率领下进入意大利，攻陷了罗马城，在西罗马帝国境内建立了西哥特王国（今西班牙位置）。此后，罗马军队的实权逐步落入蛮族之手。476 年，一位名叫奥多亚克（Odoacer）的日耳曼人首领废黜了西罗马末代皇帝罗慕路斯·奥古斯都（Romulus Augustulus），自立为王，自此西罗马帝国覆灭，意大利成了西哥特王国的一个省。

**记者：**

你刚才说你曾任东哥特王国的执政官，东哥特王国是何时建立的呢？

**波埃修：**

东哥特人在西罗马帝国灭亡后迁入意大利，狄奥多里克于 493 年建立了东哥特王国。

**记者：**

一些史料说，你之所以能在狄奥多里克王朝的政治舞台上如鱼得水，与你的家庭出身有关，是不是？

**波埃修：**

可以这么说。我成长于一个有权位的罗马贵族家庭中，7 岁时我父亲成为执政官，但不久后他就去世了……

**记者：**

童年丧父是人间最大悲剧之一！

**波埃修：**

是的，但我的命还算不错。我遇到了一个好人，他就是前任执政官叙马库斯（Symmachus）。叙马库斯收养了我，把我抚养长大，让我获得了极为全面的、以罗马文学与希腊哲学为主的教育，并把他的女儿鲁斯蒂奇亚娜（Rusticiana）许配于我。在岳父的关照下，我后来成为执政官，而且我的两个儿子也随我被任命为高级官员，他们还在 522 年一并成为执政官。

**记者：**

一门三代都官拜宰相，可谓风光至极了。

**波埃修：**

政治从来都是危险的游戏。实际上我后来被控犯有叛国罪，于 524 年遭到了处决。

**记者：**

伴君如伴虎，在动荡的欧洲中世纪早期尤其如此啊。

**波埃修：**

我只是致力于修复东西教会之间的关系，没想到却落得如此下场。

## 二、《哲学的慰藉》的由来

**记者：**

我们中国有句古话，叫“成也萧何，败也萧何”。

**波埃修：**

什么意思？

**记者：**

意思是，人在一生中往往会因为一个人或一件事而飞黄腾达，也可能因为同样的一个人或一件事而身败名裂。

**波埃修：**

明白了。你是说东哥特王国皇帝狄奥多里克的支持和我政治上的成功让我一生衣食无忧，也给了我那么多闲暇读书和写作，但我最终也因此而丧命。

**记者：**

为何你遭此横祸呢？

**波埃修：**

因为我卷入了东西方教会和政治势力之间的纷争。

**记者：**

请说说细节。

**波埃修：**

东哥特人信奉的阿里乌教派，即认为基督是被造物，不是神，而我是“三位一体”教义的辩护者。正是由于这种教义立场的不同，皇帝对我心存嫌隙。后来有人怀疑我给东罗马帝国皇帝查士丁一世（Justin Ⅰ）偷送了一封密件，劝他进攻东哥特王国，推翻当时阿里乌教派的统治，我因此被控叛国。

**记者：**

东罗马帝国也就是拜占庭帝国，那里信奉“三位一体”的正统教派。那么你到底写了这封信没有？

**波埃修：**

那完全是一个莫须有的罪名，皇帝想除掉我，我写没写信，其实已经不重要了。

**记者：**

如果没有这段经历，或许就没有你的传世名著《哲学的慰藉》。

**波埃修：**

或许是吧。我就这样被判处死刑，在执行死刑之前那段时间，我被囚禁在帕维亚（Pavia）的一个塔中。因为确实无事可干，我便写了那本书。

**记者：**

人间少了一位杰出的政治家，但多了一位伟大的哲学家和思想家。你的永恒与你的政治家身份无关，唯有思想才是永恒的！

**波埃修：**

我希望古希腊的哲学思想能永远传下去。

## 三、哲学女士

**记者：**

你即将被处以死刑，还能静下心来写书，这种定力不简单。

**波埃修：**

哲学的慰藉，是我的定力之源。

**记者：**

一个基督教徒，不是去从上帝之爱中获得慰藉，而是希望通过哲学来获得心灵上的慰藉，有意思。希望你能介绍一下你的《哲学的慰藉》。

**波埃修：**

好的。我的《哲学的慰藉》共有5卷，是一部交替着散文和诗句的关于人生思辨的哲学著作。在书的一开始，我就描述了一位高个子女士到监狱看望我的过程。

**记者：**

这是一位什么样的女士？

**波埃修：**

这位女士一脸威严，目光如炬，她的肌肤圆润而有光泽，她的服饰华贵但显得陈旧。

**记者：**

她就是你所说的“哲学女士”？

**波埃修：**

是的。这位女士的衣服上绣着图案，下摆是希腊字母P，上沿是希腊字母T，它们的意思是哲学的实用（Practical）方面和理论（Theoretical）方面。在这两个字母之间有一个梯子，代表我们可以从低到高攀升。

**记者：**

有意思。这位“哲学女士”前来做什么？

**波埃修：**

正当我怪罪诗神对我的悲叹充耳不闻，将满腔怨恨诉诸笔端之时，“哲学女士”呵斥走了那些想帮我遣词造句、抒发情感的诗神，并亲自吟诗来安慰悲伤痛苦的我，引导我思考真福和命运。

**记者：**

你是用这位女士来代表哲学，寓意唯有哲学才能抚慰你那颗正在滴血的心脏。

**波埃修：**

是的。

## 四、弃绝情欲，方得永生

**记者：**

你在著作中千方百计为自己进行辩护，在你看来，你为什么遭受那么大的嫉恨，以至于人们都想置你于死地？

**波埃修：**

全是因为政治。

**记者：**

我估计也是的。

**波埃修：**

苏格拉底亲自参与政治，柏拉图鼓励人们参与政治，我是听了柏拉图的教诲才参与政治的。我正是因为参与政治，才遭受与苏格拉底一样的悲惨命运。

**记者：**

那“哲学女士”是如何给你安慰的呢？

**波埃修：**

“哲学女士”安慰我说，你并不是第一位受难的哲学家，苏格拉底曾在雅典殉难，塞涅卡（Lucius Annaeus Seneca）曾在罗马遭难，就是她自己也曾被肆无忌惮地凌辱。

**记者：**

她自己也曾经遭受凌辱？

**波埃修：**

是的。“哲学女士”说她衣衫华贵却陈旧，就是因为遭受伊壁鸠鲁学派和斯多葛学派的绑架……

**记者：**

你这是寓意真正的哲学要经历一番与各种各样的伪哲学的搏斗才能去伪存真。

**波埃修：**

是这个意思。

**记者：**

如何应对邪恶的凌辱呢？

**波埃修：**

“哲学女士”要我记住：即使邪恶之徒得势，世界也不会受肆虐的偶然所左右，而是在神道（divine reason）的掌控之下。她还让我记住一首诗句，她说这就是她身上被斯多葛学派撕下的一块布。

**记者：**

请把诗念给我听听。

**波埃修：**

诗句是：

快乐你必须放弃，
放弃的还有恐惧。
悲哀全都会消失，
希望带不来欢愉。

## 五、不幸可以使人自知

**记者：**

你遭受如此大的不幸，你不感到遗憾吗？

**波埃修：**

不遗憾。与存在于自身的价值相比，命运领域的事物毫无意义。我们所享受的一切，都是命运女神的馈赠，其实这些东西并不属于我们。如钱财会失去，而钱财只有在散给穷人时最有价值。

**记者：**

你这种宿命论的观点似乎就是斯多葛主义的理论。

**波埃修：**

是的。一切都是过眼烟云。命运女神曾给过我权力、荣誉和地位，对于她予以我的不幸，我也必须坦然接受。

**记者：**

顺从天命、节制欲望的确是保持我们安宁的一种方法。

**波埃修：**

是的。不幸对于人来说比幸运更好，幸运具有很大的欺骗性，因为反复无常才是命运的常态和本性。不幸还可以使人自知，可以告诉人谁是真正的朋友，什么才是最珍贵的财富。

## 六、真正的幸福不是来自外在的美好事物

**记者：**

柏拉图和亚里士多德曾经对幸福问题做了非常深入的研究，从你的著作中不难看出，你对他们的理论非常赞赏。

**波埃修：**

所谓幸福就是善，就是美好。人一旦获得善，就不再有其他欲求。

**记者：**

你在幸福与善之间画上了等号。

**波埃修：**

是的。幸福是最高贵的，它本身包含了一切的美好事物。倘若还欲求什么东西，那就不可能是幸福。因此，幸福是集所有美好事物于一体的完美状态。

**记者：**

获得财富、声望、权力也能让人获得幸福。

**波埃修：**

错！财富、声望、权力并不能满足这些条件，肉体的愉悦也不能满足这些条

件。我们必须停止在这个世界的事物中找寻幸福。

**记者：**

典型的斯多葛主义理论。那什么是最幸福的事情呢？

**波埃修：**

上帝才是一切美好事物中最美好、最完善的，而完善的美好才是真正的幸福。因此，真正的幸福只有上帝才能得到。所有被人们所追求的价值，如权力、荣誉、快乐等都是幸福被误解的形式，而这些价值都集中在上帝独一无二的美与善之中。

**记者：**

既然一切美和善都寓于上帝，那人类只有以某种方式成为神才能得到幸福，是吗？

**波埃修：**

当然是了。每一个幸福的人都是神。虽然上帝是唯一的，但没有任何事物可以阻止他的神性被人类所分享。

**记者：**

你的这些思想与柏拉图在《蒂迈欧篇》中表述的思想几乎完全一致。

**波埃修：**

你说得没错。

## 七、一个好人可以获得神性，而一个坏人只会变成野兽

**记者：**

据说你曾经向“哲学女士”提出这样一个问题：“为什么邪恶之人会得势？”我想知道，“哲学女士”是如何回答你的？

**波埃修：**

“哲学女士”给我说了这样一段话：“宇宙被理想的统治者——上帝——控制着，但是它看起来像一座房子，里面毫无价值的器皿得到了很好的照料，而珍贵的器皿却被放置在一边被尘埃蒙蔽。”

**记者：**

她的意思是说，宇宙世界，善者得不到善待，恶者不一定得到惩罚，是一种

很正常的事情。因此，恶者得势没有什么说不过去的道理。是吗？

**波埃修：**

你理解错了。

**记者：**

那如何理解呢？

**波埃修：**

“哲学女士”认为，邪恶之人得势只是表面现象，只会是暂时的。她还告诉我，行恶的意愿本身是一件不幸之事，而更为糟糕的是做了坏事却不被惩罚。

**记者：**

看来“哲学女士”对邪恶之人是厌恶至极的。

**波埃修：**

是的。“哲学女士”一再要我坚信：一个好人可以获得神性，而一个坏人只会变成野兽。

**记者：**

邪恶是邪恶的原因，邪恶是邪恶的后果。

**波埃修：**

是的。

## 八、一切都在天道的掌控之中

**记者：**

有人说，一切都在天道的掌控之中，这是否意味着一切都是命运的安排呢？

**波埃修：**

不是一回事。

**记者：**

那请你解释一下。

**波埃修：**

“哲学女士”告诉我，天道是把一切事物组织就绪的神道，而命运则是安排分散于时空中的事物之运动。命运对于事物错综复杂的安排，源自天道的简单明了。我们往往只能看到命运运作的表面失序。如果我们能看到天道设计的总体规划，就会领悟到发生的一切都是合理的，所存在的一切都是应该的。

**记者：**

你的意思是说一切都是应该的，都是必然的。那在神圣的天道掌控的世界，会不会有运气或机遇这类事情？

**波埃修：**

倘若相信哲学，那么就不会认为存在纯粹的偶然性的机遇。人的选择与机遇各不相同，然而，自由选择即使不是偶然的，也不能与预见所要发生的一切事情的上帝的存在相提并论。倘若上帝能预见一切，而且不会有错，那么在他的天道中，他所预见的事就一定会发生。

## 九、名词解释：共相

**记者：**

谈完了“哲学的慰藉”，该谈谈你关于“共相”问题的看法了。

**波埃修：**

没问题。

**记者：**

共相问题最早是由哲学家波菲利提出的，而你对其做了回答。我想请你就共相问题做一个历史性的介绍和解释。

**波埃修：**

“共相”即指事物“共同的种类”或“共同的属性”，比如“马”就是世间所有马的“共相”，而“殊相”则是指个体的马。共相问题研究的是类（种、属）与具体事物之间的关系。

**记者：**

它们之间的关系具体有哪些方面呢？

**波埃修：**

有三个问题必须研究：第一，类在自然界中真的存在，还是仅仅是我们心中的概念。第二，如果它们是实在的，那么它们是有形的还是无形的。第三，如果它们是无形的，那么它们是与可感事物相分离，还是存在于可感事物之中。

**记者：**

对这三个问题的不同回答，后来形成了唯名论和唯实论（实在论）的不同哲学流派。你是如何回答它们的呢？

**波埃修：**

关于第一个问题，如果问题在于要发现人类思想是否符合我们心灵之外的实在，那么我们很快就会发现，在我们心中的有些概念并无与之对应的外部对象。我们可以想到半人半马的怪物，但是这种人和马的结合物并不存在。或者我们也可以想到一条如几何学家所设想的那样的线，但是我们在任何地方也找不到这样的线。半人半马的怪物的概念和线的概念之间有什么不同呢？人们会说，关于半人半马的怪物的概念是虚假的，而关于线的概念则是真实的。

**记者：**

很抽象，不过我能听得懂，请继续。

**波埃修：**

我们形成概念有两种不同的基本方式，即组合（把马和人拼凑到一起）与抽象（从一个特殊的对象中抽出它的某种属性）。我想说的是，普遍的概念，例如类，是被心灵从实际的个别的事物中抽象出来的，因此是真实的概念。

**记者：**

既然共相是从具体事物中抽象出来的，而具体事物是真实存在的，因此共相也是真实存在的，是吗？

**波埃修：**

是的。共相，也就是类，存在于事物之中，当我们想到它们时，它们就变成共相了。共相以这种方式同时存在于事物和我们的心灵中，即在事物中实存，在我们的心灵中被感知。这就是我对第一个问题的回答。

**记者：**

那你如何解答第二个问题呢？

**波埃修：**

对第二个问题，即共相是有形的还是无形的，我的回答是：它们既具体地存在于事物之中，又非物质地或抽象地存在于我们的心灵之中。

**记者：**

那第三个问题呢？

**波埃修：**

关于第三个问题，我认为共相既在事物之中，又和事物分离开来而存在于我们的心灵之中。

## 波埃修简传

安尼修斯·曼利乌斯·西弗里努斯·波埃修（Anicius Manlius Severinus Boethius，480—524年），古罗马学者、政治家和哲学家。波埃修生于一个罗马贵族家庭，早年丧父，由其保护人、富有而又声名显赫的政治家叙马库斯抚养成人。他曾在东哥特王朝宫廷中任执政官，后因教义立场不同以及政治和外交因素而被控叛国，并于524年遭到处决。他在狱中撰写了《哲学的慰藉》，这是一部新柏拉图主义的作品，全篇使用诗歌和对话体的形式，其中对智慧的追求和对上帝的爱被描述为人类幸福的真正来源，也被誉为中世纪文学的杰作。波埃修还曾将亚里士多德的一些著作翻译成拉丁文并撰写评注，促进了亚里士多德学说在欧洲的传播，他编写的几何、代数、音乐和逻辑学著作则成为中世纪的教科书。

# 第十六章　论上帝与恶

## ——对话伪狄奥尼修

## 引　子

公元5世纪末到6世纪初，基督教教会中广泛流传着一些署名“狄奥尼修·阿里奥帕基塔”（Dionysius Areopagita）的著作，人们相信其作者就是公元1世纪由使徒保罗使其皈依的首任雅典主教、亚略巴古的大法官狄奥尼修，而作者本人也竭力唤起这一印象。作者之所以如此，目的是想给他的著作赋予一种神秘色彩，以引起人们的注意。他的这种伪托是极其成功的，几个世纪后人们才辨明了这些著作的真伪。因此，该作者被冠以“伪狄奥尼修”（Pseudo-Dionysius）这个名字。据现代学者考证，伪狄奥尼修可能是5世纪末到6世纪初的一位叙利亚佚名学者，一说为格鲁吉亚的彼得·伊维尔。托名狄奥尼修的这些著作试图系统地把基督教思想与新柏拉图主义予以整合，其影响巨大，评注甚多。最重要的是，这些著作是最有力的新柏拉图主义思想来源之一，新柏拉图主义哲学家们关于世界的起源、上帝的知识，以及恶的本性等问题的哲学思考无不深受其影响。让我们走近这位神秘的“伪狄奥尼修”。

## 一、“流溢说”与“创始说”的统一

**记者：**

新柏拉图主义学说的底色是泛神论，对此你似乎并不赞同。

**伪狄奥尼修：**

是的。新柏拉图主义学说坚持认为万物都是上帝“流溢”而出的动能塑造的，这必然导致泛神论，也与正统的基督教教义相抵触。

**记者：**

你虽然反对泛神论，但从你的著作中看，你的理论与泛神论相比似乎也差别不大。

**伪狄奥尼修：**

不见得吧。

**记者：**

怎么不见得？新柏拉图主义者认为，万物都是由上帝“流溢”出来的，而你说凡是存在的东西都来自上帝，感觉意思差不多。

**伪狄奥尼修：**

我确实说过类似的话。不管人们怎么看，世界都是上帝天意的产物。

**记者：**

你是说上帝创造世界是一种有目的、有意志的行为？

**伪狄奥尼修：**

我没说过这话。我只是说，上帝在他自己和人类之间设置了一个阶梯或等级，从存在物的最低等级到最高等级。

**记者：**

在这个等级中，上帝处于哪个层级呢？

**伪狄奥尼修：**

毫无疑问，上帝处在存在物阶梯的顶峰。

**记者：**

但你所说的各个层级的存在物之间的界限极其模糊，简直就没有区别；既然没有区别，那你的理论就非常接近于泛神论和一元论了。

**伪狄奥尼修：**

这个阶梯就是一束光线，每个层级的存在物都是光线的一部分，而上帝是所有被造物的目标，他以他的善和爱把万物吸引到他那里去。

**记者：**

说来说去还是泛神论。

**伪狄奥尼修：**

或许是吧。

## 二、用否定的方式认识上帝更好

**记者：**

关于认识上帝的方式，哲学家们通常认为有两种方式：一种是肯定的方式，另一种是否定的方式。你认为哪种方式更好？

**伪狄奥尼修：**

肯定的方式我不反对。当我们采用肯定的方式时，我们把通过研究被造物所发现的所有完满的属性都归于上帝。比如我们可以把善、智慧、统一等特征赋予上帝，即上帝就是善，上帝有智慧……这就是肯定的方式。

**记者：**

明白。

**伪狄奥尼修：**

尽管如此，我依然认为用否定的方式来认识上帝更好。

**记者：**

理由是什么？

**伪狄奥尼修：**

人们用肯定的方式所赋予上帝的一些特征，从本质上看应该只有上帝才能拥有，但这种方式特别容易让人们把这些特征也赋予人类自身。

**记者：**

是的。

**伪狄奥尼修：**

在绝对意义上，这些属性只存在于上帝，因为上帝毫无疑问具有所有完满的属性。与之相比，人类只能在较低的程度上具有这些属性。正因为如此，人们容易犯一些把上帝拟人化的错误，故采用排除性的方法认识上帝更实际、更科学。

**记者：**

怎么讲？

**伪狄奥尼修：**

上帝的特点正在于他没有有限被造物的那些属性。以否定的方式，就是我们通过否定那些最不可能与上帝相容的东西——比如迷醉或狂怒——来考察上帝的本性。然后，我们通过排除的方法，把各种范畴的属性从上帝的概念中除去，因为我们所知道的一切都属于被造物世界。

**记者：**

有人说，排除性的否定性方法不是把我们引向一个关于上帝的清晰的概念，而是仅仅引向一种“无知的黑暗”。

**伪狄奥尼修：**

否定性方法能够确保我们知道上帝不是什么样子，因为上帝绝不是对象，他是超越于可知事物的。

## 三、恶乃善的匮乏

**记者：**

你的一些文章否认积极的恶的存在，难道恶不是真实存在的吗？

**伪狄奥尼修：**

是的。如果恶是某种积极的东西，有某种实体性的存在，我们就会被迫沿着它追溯到上帝，把上帝当作恶的原因，因为所有的存在物都源自上帝。

**记者：**

你的意思是说，所有积极存在的东西和所有实体性的东西都是上帝的创造物，因此，如果承认恶是某种积极存在的东西或者某种实体性的东西，那么恶也就是上帝的创造物了。

**伪狄奥尼修：**

可以这么说。在我看来，存在和善是一个意思，因为凡是存在的东西都是善的，而且如果某物是善的，它显然首先必须存在。在上帝那里，善和存在是完全统一的，因此凡是来自上帝的东西都是善的。

**记者：**

你的意思是说，上帝的创造物都是善的，如此一来，恶自然就不是上帝的创造物，也就不可能是某种实体性的存在了。

**伪狄奥尼修：**

是的。

**记者：**

那恶到底是一种什么东西呢？

**伪狄奥尼修：**

恶不是某种实在的东西，而是存在的缺失，是善的缺失。

**记者：**

也有一些道理。

**伪狄奥尼修：**

恶人在他们拥有积极存在的所有意义上都是善的，只是在缺乏某种形式的存在的情况下才是恶的，特别是在运用他们意志的过程中。物质世界中丑陋和疾病被称为恶，与道德领域里的行为被称为恶，都是出于同样的理由，即它们在形式上有缺陷或者缺乏某种形式的存在。

**记者：**

说得虽然拗口，但我基本明白你的意思：黑暗是光明的缺乏，恶是善的缺乏。

**伪狄奥尼修：**

是这个意思。

## 伪狄奥尼修简传

伪狄奥尼修（Pseudo-Dionysius），真实身份无人得知，很可能是5世纪生活叙利亚的隐修士。他假托使徒保罗的门徒狄奥尼修之事在文艺复兴时期才首次被怀疑，19世纪由德国学者考证确定其著作产生自5世纪末或6世纪初。在文艺复兴之前，这些著作因为狄奥尼修的特殊地位和作品本身接近于《圣经》的风格而非常盛行，罗马教皇马丁一世更是在公元649年将这些作品认定为正统神学著作。伪狄奥尼修的著作有《论神的名字》《论神秘神学》《天国等级》《教会等级》《信件十札》等。

伪狄奥尼修将新柏拉图主义哲学与基督教神学和神秘经验结合起来，其主要成就是在《论神秘神学》中首次明确区分了肯定神学与否定神学，前者是自上而下的，把上帝看作一切的始基，认为上帝是全知、全能、至善的；后者是自下而上的，逐级否定上帝具有任何有限的性质，最终确定上帝是超越一切的存在。

# 第十七章　论自然的区分

## ——对话爱留根纳

## 引　子

我们的主人公是一位不同凡响的爱尔兰裔僧侣，他曾任西法兰克王国（后演变为法国）宫廷学校的校长，也被称为“经院哲学之父”“中世纪哲学之父”。在基督教哲学史上，教父哲学虽然在对待理性的态度上有不同的立场，但在信仰高于理性、理性必须服从信仰这一点上，这些教父的观点却是完全一致的。其中，爱留根纳第一个明确地提出信仰应当服从理性。黑格尔认为，在中世纪，真正的哲学是从爱留根纳开始的。爱留根纳坚信：为了获取真正的、完善的知识，最勤奋、最可靠的探求万物的终极原因的途径，就在于被希腊人称为哲学的那门学科之中。当然，爱留根纳的目的并不在于否定信仰，而在于使信仰具有理性，使信仰与理性高度一致。让我们走近爱留根纳。

## 一、法国国王的宫廷教师

**记者：**

有人说你名字中的“爱留根纳”（Eriugena）意为“爱尔兰之子”，你是爱尔兰人吗？

**爱留根纳：**

是的。我本名约翰·司各脱（Johannes Scotus），是爱尔兰人。我的家乡造就了我的一切，因此我以“爱尔兰之子”作为我的别名。

**记者：**

如此说来也罢。那你是如何从爱尔兰的一名僧侣成长为法国的一位伟大的哲学家的呢？

**爱留根纳：**

要说这事，就不能不提到我们的国王“秃头查理”。

**记者：**

怎么讲？

**爱留根纳：**

公元843年8月，查理曼帝国加洛林王朝的国王“虔诚者路易”的三个儿子在凡尔登（今法国东北部）签订了著名的《凡尔登条约》，把帝国一分为三，从而形成了西法兰克王国、中法兰克王国和东法兰克王国，“秃头查理”就是西法兰克王国的国王。

**记者：**

我知道这三个王国后来形成了法兰西王国、意大利王国和德意志帝国，也就是我们现代的法国、意大利和德国。

**爱留根纳：**

是的。我们的这位国王查理虽然穷兵黩武，但他对宫廷文化的发展还是非常重视的。

**记者：**

西方的很多君主在这方面确实都做得不错。这与你有什么关系呢？

**爱留根纳：**

查理成为国王之后，邀请我到巴黎讲学，后来我被他任命为宫廷学校的校长。

## 二、著作多次被查禁

**记者：**

一些史料说，在法兰西王国的早期文化生活中，你们爱尔兰人占有举足轻重的地位。原因是什么？

**爱留根纳：**

或许与我们爱尔兰人在学术和教育传统上非常重视希腊文和拉丁文有关吧。

**记者：**

一些史料说，你虽然身在宫廷，但你的思想却在体制之外。比如你的许多著作遭到查禁，有这事吗？

**爱留根纳：**

是的。未经教皇批准，我就翻译了许多新柏拉图主义的著作，这让他很不高兴，于是我的《论命运》两次遭到查禁，我的《论自然的区分》也被教皇下令焚毁。

**记者：**

可否说说具体情况。

**爱留根纳：**

我的第一本书《论命运》研究的主题与宿命论有关，其遭到查禁的情况，第一次是在瓦朗斯的主教会议上，时间大约是 855 年；第二次是在朗格勒的主教会议上，时间大约是 859 年。

**记者：**

著作被查禁，日子肯定很难受吧？

**爱留根纳：**

真正的思想家、哲学家都不可能为体制所包容，他们永远是在反对政府、反对宗教、反对所有同时代的人。书被查禁算是小事，因为有很多人还为此丢掉了性命。

## 三、真哲学就是真宗教，真宗教就是真哲学

**记者：**

信仰与理性的关系，是你们那个时代最重要的一个课题，一个人所共知的事实是：众多教父哲学家虽然在对待理性的态度上有不同的立场，但在信仰高于理性、理性必须服从信仰这一点上，他们却是完全一致的。

**爱留根纳：**

你归纳得没错。

**记者：**

但你似乎是个例外……

**爱留根纳：**

不管人们怎么说，在基督教哲学的历史上，我应该算是第一个明确提出信仰应当服从理性的人。

**记者：**

哲学是理性主义的代名词，你为什么如此重视哲学的作用呢？

**爱留根纳：**

这无须更多解释。为了获取真正的、完善的知识，最勤奋、最可靠的探求万物的终极原因的途径，就在于被希腊人称为哲学的那门学科之中。

**记者：**

你如何看待《圣经》和教父们的影响？

**爱留根纳：**

我从来不否认《圣经》和教父们的权威，但在我看来，对《圣经》只能做隐喻性的解释……

**记者：**

怎么讲？请举例说说。

**爱留根纳：**

例如把圣父理解为创造的实体，理解为一切事物的本质性，把圣子理解为上帝创造万物所遵从的理智，把圣灵理解为创造的生命或生命力。唯有这样，才能把上帝理解为“三位一体”。

**记者：**

就对于真理的追求来说，是理性更重要，还是启示更重要呢？

**爱留根纳：**

理性和启示都是真理的来源，具有同等的权威，因而是不能分离的。真哲学就是真宗教，真宗教就是真哲学。

**记者：**

完全等同吗？

**爱留根纳：**

哲学和理性更具价值。如果哲学与宗教、理性与信仰之间出现了矛盾，我们应当服从哲学和理性。

**记者：**

在获取真理的进程中，我们会经常遇到如何处理权威与理性的关系问题，你如何看？

**爱留根纳：**

即使权威产生自真正的理性，但反过来说，真正的理性从不产生自权威。因此，一切权威，只要它没有被理性所确证，就是相当软弱的。真正的理性依靠其内在的威力，而不需要任何权威的支持。

## 四、名词解释："自然"与"区分"

**记者：**

毫无疑问，《论自然的区分》是你最重要的著作。在与你交流这本书之前，想请教你书中的"自然"是什么意思？"区分"又指什么呢？

**爱留根纳：**

你不问，我也会解释这两个关键词的。

**记者：**

好的。

**爱留根纳：**

所谓"自然"，是指"存在着的一切"。

**记者：**

"存在着的一切"？如此宽泛！

**爱留根纳：**

是的，"自然"包括了上帝和被造物。

**记者：**

"区分"二字又如何理解？

**爱留根纳：**

所谓"区分"，一方面指狭义的区分，另一方面指分析。前者的意思是从较普遍的东西推进到普遍性少一些的东西。把实体区分为有形和无形就是如此。再往下，无形又分为有生命的和无生命的，如此等等。

**记者：**

逐步细化呗。那“分析”是一种什么分析方法呢？

**爱留根纳：**

分析则是把区分的过程颠倒过来，让从实体中区分出的要素又回到统一的实体之中去。

**记者：**

这个统一的实体似乎就是上帝。

**爱留根纳：**

如果上帝是终极的统一，那么事物和世界就是这个作为基础的统一所区分出的各部分。也就是说，分析是事物又返回到上帝那里去的过程。

**记者：**

那终极的存在是如何具体区分的呢？

**爱留根纳：**

仅仅只有一个真实的实在，所有别的事物都依靠它，而且都返回到它那里去——这个实在就是上帝。在自然的全部实在中，可以做出四重区分。

**记者：**

哪四重区分？

**爱留根纳：**

这四重区分是：1. 创造的而非被造的自然；2. 被造的而且创造的自然；3. 被造的而非创造的自然；4. 既非创造的也非被造的自然。

## 五、创造的而非被造的自然

**记者：**

那请你先说说第一类，即“创造的而非被造的自然”吧。

**爱留根纳：**

这种自然指的就是上帝，他是创造者而非被造者。

**记者：**

也就是终极的造物主。

**爱留根纳：**

是的。他是万物的原因，而他自身却无须被任何原因所产生。他无中生有地创造了所有被造物。

**记者：**

在伪狄奥尼修看来，我们关于上帝的知识只能是否定性的，因为我们从经验对象中得到的属性在严格意义上都不适用于上帝，上帝因他的无限性而具有一切完满性。你认为人们能用非常肯定性的语言来描述上帝的特征吗？

**爱留根纳：**

不能，所以我在一些可能用来描述上帝的词汇前加上了一个“超”字，比如我在提到上帝的特性时，经常说他是超智慧的、超真理的。

**记者：**

亚里士多德创造的一些谓词或范畴能用来描述上帝吗？

**爱留根纳：**

也不能。

**记者：**

原因是什么呢？

**爱留根纳：**

因为这些谓词都假设了某种形式的实体，例如“量”（如大小、多少、快慢等）意味着范围，而上帝并不存在一个可以限定的地方。

**记者：**

你的意思是说，亚里士多德提出的谓词或范畴都与某种有限性和局限性相关，而上帝的特性恰恰是不能用某种有限性和局限性概念来予以描述的。

**爱留根纳：**

是的。

**记者：**

那如何看待上帝与他的创造物之间的关系呢？

**爱留根纳：**

当我们听说上帝创造万物时，我们只应当理解为上帝存在于万物之中。之所以这么说，是因为只有上帝才是“真实存在”，凡是存在于事物中的都是上帝。

**记者：**

似乎上帝与他的创造物之间的界限非常不清晰。

**爱留根纳：**

本来就是如此。

## 六、被造的而且创造的自然

**记者：**

那请你接着谈谈第二类的自然，即“被造的而且创造的自然”。这具体是指什么呢？

**爱留根纳：**

这种划分指的是“神圣的理念”。

**记者：**

与柏拉图笔下的“理念”是一样的吧？

**爱留根纳：**

一回事，它们是所有被造物的原型。

**记者：**

你说这种自然是被造的，是不是说先有造物者，即上帝，然后才有理念呢？

**爱留根纳：**

不是这么回事。我们说它们是被造的，并不是说它们自某一时间点开始存在，我们所考虑的是一个逻辑的而非时间先后的顺序。

**记者：**

有点不好理解。

**爱留根纳：**

从逻辑上而不是从时间上讲，在上帝之中，有关于万物的知识，包括万物原始原因的知识；而在所有的被造物中，则都“分有”上帝的超智慧、超真理的神圣功能。

**记者：**

理念既然与上帝永恒地联系在一起，是不是说理念与上帝在进行着同样的创造性活动呢？

**爱留根纳：**

是的。

## 七、被造的而非创造的自然

**记者：**

请你再谈谈何谓“被造的而非创造的自然”吧。

**爱留根纳：**

所谓“被造的而非创造的自然”，就是我们可以感知到的所有事物。这些事物包含一切存在物，这些存在物秩序井然地排列于宇宙之间。

**记者：**

你在著作中说这些存在物也包括上帝，如何理解？

**爱留根纳：**

我说过这话。“被造的而非创造的自然”包含了作为其本质的上帝，尽管具体事物给人们以它们是个体事物的印象。

**记者：**

如何理解呢？

**爱留根纳：**

打个比方说吧，事物表面上的复杂性就像光线在孔雀羽毛上的各种反光，每一种颜色都是实在的，但它们都依赖于羽毛。因此，颜色归根结底不是一种独立的存在。

**记者：**

你的意思是说，外部世界是上帝神性的映射，从本质上来说，它并非独立的存在，而只有上帝及其理念才是独立的存在。

**爱留根纳：**

是的。在被造的世界中，每一个体之所以是实在的，都是凭着它的原始原因，而原始原因存在于上帝的心灵之中。

**记者：**

上帝以其心灵覆盖所有的外部世界，那是不是意味着上帝与外部的存在物具有本质上的等同性？或者说，这就是一种最标准的泛神论？

**爱留根纳：**

没错。

## 八、既非创造的也非被造的自然

**记者：**

那“既非创造的也非被造的自然”是什么？

**爱留根纳：**

与第一类的自然一样，还是上帝。

**记者：**

真的不好理解。

**爱留根纳：**

不过这时的上帝是作为被造物秩序的目标或目的的上帝。由于万物产生于上帝，它们也全都回归于上帝。

**记者：**

意思是说，你把上帝又界定为万物存在与发展的目标或目的。

**爱留根纳：**

是的。通俗地说，上帝是一个被爱者，他没有运动，却吸引着爱他的人们。凡是从某种本原开始的东西都将再次回归到这同一本原上来，而这样一来，万物的原因把由它产生的各种事物都引向它自身。

**记者：**

万物源于上帝，最终又回归上帝。

**爱留根纳：**

是的。由于这种回归，所有的恶都将终结，而人们也将找到他们与上帝的结合，与上帝融为一体。

## 九、一切存在都是不死的

**记者：**

在你之前的一位哲学家奥利金说过，无论是天堂还是地狱，都是不存在的。不知道你如何评价这句话？

**爱留根纳：**

我同意这种说法。

**记者：**

请说说理由。

**爱留根纳：**

所谓天堂和地狱，皆与人有关。人是什么？

**记者：**

你说呢？

**爱留根纳：**

人是一种特殊的存在，人是上帝按照自己的形象创造的，上帝在创造人的同时，把一切事物的观念也置放在人的心中。因此，人自身就是一个小世界。人由于犯罪而失去了自己的存在，成为不存在，但人也可以通过恢复先前的状态而重获存在。

**记者：**

似乎存在与不存在仅仅是一种心理状态似的？

**爱留根纳：**

是的。所谓天堂和地狱，都不是具体的地点，而只是人的心灵状态罢了。地狱是因犯罪而感到的痛苦，而天堂则是因德行而感到的幸福。由此可见，一切存在都是不死的，最终都将回归到创造者上帝那里，甚至魔鬼也可以得救，只不过时间上稍迟一些而已。

**记者：**

你的这些观点显然与正统的基督教理论不一致。

**爱留根纳：**

何止不一致，在正统派看来，简直就是离经叛道。

**记者：**

很多人说，在你的保护者“秃头查理”去世后，你也踪影全无，他们说你被教会迫害而死了，是吗？

**爱留根纳：**

我后来去了英国，在马姆斯伯里的修道院当院长，最后在那里被学生刺死。不过，我坚信一切存在都是不死的，最终都将回归到创造者上帝那里。

## 爱留根纳简传

约翰·司各脱·爱留根纳（John Scotus Erigena，810—877年），爱尔兰神学家、经院哲学家、宫廷学校校长，被认为是5世纪的奥古斯丁和11世纪的安瑟伦之间拉丁基督教世界中最重要的哲学思想家。爱留根纳通晓希腊文，曾将伪狄奥尼修的著作译成拉丁文，定名为《大法官书》，该著对西欧中世纪和文艺复兴时期哲学思想的发展产生了深刻的影响。爱留根纳还翻译了早期神学家“忏悔者马克西姆斯”（Maximus the Confessor）和尼撒的格里高利的著作。他的代表作包括《论自然的区分》《论命运》等。爱留根纳把古希腊哲学遗产与基督教教义相融合，首次使基督教神学理论化和系统化。他所建立的哲学体系，在古代哲学和中世纪哲学之间起了承上启下的作用，开欧洲中世纪哲学之先河，他也因此被誉为“中世纪哲学之父”。

# 第十八章　论上帝的存在

## ——对话安瑟伦

## 引　子

我们的主人公被称为“最后一位教父”，也被称为“第一位经院哲学家”。他出生在意大利，在法国当教士，最后在英国担任天主教修道院的大主教——他就是著名的基督教神学家安瑟伦。安瑟伦因为坚持自己的主张而遭受两次流放，他也设法让坚持与自己不一致的观点的神学家被认定为异端。安瑟伦并不奢求能够通过自己的理解认识上帝，他的名言是“我绝不是理解了才信仰，而是信仰了才理解”。让我们走近安瑟伦。

## 一、从意大利到英格兰

**记者：**

你出生在意大利，在法国当修士，最后是在英国的坎特伯雷大教堂当主教。这中间发生了哪些故事？

**安瑟伦：**

如果我不好好解释一下，很多人都会感到满头雾水。

**记者：**

是的。

**安瑟伦：**

我于1033年出生在意大利西北部的奥斯塔（Aosta）。

**记者：**

奥斯塔在什么地方？

**安瑟伦：**

在阿尔卑斯山的山谷之中，勃艮第与伦巴第的交界之地。

**记者：**

听说你与双亲关系一直不和睦，是吗？

**安瑟伦：**

我与母亲感情很好，与父亲合不来。

**记者：**

据说你父母都出身于贵族，在当地很显赫，但你却因父亲不同意你当僧侣而离家出走。

**安瑟伦：**

我当时一气之下跑到了法国，过着流浪汉的生活，居无定所，吃饭每天也是饥一顿饱一顿。

**记者：**

后悔吗？

**安瑟伦：**

不后悔。流浪汉的生活很快就熬过去了。1060 年，我到了法国西北部诺曼底地区的贝克（Bec），在当地一家本笃会修道院当修士。

**记者：**

你当时很年轻，为什么要到修道院里修道呢？

**安瑟伦：**

你可能不太了解我们天主教会的修道院，修道院就是学校，就是大学。

**记者：**

修道院的确是安静的研学之地。

**安瑟伦：**

遍布欧洲各地的修道院就是一片片知识的绿洲，人们在这里学习《圣经》，探讨科学，还学习拉丁语。我就是在这里修炼成为一个知识分子的。在大家的帮助下，我成了贝克修道院院长朗弗兰（Lanfranc）的学生，在其指导下，我埋头研究奥古斯丁的著作，收获颇丰。此后，我在 1063 年成了修道院的副院长，又在 1078 年当上了院长。我的很多著作就是在这所修道院里完成的。

**记者：**

修道院真是中世纪早期的文化堡垒啊。那你又是如何到了英国的呢？

**安瑟伦：**

是这样的：在我当修道院副院长期间，具体是在 1066 年，法国诺曼底公国的公爵威廉率军征服了英格兰，并在那里建立起了一个新国家。在这个新的国家，诺曼底贵族是统治者，说法语，神职人员说拉丁语，而那些被征服者说英语。我的老师朗弗兰随威廉到了英格兰，并当上了坎特伯雷大教堂的主教。步其后尘，我也来到英格兰。在我老师去世后，我在 1093 年也当上了坎特伯雷大主教。

## 二、流亡罗马、里昂

**记者：**

据说你与英国两任国王的关系都非常紧张？

**安瑟伦：**

是的。为了争取教会的权力，我与威廉一世的儿子威廉二世和亨利一世都有矛盾，为此我付出了惨痛的代价，两度被流放，先是在罗马，后来又去了里昂。除此之外，我还被迫到别的地方流亡。

**记者：**

那最后你落脚何处呢？

**安瑟伦：**

好在结局还是不错的，最终我被召回了坎特伯雷继任大主教，老死在了那里。

## 三、为捍卫“实在论”而战

**记者：**

你是一位学者，据说你曾经让另一位学者锒铛入狱，有这事吗？

**安瑟伦：**

有这事，你说的那个人是贡比涅的洛色林（Roscelin of Compiègne）。

**记者：**

洛色林何许人也？

**安瑟伦：**

洛色林是法国哲学家皮埃尔·阿伯拉尔（Pierre Abelard）的老师，是一位好斗的神学家。此人是唯名论的创始人，在他看来，自然界中只存在个体的事物，而像“人”“树”“石头”这类所谓的“类概念”，都不是实在的事物。他认为，所有的类概念都不过是一个词或一个名称而已，说到底，不过是由字母组成的表现为一种声音的传播而已。

**记者：**

一家之言，也是一种哲学见解嘛。

**安瑟伦：**

你不理解他的理论背后的阴谋。

**记者：**

有什么阴谋呢？

**安瑟伦：**

如果洛色林的观点是对的，我们将得出如下非常危险的结论：既然所有的类概念都不过一些空气震动，那么诸如圣父、生子、圣灵也都仅仅是一个词语，因而他们之间就不可能存在任何共同之处。而在我们基督教的正统理论中，圣父、圣子和圣灵是“三位一体”的。色洛林的观点显然是异端邪说，显然是离经叛道。1093 年，色洛林在法国苏瓦松（Soissons）的宗教会议上因其“三神论”（Tritheism）被谴责为异端。

**记者：**

据说是你促使会议做出了这样的裁决？

**安瑟伦：**

我不否认。

## 四、信仰：基督徒的出发点

**记者：**

你有一句名言“我绝不是理解了才信仰，而是信仰了才理解”在思想界广为流传。

**安瑟伦：**

信仰高于理性。除非我相信了，否则我绝不会理解。

**记者：**

但我对你的这句话不太认同，我从来都不相信那些我不能理解的东西。唯有理解了，才能相信，否则就是迷信，就是愚忠，就是无原则的奉迎。

**安瑟伦：**

你有你的看法，我有我的看法。我的观点包含了两层含义，你的观点有一部分就包含在内。我给你好好讲解一下，你就会明白的。

**记者：**

请讲。

**安瑟伦：**

我的话的第一层意义就是理性应当服从信仰。为什么要这样？是因为上帝是至高无上的存在，他在我们这些具体的人身上创造了他的形象，但由于人受到罪恶的蒙蔽，只能看到一个个具体的人，却看不到上帝的存在，似乎除了人，上帝并不存在。为此，我们必须首先信仰上帝，才能扫除罪恶与恶习，才能接收到上帝的指示和启示。唯有如此，我们才能认识人本身，才能从理智上理解上帝。

**记者：**

也就是要先信仰，然后再去谈理解的事。是吗？

**安瑟伦：**

可以这么说，作为一名基督徒，应当把对上帝的信仰放到第一位，而不是把追求对上帝的理解放到第一位。对于上帝来说，理解了应该予以信仰，万一不理解，信仰就尤其重要。信仰立足于自身而存在，无须理性作为基础和前提。

**记者：**

难道理性对于信仰就毫无价值？

**安瑟伦：**

那倒不是，我从未说过要人去放弃理性。正确的态度是，当我们信仰了上帝之后，应该运用我们所掌握的理性去论证他，去理解他。一味迷信信仰而放弃理性，也是一种很大的懒惰。

**记者：**

这说明你对理性还是保留了很大的空间。

**安瑟伦：**

但不管怎么说，理性都不能成为信仰的审判官，信仰永远是理解的前提。

## 五、《独白》及其对上帝的三大论证

**记者：**

为了采访你，我查阅过几本你的作品集。你关于上帝存在的证明主要集中在《独白》和《宣讲》这两部作品中，可否讲一下它们的写作背景呢？

**安瑟伦：**

《独白》是我献给我的老师朗弗兰的，目的是教育学生如何去理解上帝的本质。说起这篇作品，其中确实有一些故事值得说道说道。

**记者：**

有什么故事？不妨道来。

**安瑟伦：**

关于上帝存在的证明，绝对是一个难度极大的事情。在我之前，不知道有多少人为此呕心沥血、皓首穷经地进行研究。但是，这些人基本上都是依靠《圣经》的权威来论证上帝的存在，而我一直想找到另一条路径来论证这个重要问题。

**记者：**

你想怎么来研究这个问题呢？

**安瑟伦：**

我想不引经据典，而是用最通俗的理性的语言来予以论证。

**记者：**

用哲学的语言来论证上帝的存在，这是一个不错的想法。

**安瑟伦：**

我的一些朋友知道我有这个想法，就一天到晚催我动笔。要不是他们反复催促，我还真写不出《独白》呢。

**记者：**

写作的确是一件苦差事。

**安瑟伦：**

《独白》写出以后，虽然很多人争相传抄，但我自己感觉非常一般。

**记者：**

一般说来，人们对自己写出的东西都是比较满意的。

**安瑟伦：**

那是别人。我写出来后，怎么看都觉得它没有奥古斯丁的著作好，其核心思想也与奥古斯丁别无二致。

**记者：**

你不必妄自菲薄。虽然《独白》中有柏拉图和奥古斯丁的影子，但仍是一部结构严密的作品。你在其中推理出作为至善（optimum）、至大（maximum）、至高（summum）的上帝存在着，也使哲学与宗教相融合。《独白》中有一系列的论证，如果有可能，希望你再简单介绍一下。

**安瑟伦：**

读《独白》，要先明白我的哲学取向是什么。明白了这一点，再去读就会顺一些。

**记者：**

你的价值取向我是明白的，你是实在论者。在你看来，诸如上帝、宇宙这些普遍性的名词并非是毫无指向性的空气，而是代表着我们心外实实在在的事物。

**安瑟伦：**

明白了这一点，就会容易理解我对上帝存在的证明了。

**记者：**

你说吧。

**安瑟伦：**

首先，你我都是人，如同爱美之心人皆有之一样，爱善之心也人皆有之，你同意吗？

**记者：**

同意。对于那些至善至美的东西，人人都希望拥有，无论它们是物质性的东西，还是精神性的东西。

**安瑟伦：**

面对不同的善，人们可以进行细致的比较。就那些已经分享某种善的事物来说，它们所分享的善，有的是一般的善，有的则是至高的善。但不管怎么说，被分享的善虽然有层次高低的不同，但既然为善，还是具有同一性的。

**记者：**

柏拉图把太阳比喻为最高的“善”。

**安瑟伦：**

某种善，既然它能为所有的事物所分享，就可说明它是最高的善。

**记者：**

毫无疑问。

**安瑟伦：**

刚才我们的对话就是一种论证，它证明所有善中必然存在最伟大的善。

**记者：**

我明白你的意思，你是说，在天地之间存在着至善至美的东西，它们之所以至善至美，就在于它们能为万物所分享。

**安瑟伦：**

可以这么说。这是第一个论证。

**记者：**

请接着讲。

**安瑟伦：**

我再问你：就每一个存在着的事物来说，它是如何来的呢？

**记者：**

要么是来自别的事物的创造，要么是来自虚无。

**安瑟伦：**

很显然，无中不能生有。因此，这些存在着的事物只能来自别的事物，或者有一个极端性的例外，那就是来自自身。

**记者：**

逻辑上可以这么讲。

**安瑟伦：**

但是，一个事物不能由自身所产生，因为在这个事物存在之前，它就是无。承认事物可以由自身产生，就等于承认无中可以生有，显然很荒谬。如果承认这个事物可以来自别的事物，则说明事物之间可以相互产生，这同样很荒谬。

**记者：**

我被你绕糊涂了，你的结论是什么呢？

**安瑟伦：**

顺着我们刚才的论证往下走，自然会进入死胡同。

**记者：**

如何化解呢？

**安瑟伦：**

那就是必须相信：在这个世界上，必然存在一个来自自身且能创造万物的东西，那就是上帝。

**记者：**

绕来绕去，真是不容易。那你再说说第三个论证吧。

**安瑟伦：**

我再问你：你同意存在可以分为不同的层次吗？

**记者：**

基本同意，动物高于植物，人高于其他动物。

**安瑟伦：**

那在我们人类这个层次之上，是不是还可以往上一直延伸呢？

**记者：**

理论上应该是可以的。

**安瑟伦：**

是的。如果有，那上帝就是那个最高、最完满的终极存在，不可能再有比上帝更高级别的东西了。

**记者：**

说来说去，你就是要证明上帝是一种来自自身、可以创造万物，因而也是最高层次的存在。

**安瑟伦：**

是的。不理解这一点，人们就无法理解“三位一体”理论了。无知者往往把圣父、圣子、圣灵看成三个独立的存在，这是典型的多神论，是对基督教的背叛。他们这样看，就是因为不明白我说的那些道理，所以必须予以批判。

## 六、上帝：可以设想的最伟大的存在

**记者：**

你在《独白》中提出的那些论证太复杂，所以后来你写了作为姊妹篇的《宣讲》，对上帝的存在做了更简单的论证。

**安瑟伦：**

是的。不过在介绍《宣讲》之前，我必须强调“除非我相信了，否则我绝不会理解”这句话。这点我们已经交流过。要理解上帝，就必须排除这样一种假设，那就是任何一种证明都必须开始于某种经验证据，心灵必须由此出发才能合乎逻辑地推出上帝的存在。

**记者：**

我大概明白你的意思，你想告诉人们，要认识上帝，就必须从信仰开始。唯有先信仰上帝，才能正确地推导出上帝的存在。如果抱着某种感觉主义或怀疑主义的信念，是不可能真正认识上帝的。

**安瑟伦：**

是的。对上帝的信仰为我们理解上帝提供了基础。我在《宣讲》中对上帝的定义是“可以设想的无与伦比的伟大的存在者”，在它之上，不能设想有任何更伟大的存在。

**记者：**

你既然提出这个定义，说明你是理解这个定义的。但是，你说的这个原理也并不是不证自明的。你必须知道，很多人是不信上帝的。

**安瑟伦：**

《旧约・诗篇》中确实也说过：“愚顽人心里说，没有神。”（《诗篇》14：1）在此我想解释的是，其一，此人既然是“愚顽人”，说明他不信仰上帝。一个不信仰上帝的人，就没有资格来谈论上帝；即使他硬着头皮谈论上帝，我想他心目中的上帝也与真正的上帝不是一回事。

**记者：**

还有呢？

**安瑟伦：**

其二，如果愚顽人一旦理解了上帝，那么上帝就自然存在于他的理智中去了。

**记者：**

有点儿不好理解。

**安瑟伦：**

我希望你多抽出时间看看我写的另外几篇著作，如《上帝存在论》。你只要多看看，自然就明白。归纳一下吧，我的新表述是：上帝是可以设想的最伟大者，它不仅存在于理智之中，还存在现实之中。

**记者：**

但是，你的这些论证后来被很多人批驳过，其中最深刻的批判来自18世纪的德国哲学家康德。你的理论已经没有多少人相信了，你是如何看待这件事的？

**安瑟伦：**

一部思想的历史，就是一部形形色色的思想不断被埋葬的历史。我相信，如果说康德埋葬了我的思想，那么他的思想也会被埋葬的。世上没有不死的思想！

## 安瑟伦简传

安瑟伦（Anselmus，1033—1109年），又译作安瑟尔谟，欧洲中世纪经院哲学家、神学家，出生于意大利皮埃蒙特奥斯塔城一个贵族家庭，唯实论的主要代表之一，被称为“最后一位教父”和“第一位经院哲学家”。安瑟伦继承了柏拉图和奥古斯丁的思想，认为信仰高于理性，理性应当服从信仰。但他又主张必须从信仰出发，运用形式逻辑，以论证基督教正统教义。他提出“我信是为了理解”和“信仰寻求理解”的口号，但同时又认为，如果仅有信仰而不诉诸理性，则近乎玩忽。安瑟伦的本体论论证后来得到笛卡尔、莱布尼茨、黑格尔等的肯定和修改，但被托马斯·阿奎那、洛克、康德等所摒弃。安瑟伦的代表作有《独白》《宣讲》《论信仰》《上帝存在论》等。

# 第十九章　神学与辩证法

## ——对话阿伯拉尔

## 引　子

本次访谈的对象阿伯拉尔是好莱坞电影《天堂窃情》（*Stealing Heaven*，1988）中的男主人公的原型，故事中的凄美爱情让人唏嘘不已。阿伯拉尔是中世纪哲学家中最具个性与传奇色彩的人物之一，人称“高卢的苏格拉底”，他也是中世纪禁欲主义与思想专制的牺牲品。阿伯拉尔主张“理解而后信仰”，他把辩证法应用于神学，指出神学信仰中包含的不一致和相互冲突之处。但他也说过，如果哲学家必须反对圣保罗，那他完全不想做哲学家；如果亚里士多德疏远上帝，那他便宁愿不做亚里士多德。要对阿伯拉尔的思想有一个透彻的了解，就必须弄清楚他的“共相”（universale）。著名哲学史家文德尔班这样评价阿伯拉尔：“正是阿伯拉尔，由于他的全面活动，形成了共相争论活跃的中心。”当然，我们的对话完全可以暂时避开这个概念，而从阿伯拉尔与其老师和教皇的冲突说起，也可以从阿伯拉尔与爱洛伊斯之间凄美的爱情说起。

## 一、我更爱辩证法

**记者：**

听说你出生在一个贵族之家，父亲拥有骑士之位，你原本可以去从政当官的。我想问一下，你为什么没有去从政呢？

**阿伯拉尔：**

你说的没错。我的确出身于贵族之家，我的父亲是拉巴雷的贝朗加尔勋爵，我是家中的长子。风风光光、衣食无忧的政治生活本来离我很近，但问题是，我对从政兴趣不大。

**记者：**

那你想干什么呢？

**阿伯拉尔：**

我喜欢辩证法，喜欢哲学，因此我最终决定不去继承父亲骑士的封号。我到处拜师学艺，学习辩证法，学习逻辑学，学习神学。

**记者：**

书生情怀啊。你的老师有哪些呢？

**阿伯拉尔：**

我跟随辩证法大家洛色林学习了逻辑学和神学。但洛色林是极端的唯名论者，认为只有个别事物（殊相）是现实的存在，而一般事物（共相）不过是存在于思想中的“声息”或“名词”。我对此感到不满，所以又投靠到另一位老师——香浦的威廉（Willam of Champeaux）的门下。

**记者：**

但一些资料表明，你与威廉的关系似乎也不好？

**阿伯拉尔：**

威廉是洛色林的学生，他持极端唯实论的观点，认为一般事物（共相）是真实、独立、先于个别事物（殊相）的存在，而个别事物则由其派生出来，故一般事物比个别事物更根本、更实在。我对此也不太认同，所以公开与他辩论。

**记者：**

结果怎么样？

**阿伯拉尔：**

我赢了，所以也和威廉分道扬镳了。

**记者：**

你另立门户了？

**阿伯拉尔：**

是的。我跟随威廉学习哲学不到两年，就在王宫附近的默伦（Melun）办起了自己的学校。我亲自讲授辩证法，来的学生很多，其中包括很多威廉的学生，他们深深地被我的思想吸引了。1105 年我因病回到家乡布列塔尼（Bretagne）治病，竟有许多学生追随前往。1108 年我再次回到巴黎，在圣维克多讲授修辞学。就在这期间，我又与威廉就共相问题展开了辩论。

**记者：**

你又与他发生了冲突？

**阿伯拉尔：**

是的，结果依然是我大获全胜。威廉的许多学生离他而去，转入我的门下。当时威廉的一位学生已经被指定为巴黎圣母院主教学校的校长，但他不愿担任，而想把这个位置让给我，做我的学生。这让威廉很难堪，因此他坚决反对我进入巴黎圣母院任教。

**记者：**

你让威廉如此难堪，他肯定是不同意的。

**阿伯拉尔：**

没办法，在这种情况下，我不得不再次到默伦建立自己的学校。后来，我又把学校迁到了巴黎城内的圣热内维埃夫山（Sainte Geneviève），日后这所学校名声大震。

**记者：**

据说著名的巴黎大学就是在此基础上建立起来的，而且你后来也终于如愿进入巴黎圣母院的主教学校任教了。

**阿伯拉尔：**

是的，1115 年我到这所宗教学校任神学教授，受到了学生们的热烈拥戴。

## 二、爱情故事好凄美！

**记者：**

19 世纪初，一位叫雷慕沙（Charles de Rémusat）的法国学者写过一本关于你的书《作为一个人、一个哲学家和神学家的阿伯拉尔》，书里讲了你与情人爱洛伊丝（Héloïse）之间的爱情故事。故事那么悲壮，那么凄美，真是那样的吗？

**阿伯拉尔：**

每当想起这段历史，我就感到痛苦悔恨。

**记者：**

是啊，你情人的叔父竟然纠集了一些人，让你蒙受了宫刑这样的奇耻大辱。我想了解一下，历史的真相到底是什么呢？

**阿伯拉尔：**

那是我的错，我所遭受的羞辱是上帝对我的惩罚，我应该接受这种命运。

**记者：**

到底是怎么回事呢？

**阿伯拉尔：**

刚才我跟你说过，我后来到了巴黎圣母院的主教学校担任教授，在此期间，我住在一位修士福尔贝（Fulbert）的家中。福尔贝的侄女就是爱洛伊丝，她聪明好学，美丽动人。福尔贝请我担任爱洛伊丝的家庭教师，私下辅导她，但我却与她有了私情，而且不久后她就怀孕了……

**记者：**

那你们结婚不就可以了吗？

**阿伯拉尔：**

福尔贝发现我们的事情以后就痛斥我，我也感到万分愧疚，答应他我会与爱洛伊丝结婚。但是，爱洛伊丝知道这件事的风波会断送我的前途，她告诉我，她追求的是爱情而不是婚姻的束缚，而家庭生活也会阻碍我在学问上的精益求精，所以她不愿与我结婚。后来，我只能把她送到了一所修道院。

**记者：**

但有人说你玩弄感情，不愿意与人家结婚，并且是你把人家打发到修道院去当修女的。

**阿伯拉尔：**

事实并非如此，但爱洛伊丝的叔叔轻信了这种说法。他组织一帮人将我挟持，让我遭受了奇耻大辱。不过，正像我刚才对你说的，我是活该，是在赎罪。

**记者：**

你的故事的确是一部凄美的爱情悲剧。在我生活的时代，有人根据你们的这段爱情故事改编了一部电影叫《天堂窃情》，这场神学家与少女的旷世之恋堪称传奇。

**阿伯拉尔：**

但愿我们的故事能给后人带来一些警醒。每个人都应该为自己的行为负责，这就是命运。

## 三、教皇的刁难

**记者：**

据说你在神学学校任教期间写了不少书？

**阿伯拉尔：**

我确实是写了不少书，但我的书始终不为当局所认可。

**记者：**

为什么呢？

**阿伯拉尔：**

比如我在《至善神学》（*Theologia Summi Boni*）中就“三位一体”理论做出了我自己理性的解释，但几年后，有人说这本书是异端邪说，教会最终也下令焚烧我的著作。

**记者：**

竟然有这样的事？

**阿伯拉尔：**

是的。我的学生们为我鸣不平，便纷纷在学校附近盖起了房子，但这也让我的那些论敌们更加嫉恨。

**记者：**

后来呢？

**阿伯拉尔：**

1126 年，我成为位于布列塔尼的圣吉尔达斯—恩胡伊（Saint-Gildas-en-Rhuys）修道院的院长。从此以后，我不再公开讲学。1136 年我回到了巴黎，又写了《伦理学：认识你自己》（*Ethica Seu Scito Teipsum*）等著作。但是，我的论敌们依然不放过我。明谷的贝尔纳（Bernard of Clairvaux）从我的书中寻章摘句，攻击我是异端邪说。在 1141 年的桑斯（Sens）宗教会议上，我被指控为“异端”，著作因此被焚毁，而教皇英诺森二世（Innocentius Ⅱ）也批准了贝尔纳的报告，判处我在修道院中终身监禁，并且永远不许发声。

**记者：**

你的结局真是不太好。

**阿伯拉尔：**

也还好吧。我后来隐居到了克吕尼修道院，并得到了院长真福彼得（Peter the Venerable）的照顾。第二年，我就在那里去世了。

## 四、共相问题的由来

**记者：**

一提到你的哲学，就绕不开你的“共相论”。其实刚才我们已经聊到过这个问题，你对共相“唯名”还是“唯实”是如何看的？

**阿伯拉尔：**

“共相”简单来说就是普遍、一般，可以理解为共性、类别。围绕着共相问题，不同的哲学家有不同的看法，比如柏拉图的看法是“共相”就是“理念”，其独立于纷繁复杂的可感事物而存在，是永恒而完美的，而诸多的可感事物只不过是这个永恒而完美的“共相”或“理念”的复制品和“影子”。

**记者：**

也就是说，柏拉图认为共相或者理念先于可感事物而存在，并决定可感事物的存在。

**阿伯拉尔：**

你的理解没错。但亚里士多德对此不以为然。

**记者：**

亚里士多德怎么说？

**阿伯拉尔：**

虽然亚里士多德深受柏拉图主义的熏陶，但关于共相问题，他有着自己独立的想法。在亚里士多德看来，共相是一种子虚乌有的东西，是一类个别事物共有的性质，并且就存在于个别事物之中。在亚里士多德那里，这种性质被称为“形式”。实体是由形式和质料（没有性质的存在物）构成的，缺一不可，在现实中两者都不可能单独存在。

**记者：**

也就是说，亚里士多德认为事物是由形式和质料复合而成的，所谓的“共相”就是形式。

**阿伯拉尔：**

是的。

**记者：**

无论是柏拉图还是亚里士多德，都是公元前的人，我还是更关心在你同时代的哲学家中，人们是如何看待共相问题的。

**阿伯拉尔：**

图尔奈的奥多（Odo of Tournai）和香浦的威廉是一派，洛色林是一派。当然，我也是一派。让我们慢慢说如何？

## 五、奥多和威廉：极端唯实论

**记者：**

请你介绍一下奥多的观点吧。

**阿伯拉尔：**

奥多是本笃会修士，曾任圣马丁修道院的院长和康布雷教堂的主教。

**记者：**

奥多是如何看待共相问题的？

**阿伯拉尔：**

奥多认为，存在着某种普遍的实体，它被包含在某一物种的每一个个体之中。比如人的共相就必然是一个实体，因为亚当与夏娃的罪必须借由影响人类共相这个实体而影响到每个人。如果这个实体是不存在的，那么亚当与夏娃的罪就不会影响到其他人，也就仅仅是属于他们自己的事情，也就无所谓人有原罪这个普遍性了。

**记者：**

大意我明白，也就是说共相是实实在在存在的。再说说你的老师洛色林和威廉吧。

**阿伯拉尔：**

先说威廉吧，他的观点与奥多差不多，他也是一个极端的唯实论者。

**记者：**

刚才说过，你与威廉发生过辩论。

**阿伯拉尔：**

是的，而且威廉在我的批评下后来逐步改变了自己的看法。

**记者：**

威廉之前是怎么看待共相问题的呢？

**阿伯拉尔：**

威廉之前认为，共相在它的所有个体中都是同一的。比如说“人”这个共相，在所有人中都是同一的，这个共相的全部实在性都包含在每个人之中。区分“保罗”和“约翰”的东西，只不过是他们的本质或实体的次一级的或偶然的变形。

**记者：**

你是如何驳斥他的观点的？

**阿伯拉尔：**

我是这么说的：在“柏拉图是人”“苏格拉底是人”这些话语中，“人”的同一、完整的意义同时适用于所有人。如果“人”这一共相由柏拉图、苏格拉底等单个人的相似因素共同构成，那么在上述话语中，每个“人”都是一个单独的因素，无论它们怎样相似，也不能说明“人”的概念的同一意义。

**记者：**

有意思，所以你驳倒了威廉。

**阿伯拉尔：**

威廉的理念不仅荒谬，还会导致泛神论。

**记者：**

威廉只能被迫改变自己的观点了吧？

**阿伯拉尔：**

是的，由于我的批评，他对自己的观点做了一些修正。他的第二种理论也就是“不区分论”。

**记者：**

“不区分论”指的是什么？

**阿伯拉尔：**

根据威廉的新观点，一个物种的许多个体之所以是同种事物，不是由于它们的共同本质，而是因为在某些方面它们并无区别，也就是说它们不好区分。

## 六、洛色林：极端唯名论

**记者：**

该谈谈你对洛色林观点的评价了。

**阿伯拉尔：**

洛色林的核心论点是：自然中只存在个体事物，类概念不是实在的事物。像“人”这样的类概念并不指示任何东西，它只是一个词或一个名称，而且表现为一种声音的传播，因此只不过是空气而已。

**记者：**

洛色林与威廉的观点完全是针锋相对啊。如果把这个观点套到你们基督教的“三位一体”上，该如何理解呢？

**阿伯拉尔：**

按照洛色林的说法，“三位一体”中的“一体”仅仅是一个词语，不具有实在性。圣子、圣父、圣灵这三个位格表示的是三个个别实体，所以应该有三个上帝，而不可能同时并存于一个实体之中。

**记者：**

按照这种理解，基督教就不是一神教，而是三神教了。这是违逆基督教基本教义的。

**阿伯拉尔：**

是的。洛色林在1093年举行的苏瓦松宗教会议被指控犯了“三神论”的错误，他最后不得不收回自己的看法。

**记者：**

但说出去的话就像泼出去的水，是收不回来的。

## 七、概念论或温和唯名论

**记者：**

你如何评价奥多和威廉的理论？

**阿伯拉尔：**

他们都是在走极端，我都不赞同。

**记者：**

你要走中间道路？

**阿伯拉尔：**

也可以这么说。

**记者：**

请阐述一下你的观点。

**阿伯拉尔：**

在共相问题上，普遍性必须首先归于词语。当一个词被用于许多个体时，它就是一个共相。“苏格拉底”这个词不是共相，因为它只能用于个人，而“人”这个词是共相，因为它可以用于所有的人。

**记者：**

你的意思是说，共相首先是名词、名称，但它作为共相，可以适用于所有人，适用于所有个体的人。与共相相对应的词语，可以称为个体名词，其功能即是指称个别事物。这些都比较好理解，但我要问一下，作为普遍性的共相是从何而来的呢？

**阿伯拉尔：**

源于个体事物，源于个体事物之间的相似性。

**记者：**

如何理解？

**阿伯拉尔：**

一定的个体事物，由于它们存在的方式，使得任何观察到它们的人都会认为在所有这些个体事物中存在某种相似性。

**记者：**

相似性就是共相的基础。

**阿伯拉尔：**

共相就是相似性。

**记者：**

你的观点确实与你的几位老师非常不同。

**阿伯拉尔：**

人类的心灵，不仅能够认识个体性事物，更能认识相似性。这种所谓的相似性不是唯实论者称为“本质”或“实体”的东西，它的意义仅仅在于：事物在这些相似的方面是一致的。当我们面对一个个体事物时，我们既看它，也思考它或理解它。心灵和眼睛不同，眼睛需要对象，而我们的心灵并不需要一个物质对象，因为它能够形成概念。因此，我们的心灵有做两件事的能力，其中一件就是形成关于个体事物的概念，比如“柏拉图”或“苏格拉底”，另一件就是形成共相的概念，比如“人”。

**记者：**

你这算是“概念论”了，看来共相是离不开个体事物的。

**阿伯拉尔：**

是的，关于个体事物的概念是清晰的，而关于共相的概念是模糊的。即使我们事实上知道共相指的是什么，我们也不可能把注意力集中在共相的准确意义上。作为心灵的概念，共相是与个体可感事物分离而存在的。但是作为被用于那些个体事物的语词，它们仅仅存在于这些物体之中。同一个词能够同时被用于很多个体，是因为每个个体已经以这样一种方式存在，这使得它与别的相似的个体以同样的方式被设想。因此，共相是从个体中抽象出来的。

**记者：**

你的观点越来越清晰，那就是共相是从个体事物中抽象出来的相似性。一句话，共相不能离开个体事物而存在。

**阿伯拉尔：**

总结一下来说，共相有一个客观的基础，但这个基础不是像唯实论者所认为的那样，是某种像事物一样实在的东西，它仅仅是一个没有客观依据的主观的观念或语词。

**记者：**

你对唯实论和唯名论之争做了一定的调和，但似乎还是更多地偏向唯名论，或者可以把你称为温和的唯名论者。

**阿伯拉尔：**

随便你怎么说吧。

## 八、“三位一体”即上帝的三种属性

**记者：**

你看过波埃修的《论三位一体》吗？

**阿伯拉尔：**

波埃修是6世纪的政治家和哲学家，他的名著《哲学的慰藉》充满哲思。你为什么问起的是他的《论三位一体》呢？

**记者：**

波埃修是最早把“共相问题”引入哲学讨论的基督教哲学家。对于共相问题的不同认识，产生了对“三位一体”的不同解释。我之所以提到波埃修的《论三位一体》，是因为你对“三位一体”的解释与波埃修的解释完全不同。

**阿伯拉尔：**

你既然看过他对“三位一体”的解释，我就直接谈我的看法如何？

**记者：**

好啊。

**阿伯拉尔：**

在我看来，所谓“三位”不过就是指上帝的三种属性而已。

**记者：**

哪三种属性？

**阿伯拉尔：**

一是潜能，一是智慧，一是仁慈。

**记者：**

波埃修把“三位一体”与各种各样的“实在”联系在一起进行解释，颇费周折，而你的解释比较简单明了，也不失为一家之言。

**阿伯拉尔：**

谢谢。

## 九、一种行为的是非不在于事实，而在于行为者的意图

**记者：**

我在你的《伦理学：认识你自己》（参见阿贝拉尔：《伦理学·对话》，溥林译，香港道风书社 2007 年版）一书中看到了很多与我不一样的观点，甚至可以说是矛盾的地方。可否与你就此再讨论一下？

**阿伯拉尔：**

从何说起呢？

**记者：**

我曾是一名刑法专业的研究生，在我们刑法理论看来，一个行为是否构成犯罪，关键看其行为是否符合客体、主体、客观方面和主观方面四大要素。在四大要素中，主客观要素显然都非常关键，缺一不可，而你则认为，判断一个行为是否构成犯罪，主观动机和意图最为重要，而行为本身倒是无足轻重。你可否解释一下？

**阿伯拉尔：**

当然可以。一些人说我的理论是“意图伦理学”，对此我一开始还觉得不准确，后来倒觉得没什么问题。我的伦理学就是“意图伦理学”。

**记者：**

在基督教哲学中，人被视为一种拥有自由意志的物种，你的这种“意图伦理学”是不是就建立在这种理论的前提之上？

**阿伯拉尔：**

可以这么说。在我看来，一个行为是否犯错，“上帝所考虑的不是做了什么，而是以什么精神做的；行动者的优点或美德不在于事实，而在于意图”。（转引自［美］梯利著，［美］伍德增补：《西方哲学史》，葛力译，商务印书馆 1995 年版，第 191 页）

**记者：**

你的话同样适用于犯罪？

**阿伯拉尔：**

完全适用。

**记者：**

请解释一下。

**阿伯拉尔：**

你刚才已经说过，基督教哲学认为犯罪是自由意志的产物，既然如此，犯罪自然就是人类在特殊境遇下的一种选择。如果你不知道某种行为是坏的，是不道德的，你就不可能去追求这种行为。即使你因为种种自由意志以外的原因去实施了这种行为，你也不是犯罪。对于一些行为，你明明知道它们是坏的，是不道德的，而你选择去实施它们，你的这种行为就是犯罪。

**记者：**

依据你的说法，对于某项行为，如果我意识不到它是不道德的而实施了它，那就不应该被判定为犯罪行为。这似乎像我们中国的一个成语“不教而诛”，意思是事先不进行教育，就加以诛杀。

**阿伯拉尔：**

如果一个人不知道自己的行为是好还是坏，你就将他诛杀，这显然是不对的。

**记者：**

你的观点是明确的：明知行为不道德而积极实施之，就是对上帝的大不敬，就是犯罪。反之，如果不知道某种行为正确与否而实施之，则不应该受到处罚。一句话，你把道德上升到了至高无上的地位。

**阿伯拉尔：**

你的归纳没错。我也可以再强调一下：从广义上来看，凡是同正确相反，就是犯罪。就狭义而论之，明知某种行为不道德却有意为之，就是犯罪。敬仰、迎合、取悦上帝者，就是善；藐视、冒犯、惹怒上帝者，就是恶。说得通俗点，就是这个意思。

## 十、先要理解，然后信仰

**记者：**

你的《伦理学》有一个副标题“认识你自己”，这也是当年柏拉图或者更早的苏格拉底的一句话。

**阿伯拉尔：**

我用这句话作为我著作的副标题，并非是因为其他人用过。

**记者：**

这点我相信。在你们基督教的文化中，上帝的“启示”被视为一切知识的来源，其中自然也有关于人自己的知识。你强调人要认识自己，这是出于什么考虑呢？

**阿伯拉尔：**

“认识自己”更多地是说人要诉诸理性。

**记者：**

你如何看待理性的价值呢？

**阿伯拉尔：**

理性先于信仰，理解是信仰的前提，任何相信都不应该是盲从的。甚至连奥古斯丁这样的教父也会犯错误，他们犯错误的原因不是由于信仰本身，而是由于语言的歧义而导致的错误理解。以怀疑的态度和论辩的方式来处理以往权威著作中的疑难之点，这正是辩证法的基本功能，这样才能树立起健全的信仰。

**记者：**

你的观点与安瑟伦的“信仰高于理性”“先信仰而后理解”完全相反。

**阿伯拉尔：**

其实我和他的目的是一样的，我们都是想通过辩证法使基督教的教义和信条变得更加合理和令人信服。

**记者：**

你为经院哲学增加了理性的味道，也可以说为后来西方的理性主义哲学奠定了基础。

**阿伯拉尔：**

对任何东西，都必须先要予以理性的理解，然后再去信仰，这就是我的观点。连概念、语言结构都没搞清楚，就要人们去相信，这是祸国殃民、贻害千年的愚蠢之举。

**记者：**

是啊。

**阿伯拉尔：**

唯有经过透彻的理解，人才能真正复归自己的良知，而唯有诉诸良知的信仰，才是真正的信仰。这种信仰源自良知，溶于血液，是真正的信仰，而绝不是装腔作势的表白。

## 阿伯拉尔简传

皮埃尔·阿伯拉尔（Pierre Abelard，1079—1142 年），法国神学家和经院哲学家，近代逻辑学的奠基人之一。少年时阿伯拉尔遍访名师，曾求学于当时著名的逻辑学家洛色林，后来师从著名的唯名论者香蒲的威廉，1113 年转向享有盛誉的神学家安瑟伦学习，但阿伯拉尔对这些老师都不满意。1115 年，阿伯拉尔在巴黎圣母院主教学校任神学教师，他以新颖的思想和激情，受到学生热烈拥戴。在该校期间，他因与爱洛伊斯的爱情而惨遭阉割的私刑。阿伯拉尔终生不容于教会当局，他的“三一论”被斥为异端，再加上他好辩与喜欢批评知名学者，在当时学界亦为不受欢迎的人物，最终导致他被判终身监禁并禁止发表任何言论。1142 年阿伯拉尔死于克吕尼修道院，他的墓志铭称他为“高卢的苏格拉底”，“一个多才多艺的人，精细的、敏锐的天才”。阿伯拉尔的主要著作有《逻辑入门》《辩证法》《至善神学》《是与否》《伦理学：认识你自己》和《一个哲学家、一个犹太人和一个基督徒之间的对话》等。

# 第二十章　论基督教的拯救

## ——对话明谷的贝尔纳

## 引　子

我们的主人公贝尔纳是中世纪欧洲著名修道院改革家、神秘主义者和神学大师，也是第二次十字军东征的最大鼓吹者。贝尔纳25岁时创立了明谷修道院，他主张修道士坚持敬虔与服务、灵修与工作相结合的苦修方式，这给当时制度化了的修道院制度以质的改革。在他的影响下，这种新型修道院遍及欧洲各地。贝尔纳的门徒之一后来被选为教皇，是为"尤金三世"，这使贝尔纳和他的修道院的名望和地位更加显赫，以至于当时欧洲各地的君主、贵族、主教甚至教皇都到明谷聆听他的教导。贝尔纳不慕功名财利，不羡高官厚禄，终身任修道院院长，他以道德、人格、朴素的生活、真挚的服务，赢得人们的景仰。他死后，罗马教廷于1174年册封他为圣人。让我们走近这位被称为那个时代"无冕教皇"的圣贝尔纳。

## 一、贵族之家

**记者：**

你是你所在时代的大学者，你能取得如此大的成就，与你的家庭有关系吧？

**贝尔纳：**

肯定有关系。我出生在法国东部勃艮第地区首府第戎的一个贵族家庭，父亲是侯爵和大农场主，母亲也出自名门。

**记者：**

这样的家庭，其子女一般都会得到很好的教育。

**贝尔纳：**

自然。我有五个兄弟和一个妹妹，良好的家庭氛围使我从小就懂得仁慈、正义和对他人的忠诚。我很小的时候就被父母送到附近一所不错的教堂学校学习。

**记者：**

学什么呢？

**贝尔纳：**

语法、拉丁文学、教父哲学……

**记者：**

你学的教父哲学中，具体是哪些教父的哲学？

**贝尔纳：**

安布罗斯、哲罗姆、奥古斯丁、大格里高利等，但以这四位教父的哲学为主，他们四人被称为拉丁教会“四大博士”。

**记者：**

你是何时皈依基督教的？

**贝尔纳：**

我母亲从小就劝诫教育我，她对我的成长影响很大。17 岁时母亲去世，这促使我下决心放弃学校的教育，走上了皈依的道路。

**记者：**

所以你后来进入修道院做了修士。

**贝尔纳：**

是的，我 22 岁时和 30 多个朋友一起皈依天主教，进入了第戎附近的西多修道院。从此以后，我每天早晨都会问自己：“我为什么要来这里？”然后提醒自己，我的主要职责是要过圣洁的生活。

## 二、改革修道院

**记者：**

你是如何能号召这么多人和你一起修行的？

**贝尔纳：**

我告诉他们，要带着他们一步步攀升到完美的心灵之境。

**记者：**

这话说好说，问题是如何做呢？

**贝尔纳：**

首先，我倡导对修道院进行改革，使之符合最正统的法规。然后，我再用著作《谦卑的等级》中所列出的要求来熏陶我的那些追随者。

**记者：**

有哪些等级？

**贝尔纳：**

我根据福音书的教义和修道院制度的创立者圣本笃（Saint Benedict of Nursia）的教导，为谦卑列出了上升的十二层阶梯，而攀升的逻辑正好是世俗的社会秩序的倒置。

**记者：**

你为何要强调“谦卑”呢？

**贝尔纳：**

谦卑是人最应该做的，因为谦卑是人通向上帝的第一步。

**记者：**

攀升的逻辑与世俗的社会秩序相反，那就是越往上，物质生活越简朴，精神生活越丰富？

**贝尔纳：**

是的。我鼓励人们按照我提出的宗教信条去修炼自己，一步一步去攀升。人要达到更高的境界，就必须知道自己的由来，知道自己的归宿；知道得越彻底，进化得越彻底。

## 三、创立明谷修道院

**记者：**

你在西多修道院中的影响力越来越大，为什么后来又离开了这个修道院呢？

**贝尔纳：**

进入西多修道院三年后，院长斯特凡·哈丁（Stefan Harding）看到了我的进步和潜能，便派我和十二名修士和一些世俗子弟去建立一个新的修道院。我们在东北部的一个山谷里盖起简陋的房屋，开垦荒地，建立了明谷修道院（Clairvaux Abbey）。我是这个修道院的第一任院长，因此我也被称为“明谷的贝尔纳”（Bernard of Clairvaux）。

**记者：**

你作为这个新修道院的院长，要推行你的什么理念呢？

**贝尔纳：**

苦修主义。

**记者：**

是什么一种力量推动你倡导苦修主义的呢？

**贝尔纳：**

3 世纪在埃及的沙漠里建立起基督教修道院的那些神父们启发了我。他们使我坚信，一个人唯有坚持苦修主义，在衣食住行上奉行清心寡欲的生活，才能更接近上帝。

**记者：**

古希腊时期犬儒学派的创始人第欧根尼就是一个苦修主义者，他像乞丐一样生活，平时穿一件破烂的衣服，住在雅典广场上的一个酒桶里，号召人们恢复简朴自然的理想状态生活，试图颠覆一切传统价值。但是，这样的生活绝大多数人是坚持不了几天的。

**贝尔纳：**

是的，这种极端的苦行只适用于那些自愿如此的僧侣，一般人则没必要这样做。

**记者：**

但你创立的苦修模式吸引了越来越多的追随者，后来竟然流行到了整个西方世界。

**贝尔纳：**

是的。明谷修道院的修道士后来增至 200 多人，我们过着物质简朴、精神丰富的属灵生活。我相信上帝喜欢纯粹的人，喜欢简单的人。

**记者：**

明谷修道院成为欧洲修道院的模范，后来有 300 多个修道院按照你的“明谷模式”运行，其中至少 160 个分布在法国、英国、意大利、比利时和西班牙等地。

**贝尔纳：**

我心甚慰！

## 四、为捍卫宗教自主权而战

**记者：**

你把毕生的精力和时间全部用到修道院上了。

**贝尔纳：**

其实我对修道院之外的事情也是非常关心的。

**记者：**

你还做了哪些事情？

**贝尔纳：**

1129 年，我向法国国王路易六世（Louis Ⅵ）发起挑战，坚决维护宗教自主权，支持巴黎主教艾蒂安（Etienne de Senlis）改革当地教务。1130 年，我为防止教会分裂，积极介入教皇选举事宜，最终确保英诺森二世（Innocent Ⅱ）当选。1147 年，我为推动第二次十字军东征到处布道，鼓舞将士们前进。我还对阿伯拉尔和吉尔伯特（Gilbert de la Porrée）等人过于激进的学说予以批判。这些都是修道院外的事情。

**记者：**

你的确是一位优秀的宗教活动家。

**贝尔纳：**

我依靠个人魅力影响了很多事。

## 五、灵修论

**记者：**

你把亲友们都带进了修道院，还创立了修道院，我相信你这是要帮助人们进行灵魂修炼，使他们成为上帝最喜欢的人，是吧？

**贝尔纳：**

是的。阿伯拉尔这些人只注重对人进行理性方面的训导，似乎只要拥有强有力的理性能力，就能成为一个完美的人。

**记者：**

理性主义是这么做的。

**贝尔纳：**

我不反对对人进行理性主义的训导，但人要想获得拯救，仅仅依靠理性修炼是不够的。

**记者：**

那该如何做呢？

**贝尔纳：**

人要想获得拯救，关键还是要回归到灵魂与精神方面的修炼，而理性能力的训导只是灵魂修炼的一部分。那如何进行修炼呢？最基本的要求就是人要学会把个人的宗教体验与基督教的普世教义予以结合。只有这样，才最终能实现与上帝的融合，人就不再是普通的人，而是上帝之子了。

## 六、教会在人的灵修中的作用

**记者：**

据说你善用奥利金式的“寓意解经法”解释一切，你能用这种方法来说明人的灵修过程吗？

**贝尔纳：**

寓意解经法的意义不仅在于对经典的解读上，还在于对上帝的本质和知识的探索层面上。

**记者：**

明白。

**贝尔纳：**

人的灵修包括两部分内容：一部分涉及人与上帝的关系，另一部分涉及人与教会的关系。

**记者：**

请细细说来。

**贝尔纳：**

人的灵魂与上帝之间内在的爱，就像新娘与新郎之间的爱，因为他们不仅分享一切，而且融为一体。就人与教会的关系而论，因为教会是基督徒们的信仰共同体，而上帝就是它的基础，因此人的灵魂也要与教会有内在的爱，从而获得拯救。

## 七、灵修四步骤

**记者：**

史料说，你把灵魂修炼分为四大步骤，请具体说说。

**贝尔纳：**

具体说来，灵修包括四个步骤：第一个步骤是“皈依”，它是指灵魂上皈依上帝。

**记者：**

这好理解。

**贝尔纳：**

第二个步骤是“谦卑”。

**记者：**

为什么要强调“谦卑”？

**贝尔纳：**

“谦卑”强调的是人的品性修养，即人要克服傲慢，谦卑处下，为社会和他人尽责。

**记者：**

第三个步骤呢？

**贝尔纳：**

第三个步骤是“考量”。

**记者：**

“考量”什么呢？

**贝尔纳：**

“考量”不仅指对超验真理的“沉思”，而且是力图在为他人服务和自身的灵修之间保持恰当的平衡，既不能一心为了自身的灵修和拯救而忽视为他人和社会尽责，也不能只尽自己的社会责任而不加强自己的灵修。换言之，这就是要在“皈依”和“谦卑”之间保持好平衡。因为世界上的一切都是上帝的创造物，有着神的印记，所以人的灵修最好是通过为他人和社会服务来思考上帝，进而全心去爱上帝，如此人的灵魂就能获得拯救。

**记者：**

明白。那第四个步骤是什么？

**贝尔纳：**

第四个步骤是“爱上帝”，它是灵修的核心。

**记者：**

确实应该是核心。

**贝尔纳：**

一方面，因为上帝是全心全意爱人的，为了拯救人不惜牺牲自己的儿子，所以上帝是值得人去爱的；另一方面，因为人爱上帝不是徒劳的，而是有回报的，即获得拯救，所以人应该爱上帝。

## 八、爱的四种境界

**记者：**

你曾经说过，人的爱也是有不同境界的。

**贝尔纳：**

是的。第一层次的爱，是为了人自己而爱自己。从本能和权利来说，本能的爱是第一位的。

**记者：**

这好理解。人的本性是自爱，爱其他人必须先从自爱开始。

**贝尔纳：**

第二层次的爱，是为了自己而爱上帝。

**记者：**

也就是说人是为了自己的缘故，而不是为了上帝本身而爱上帝。

**贝尔纳：**

是的。在这个阶段，人已经感受到自己能力的局限，知道行事不能没有上帝的帮助；和上帝在一起是正确的，因为上帝给予他力量。我们爱上帝，因为我们懂得有了上帝，我们凡事都能做；没有他，我们就什么也做不了。

**记者：**

那第三层次的爱呢？

**贝尔纳：**

第三层次的爱是为了上帝而爱上帝。人如果得到了他所渴望的，他的心必不能像大理石一般，无法被良善的帮助者所触摸。他不能仅仅停留在爱自己上，也不能仅仅停留在为了自己而爱上帝上。

**记者：**

人不仅是为了自己的利益而爱上帝，更是为了上帝的良善和伟大而爱上他。

**贝尔纳：**

是的。到了第四层境界，人就是为了上帝而爱自己。

**记者：**

人最终会为了荣耀上帝而完善自己，进而超凡脱俗。

**贝尔纳：**

第四层次的爱是最高级的，这表明人已与上帝身心交融，超凡入圣。

## 九、苦修的必要性

**记者：**

我们这个时代的很多人都认为，你思想的核心内容就是基督教的拯救观念，这一点估计你也不会有太多异议。

**贝尔纳：**

是的。但要实现这个目标，必须诉诸苦修。

**记者：**

为什么呢？

**贝尔纳：**

首先，在所有创造物中，唯有人从上帝那里获得了思想，即通过理性认识真理的判断力，以及通过意志追求善的自由。因此，人的本性中是有成为神的潜能的。当然，这要经过超自然的实体转变，即“神化”。而这一转变过程就是一种神秘的生活体验，是一种入迷、出神的状态。不过，尽管人具有“上帝的形象”，但仍不完善……

**记者：**

是不是因为人具有原罪？

**贝尔纳：**

是的。原罪人生而有之，人人有之，所以要通过苦修才能达到完善。

**记者：**

明白。其次呢？

**贝尔纳：**

其次，人具有思想、自由意志和与神相似这三项条件。其中，自由意志使人具有独立判断善恶的能力，因此人作恶并非外力使然，而是人的自由意志决定的。此外，人有理性，这是人不同于动物的地方。而且，即使人犯了罪，他仍然保有与神相似的这一特点。

**记者：**

你说的这一点与苦修有什么关系呢？

**贝尔纳：**

其道理与我最先说的那一点差不多。人虽然与神相似，但毕竟不一样。人要无限接近神，不进行苦修是不可能的。

**记者：**

明白，请继续。

**贝尔纳：**

最后，人必须知道什么应该去做，还必须具有这么做的能力。因此，自由不仅是愿意，而且是知识和能力的问题。可以说，愿意、知识和能力是自由的三个要素，而这些正是人与上帝相似的地方。一旦我们沉溺于俗世，就会在精神上失去它们，因此，我们必须努力去恢复它们。而基督徒的生活方式，特别是修道院的苦修生活，就是要实现这一点。

**记者：**

唯有苦修，才能无限接近神，还是这句话。

**贝尔纳：**

没错。

## 十、苦修生活“三部曲”

**记者：**

你一直强调苦修的重要性，修道院里的苦修生活是怎样的呢？

**贝尔纳：**

修道院的苦修生活包括三大步。

**记者：**

请讲。

**贝尔纳：**

第一步就是我们每个人都要观察和考量我们自己的原罪状态，这不仅包括每个人对自身的“良心考查”，还包括根据某种真理秩序来审查精神。

**记者：**

也就是要“认识自己”？

**贝尔纳：**

我问你一个问题：如果你迷失自我，那你怎么通向远方呢？

**记者：**

迷失自我，没有方向，就不可能到达远方。

**贝尔纳：**

没错。认识自己是一种智慧，智者都是最先认识自己的。

**记者：**

如何认识自己呢？

**贝尔纳：**

上帝是通过自己的圣言来创世的，因而对圣言要善加保护；而人作为上帝的形象，也要关心和保护自己内心的圣言，即获救的福音。一旦内心有任何不利于获得福音的东西，就要驱除它。为此，人要了解自己的本性和处境，如我是谁、我从哪里来、我要去哪里。

**记者：**

苦修的第一步就是帮助人们认识自己，唯有认识自己，才能走向上帝的怀抱。

**贝尔纳：**

第二步，人尽管在灵魂上与上帝相像，但两者毕竟实体不同，而要与上帝融为一体，实现实体转变，人就必须认识和爱上帝。为此，人要认识自己，即认识自己过去的伟大和现在的悲惨处境，从而努力恢复自己遗忘的、尚处于自身之中的伟大，不断提升自己，最后达到与上帝融为一体；否则就会自甘堕落，成为畜生一类的东西。至于爱，它是克服原罪的动力。因为我们努力爱上帝，就会摆脱原罪，重获作为上帝的形象的伟大。

**记者：**

请继续。

**贝尔纳：**

第三步，正是认识和爱让人转向真正的自身，最后转向上帝。其中，爱是这一转向的最终原因。爱又分为两种：一是人对自身的肉体之爱，二是人对上帝的超自然的爱。而要从前者过渡到后者，首先必须认识到自己的原罪和当下的悲惨处境，然后再发现别人的悲惨处境，这样，对自己的怜爱就会上升到对别人和整个社会的爱，因为所有的人都有原罪。在这方面，耶稣基督就是我们每个人的榜样，他是为整个人类献身的，他爱所有人。唯有这样，人才能由肉体之爱升华到超自然的对上帝的爱上。这一升华是一种出神、入迷的神秘体验，因此必须摒除肉欲，实行苦修。

## 十一、教会权力至高无上

**记者：**

关于教会权力与世俗王权的关系，历来是仁者见仁，智者见智。你如何看？

**贝尔纳：**

根据《福音书》中的记载，世界是由“双剑”统治的，一是世俗君主，二是主管灵魂的教会。在我看来，教皇同时拥有这两把剑，他亲自使用宗教之剑，又把世俗之剑交给了执行者——世俗君主。

**记者：**

你认为一切权力都归教会。

**贝尔纳：**

当然。教皇不会像世俗统治者那样来直接治理国家，而是在教会法或教会利益受到世俗统治者的威胁时才会进行干预。

**记者：**

你的门徒之一后来成了教皇尤金三世，你则担任了他的顾问。据说你帮助尤金三世树立了权威，并成功说服法国国王路易七世和神圣罗马帝国皇帝康拉德三世发动了第二次十字军东征。你还亲赴西欧各国到处演说，煽动农民和骑士参加东征，从而扩大了罗马教廷的统治。

**贝尔纳：**

教皇是基督在世上独一无二的代表，他是基督教国家真正的君主，路易七世和康拉德三世等只是基督教世界的诸侯，只有教皇才能领导所有的诸侯和臣民。

## 贝尔纳简传

明谷的贝尔纳（Bernard of Clairvaux，1090—1153 年），法国神学家、宗教改革家。1112 年，贝尔纳进入西多修道院成为修士。1115 年，贝尔纳创建明谷修道院并担任第一任院长，他主张严格遵守教规，坚持简朴乃至苛刻、禁欲的生活方式。在贝尔纳的领导下，明谷修道院成为欧洲修道院的典范，其模式在西欧各地迅速普及和发展。贝尔纳坚持教权至上理念，1129 年，他公然与法国国王路易六世发生冲突，捍卫宗教自主权力，支持巴黎主教艾蒂安改革当地教务的主张。1130 年，他为防止教会分裂，强力介入教皇选举，最终确保英诺森二世当选。此外，最著名的事件是他为准备第二次十字军东征而做的宣传鼓动式的布道。1153 年，他在明谷修道院去世。贝尔纳一生著述庞杂，其中重要的有《论皈依》《谦卑的等级》《论考量》《论对上帝的爱》《有关〈雅歌〉的布道》等。

# 第二十一章　迷途指津

## ——对话迈蒙尼德

## 引　子

摩西·迈蒙尼德是12—13世纪的一位犹太哲学家、神学家、科学家，他的出现标志着中世纪的犹太哲学达到了巅峰。迈蒙尼德是犹太经学史上的律法大家和集大成者，其卓越之处在于以古希腊的理性原则为支点，将包罗万象、冲突抵牾的犹太律法学说熔于一炉，开创出一个既合乎犹太正统信仰，又符合理性逻辑的律法学说体系。事实上，迈蒙尼德的影响和名声既不局限于他所生活的时代，也不局限在犹太人之中。12世纪以后，经迈蒙尼德总结的“犹太教基本信仰十三条”被人们广泛接受。迄今，迈蒙尼德仍然是犹太人心目中最伟大的哲学家。迈蒙尼德的哲学著作《迷途指津》是中世纪犹太宗教哲学的一座里程碑，它指引当时处于基督教、伊斯兰教影响下的犹太人如何坚定自己的宗教信仰。但是，由于该著本身晦涩难懂，因此也备受争议。让我们走近这位被称为“第二摩西”的犹太哲学家迈蒙尼德。

## 一、犹太教基本信仰十三条

**记者：**

我通过研究你的几本著作，发现你是个全才，你在医学、哲学、律法等方面的造诣都不浅。其中，你在犹太教理论方面的研究成果最多，影响也最大。

**迈蒙尼德：**

我对自己的评价也是如此。

**记者：**

我想问一下，你为何要为犹太教确定那么多的信条？据说你制定这些信条时仅有20多岁，你如此年轻，似乎是没有足够的学识和资格来做这么大的事的。

**迈蒙尼德：**

我是在对犹太教口传律法集《密西纳》（*Mishnah*）所作的评注中提出犹太教的十三条基本信仰的。写作《密西纳评注》时我才23岁，我前前后后花了7年时间才完成了这部著作。我在写的时候，很多问题还没有思考清楚，也没有想为犹太教制定一些信条。现在回过头来看，在那个特殊的时候，为犹太人总结出一些能够得到广泛认可和践行的信条，我认为还是很有必要的。

**记者：**

为什么呢？

**迈蒙尼德：**

在我们犹太教中，除了一些明文的规定，还有许多原则是通过口头流传下来的。这些原则并不系统，需要对它们加以整理和总结，形成一些可供人们普遍遵守的信条。当一个人接受这些信条并真正履行它们时，他就会成为犹太社区的一分子，我们就有义务按照上帝的嘱咐去爱他、帮助他。既然他成为我们犹太社区的一分子，他就得遵守这些信条。如果他质疑和背叛这些信条，那他就是一个异教徒，我们就有义务去排斥他、惩罚他。

**记者：**

我明白你的意思了，这些原则和信条确实不属于法律，而属于宗教律例。在你的潜意识中，你是想把民间流传的很多约定俗成的原则明确地表述出来，用以规范犹太人的行为，并同时使犹太社区与其他社区区分开来，从而保持犹太教的纯洁性。

**迈蒙尼德：**

可以这么说。这些原则我在之后所写的《密西纳托拉》（*Mishnah Torah*）和《迷途指津》（*The Guide for the Perplexed*）中也多次探讨过。

**记者：**

你可否介绍一下，你为犹太人列出的十三条原则具体包括哪些内容？

**迈蒙尼德：**

这十三条原则是：1. 创世主创造并管理自然及一切被造之物；2. 创世主乃

独一无二的真神；3. 创世主无形无体无相；4. 创世主乃最先的，亦是最后的；5. 创世主系唯一值得敬拜之主，此外别无可敬拜之物；6. 先知一切话语皆真实无误；7. 摩西的预言是真实的，他是先知中最伟大的一位，在其前或其后，无一人胜过他；8. 犹太教传统律法，系最初由神向摩西所传，并无更改；9. 律法永不改变，亦不会被取代；10. 创世主洞察世人的一切思想行为；11. 创世主向遵行律法的人赐予奖赏，向践踏律法之人降罚；12. 救世主弥赛亚必将再来，应每日盼望，永不懈怠；13. 最终死人将复活。

**记者：**

这十三条原则是在律法之外重新建立一条以原则通往上帝之路，但其中似乎有很多原则是《圣经》里就有的。

**迈蒙尼德：**

犹太民族的经典有《塔纳赫》（*Tanakh*，又称《希伯来圣经》，即《圣经 · 旧约》）、《塔木德》[*Talmud*，包括《密西纳》和《革玛拉》（*Gemara*）]、《米德拉什》（*Midrash*）、《哈拉卡》（*Halakhah*）等，我们犹太教的信条与基督教是有很多不同的。

**记者：**

可否举一两个例子？

**迈蒙尼德：**

当然可以。关于上帝的无形体性就是一个例子。在当时的犹太民族中，很多人都相信上帝如《圣经》中所描述那样，是神人同形同性的神，因此上帝是有形体的。而我所提出的“十三条”中，就认为神是无形体的。

**记者：**

似乎在你之前，有很多神学家都说上帝并非是有形体的。

**迈蒙尼德：**

这没错，但在犹太民族中，我是第一个明确否定这种神人同形同性的说法的人。

**记者：**

原来如此。不过，有一个问题我想向你请教一下。你提到的“十三条”中，有一条是相信人死后会复活，但另一些资料又说，你似乎并不相信人死后会复活，是吗？

**迈蒙尼德：**

说句实话，我对人死后会复活的说法是有一些看法的。我认为，人死后会复活的观点从科学的角度上讲是站不住脚的，因此我们不应该过分强调肉体复活的理论。

**记者：**

据我了解，有人对你进行批评时，理由就是你不相信人会复活和灵魂的不死。

**迈蒙尼德：**

没错。我在后来写的一篇著作《论死者复活的书信》（*The Letter on the Resurrection of the Dead*）中再次强调，我对这个观点不感兴趣。

**记者：**

由此看来，你的“十三条”中还是有矛盾的地方，引起争议也就不足为奇了。

**迈蒙尼德：**

这“十三条”其实是为了解决争议而提出的，并且事实上它们后来被广泛接受，这也算是求同存异了。

## 二、“第二摩西”美誉的由来

**记者：**

很多人对你写的那本《密西纳托拉》评价非常高。有人说，因为这本书，你可谓是一个比肩摩西的人，因此也把你称为“第二摩西”。我想了解一下，你为什么要写这本书？

**迈蒙尼德：**

说来话长。《密西纳》是以著名学者犹大·哈那西（Judah ha-Nasi）为首的拉比们在公元200年前后编撰的律法集，分为种子、节期、妇女、损害、圣职、洁净六个部分，内容包括犹太教的教规、诫条和婚姻、家庭、宗教生活等守则。“托拉”（Torah）泛指上帝启示给以色列人的真义，亦即上帝启示给人类的教导和指引。《密西纳托拉》是我写给大众的律法书，主要阐释和评述《密西纳》中的律法。

**记者：**

《密西纳》中的律法属于成文法还是口传法？

**迈蒙尼德：**

口传法，但无论是成文法还是和口传法，它们的来源都是相同的。

**记者：**

来源是哪里？

**迈蒙尼德：**

它们都源于上帝在西奈山（Mount Sinai，西奈山是公元前 13 世纪以色列人在先知摩西的带领下出走埃及、亲迎上帝和获得“托拉”的地方，是一盘散沙的以色列人凝聚团结、获得身份认同的地方，是犹太教的诞生地）的启示。

**记者：**

那它们的不同点是什么？

**迈蒙尼德：**

不同点是，成文法是由摩西记录下来，而成为《摩西五经》（又称《托拉》，即《圣经·旧约》的前五卷《创世记》《出埃及记》《利未记》《民数记》《申命记》）；口传法没有被记录下来，而是通过一代又一代人口口相传留下来的。

**记者：**

如果我没记错的话，《密西纳》是对《摩西五经》的律法部分的诠释，而《革玛拉》是对《密西纳》的诠释，两者合称《塔木德》，也就是说《塔木德》是口传法。

**迈蒙尼德：**

《塔木德》的权威性仅次于《塔纳赫》，是每个犹太人至死研读的书籍。它里面把我们每一个犹太人应该遵守的各种规章说得清清楚楚，但是……

**记者：**

但是什么？

**迈蒙尼德：**

到了我们那个时代，《塔木德》面临着挑战，有很多内容已经很难为犹太人提供明确的指南，所以必须加以修改。

**记者：**

所以你就开始写你的那本《密西纳托拉》？

**迈蒙尼德：**

是的。为了给犹太人的日常生活提供明确的指南，我开始对古往今来的一些犹太律令进行研究。无论是那些肯定的还是否定的、清晰的还是隐晦的规则，我都尽量用大家能够看得懂、听得懂的语言来阐述。我希望这本书能够涵盖所有的口传律法，大家看了它就可以规范自己的行为，指导自己每天的活动，而无须劳心费神地去研究别的律法。

**记者：**

你的志向很远大啊。那这本书包括哪些内容呢？

**迈蒙尼德：**

包括从我们的先知摩西的时代到公元3—6世纪《塔木德》成书时的所有律例、习俗、法律、法规。可以说，凡是先读成文法再读这本书的人，都会知晓所有的口传律法，也就是说，无须再看别的什么书了。

**记者：**

时间跨度从公元前13世纪到公元6世纪，多么了不起的一本书啊。

**迈蒙尼德：**

《密西纳托拉》由14卷内容构成，包括论知识、论敬拜、论节期、论妇女、论圣法、论誓言、论种子、论圣事、论牲祭、论洁净、论获得、论损害、论律法、论审判官。《旧约》中犹太教的律令共有613条，其中很多原则、典章及其具体的运用在我的书中都有体现。

**记者：**

我明白你的意思了。你的《密西纳托拉》是一部纵贯古今、包罗万象、蔚为大观的律法全书，犹太人可以通过其来指导自己的行为，而无须借鉴别的著作了。也难怪有人称你为“第二摩西”，还传说你有公元前11世纪古以色列王大卫的血统。

**迈蒙尼德：**

这绝对是夸张了。

## 三、亚里士多德：人类理智的极致

**记者：**

我曾经把你与另一位著名哲学家阿维森纳进行比较。

**迈蒙尼德：**

阿维森纳比我早生一个多世纪，他是一位百科全书式的学者，不仅是哲学家，还是博物学家、天文学家、数学家和医学家。

**记者：**

我发现阿维森纳总是有意无意地避开哲学，他说哲学应该小心地向无知者隐藏起来；而你则不同，你写的著作时时处处总是要结合哲学问题来进行。

**迈蒙尼德：**

这或许与我们对亚里士多德的评价有关。相对来说，我更推崇亚里士多德的哲学。在我看来，亚里士多德的哲学代表了人类理智的最高峰，也可以说是极致。没有亚里士多德的著作作为基础，人类的科学就是无源之水、无本之木。

**记者：**

有人说你的《迷途指津》的基调就是亚里士多德主义。据我所知，阿维森纳是阿拉伯哲学中亚里士多德学派的著名哲学家，他曾对亚里士多德的诸多著作作过评注，继承与发展了亚氏的理论，但你们西方对他的评价并不高。

**迈蒙尼德：**

总的来说，我试图将亚里士多德的哲学和犹太教义相结合，即以理性认识信仰；而阿维森纳的哲学必须与他的科学成就联系起来考察，也就是说，他的思想带有浓厚的自然科学色彩。

## 四、健康的身体有利于认识上帝

**记者：**

听说你学过医学？

**迈蒙尼德：**

我出生在伊斯兰教统治下的西班牙，早年学过医学，对古希腊著名医学家伽林（Galen）的著作非常了解。后来因遭受迫害，我先后迁居到摩洛哥和埃及，曾担任过埃及国王萨拉丁的御医。

**记者：**

你不仅是哲学家、神学家，还是医学家。

**迈蒙尼德：**

我当医生不是为了赚钱，而是为了搞研究。我写过十几本医学方面的书，我的医学著作可以分为两类：一类是受当时的穆斯林权贵委托而写的针对赞助人所关切的某种病症或保健方法的专题论文，如《论哮喘》《论毒物及其解药》《论养生之道》等；另一类是出于自己的知识兴趣而写作的医学汇纂评注，如《〈希波克拉底医学箴言〉评注》和《摩西医学箴言》。

**记者：**

在当时很多人看来，医学和人们对上帝的信仰是矛盾的——他们认为搞医学的人把人体都当作一种简单的器械，医治身体就是对器械修修补补，这样对上帝的这些创造物是非常不尊重的——以至于一些人认为，信仰医学、从事医学，是一件亵渎神灵的事情。你是怎么看的呢？

**迈蒙尼德：**

当时持这种看法的人确实不少，但毫无疑问，这种看法是荒唐的。

**记者：**

怎么讲？

**迈蒙尼德：**

身体是灵魂的基础。人们要想使自己的灵魂得以完善，就必须使自己的体魄健全。灵魂完善了，才能为自己的理性、智慧以至最终服务于上帝这个最高的目标，提供一种可能性。

**记者：**

你的医学观贯穿着“健康的身体是健康的心灵的先决条件”“医学是修补身体上缺陷与精神上异常的艺术”“道德的生活是健康不可或缺的要旨”等医学原则。

**迈蒙尼德：**

是的。好的医术可以成为保障身体健康的法宝，发展医学对于人类增进美德、认识上帝乃至最终过上良善的生活，是有百利而无一害的。怎么能说它是亵渎神灵呢？

## 五、理性与启示关系的四种认识

**记者：**

关于希腊哲学与犹太教传统的关系，我想是你们这些犹太思想家必须要考虑的一个问题，是吧？

**迈蒙尼德：**

是的，它们之间的关系也就是理性与启示的关系。我们虽然处于穆斯林的统治之下，但我们信仰的是犹太教，并且深受希腊哲学的影响。在这种特殊的环境中，我们尤其要关注理性与启示的关系。

**记者：**

就这个问题，关于你的看法，历来有两种观点。一种观点认为你主张采用二元主义的方法来处理两者的关系，也就是理性是理性，启示是启示，井水不犯河水。另一种观点认为你主张采用融合式的方法来处理两者的关系，因为两者并不矛盾，也并非彼此独立，而是可以相互融合。我想知道你是如何评价这两种说法的。

**迈蒙尼德：**

关于理性与启示的关系，历来就有四种认识。

**记者：**

哪四种？

**迈蒙尼德：**

第一种认识，我们可以称之为“绝缘论”。也就是说，要使人们的信仰与哲学绝缘，免得人的信仰受到哲学的污染，进而保持信仰的纯洁性。

**记者：**

对于这种看法，你是如何评价的呢？

**迈蒙尼德：**

这种看法实际上是一种排他主义的态度，其本质是站在犹太教传统上来拒绝哲学。

**记者：**

所谓绝缘论，就是更看重先知的启示而不是哲学家的理性思维。

**迈蒙尼德：**

是的。第二种认识是“二元论”，也就是认为犹太的宗教传统和希腊哲学是并驾齐驱的两种东西。宗教启示被限定在实践的领域，规范人们的行为，而理性被限定在真理的框架之内，二者各自发挥作用，不存在彼此的联系和合作。

**记者：**

也就是说启示与理性相互独立、互不关联？

**迈蒙尼德：**

没错。第三种认识我称之为“拒绝论”，即彻底否定犹太传统而接受希腊哲学。持这种观点的人认为，在启示和理性中，后者才是真理的终极标准。启示是神的思想，是不可知的，而哲学是人的思想，因此作为人的我们应该只接受人的思想，而不是去接受神的思想。

**记者：**

所谓的“拒绝论”就是宁要哲学不要宗教，这种观点似乎与第一种“绝缘论”是完全对立的。

**迈蒙尼德：**

是的。第四种认识我称之为“融合论”，这种理论认为，理论与实践、启示与理性、宗教与哲学彼此都不是对立的关系。也就是说，两者有着共同的领域，人的理性可以参与到神的知识体系中去；同样，神的启示也可以参与到人的理性世界中去。二者不是独立的，而是一致的。

**记者：**

在“融合论”看来，启示与理性之间不是相互矛盾而是可以彼此融合的。

**迈蒙尼德：**

是的。

**记者：**

我曾经看过两位犹太哲学家对你的评价，他们都认为你是标准的二元论者。

**迈蒙尼德：**

我不知道这些人为什么认为我是一个二元论者，可否请你也给我讲一讲呢？

**记者：**

有一位犹太哲学家伊萨克·胡斯克（Isaac Husik）就是持这种态度。胡斯克认为，你不主张将哲学传授给一般人以及立志于犹太律法研究的虔诚的教徒，目的就是要避免哲学思辨精神动摇人们的信仰。同时，你的两本著作《密西纳评注》和《密西纳托拉》只是写给研究哲学的人看的，你在其中阐述的是亚里士多德的哲学。由此看来，在你心中，哲学和启示是相互独立的，哲学可以让那些研究理性的人去学习，而启示可以传授给那些相信上帝的人。（参见 Isaac Husik, *A History of Medieval Jewish Philosophy*, New York：Meridian，1959）

**迈蒙尼德：**

还有别人的评价吗？

**记者：**

还有一位犹太裔哲学家列奥·施特劳斯（Leo Strauss）也认为你是一个二元论者。在施特劳斯看来，在你的哲学中，启示和理性是两个可以并列的领域，就如同耶路撒冷和雅典两座城市。在一个以启示、立法为生存原则的社区里，哲学的追求不但会被认为是无益的，而且会被认为是危险的。同样，施特劳斯通过研究也发现，在普通大众面前你是个宗教学家，但在追求思辨的人面前你是个哲学家。你的著作只有那些精通物理学、逻辑学、形而上学的人才能理解，你的思想也是在两个领域齐头并进、彼此互不矛盾。（参见［美］列奥·施特劳斯：《哲学与律法：论迈蒙尼德及其先驱》，黄瑞成译，华夏出版社 2012 年版）

**迈蒙尼德：**

没想到这些学者分析得这么透彻。

**记者：**

不过，我感觉施特劳斯与胡斯克的看法也不太一致。施特劳斯多次说过，你的真正追求在理性和哲学方面，而不是在信仰和犹太传统方面。是这样吗？

**迈蒙尼德：**

其实无论是胡斯克还是施特劳斯，对我的评价都不尽准确。

**记者：**

你是说你并不是二元论者？

**迈蒙尼德：**

我认为，个人对真理、理性的追求，可以和以传统的启示、立法为根本的生活方式并行不悖。对思辨的理性的追求，并不会削弱团体行为的重要性，反而会赋予它更深的含义。同样，神圣启示体现为涉及人们日常行为各个方面的规范性价值体系，这与人们的理性认识并非完全不相符合。虽然人不能掌握神的所有知识，但人的理智能够参与到对神圣知识的获取之中。

**记者：**

如此说来，你的看法属于你刚才所讲的第四种类型，那就是"融合论"。

**迈蒙尼德：**

可以这么说。

## 六、关于上帝存在的亚里士多德主义证明

**记者：**

上帝观是你们犹太教理论的核心问题，而上帝的存在问题是核心中的核心。据我所知，作为一名哲学家，你深受亚里士多德哲学的影响，也千方百计地想用亚里士多德的理论来论证上帝的存在。

**迈蒙尼德：**

你说得没错。我在《密西纳托拉》和《迷途指津》中都一再试图用亚里士多德的理论来论证上帝的存在。在我看来，上帝存在这个问题是一种信仰，是一种教义，同时也是一个可以用理性或者说用科学的方法来予以证明的命题。

**记者：**

你是如何论证的呢？

**迈蒙尼德：**

我在《密西纳托拉》中指出，天体旋转运动，永不停息，这说明背后一定有让天体运动的原因。既然天体能不断运动，这说明必然有一个"第一推动者"，而这个"第一推动者"是谁呢？就是上帝。

**记者：**

在我的印象中，亚里士多德就是这么说的。

**迈蒙尼德：**

在基督教世界，我们普遍相信上帝创造了一切。如果上帝不存在，那就没有

什么东西存在。上帝的存在，是上帝所创造的物质运动的根本原因。被上帝推动的那些东西，都是一些看得见、摸得着的东西。因此，作为推动者的上帝不可能跟这些物体一样也看得见、摸得着，而是非物质性的东西。

**记者：**

你的论证过于简单了，你在《迷途指津》中又是如何论证的呢？

**迈蒙尼德：**

在《迷途指津》里，我就上帝存在的问题提出了两种论证。

**记者：**

请一个一个讲。

**迈蒙尼德：**

根据你我观察到的世界，所有的物体都在运动中，没错吧？

**记者：**

万物都在运动，处于绝对静止的事物是不存在的。

**迈蒙尼德：**

任何事物的运动和变化都会有原因，这个原因本身也应该有促使它变化的原因。

**记者：**

没错。

**迈蒙尼德：**

但是，你我都应该明白一个道理，这样一环套一环的动因的序列，不应该是无限的。也就是说，它应该有一个终极性的原因。这个终极性的原因，在我看来就是上帝。

**记者：**

你的这种说法和亚里士多德如出一辙。那第二种论证呢？

**迈蒙尼德：**

我们都是通过感觉来感知世界的，有很多事物确确实实存在。对于这些存在物，有三种可能：其一，所有事物都无始无终；其二，所有事物都有始有终；其三，部分事物都有始有终。

**记者：**

你想说明什么问题呢？

**迈蒙尼德：**

感觉经验告诉我们，第一种是错误的，第三种是正确的。如果第二种是成立的，那么就有可能所有事物在同一时间都停止存在，而且没有什么东西从虚无中消失。一旦出现所有事物都同时停止存在的情况，那么现实中就永远不会再有任何事物存在的可能性。而实际上，在现实中确确实实有众多事物存在着，因此它说明这样一个道理：在宇宙之中，毕竟存在着一个永远都不停止存在的存在者，它是现实存在的，而不仅仅是一种可能。这个存在要么是以自己的力量为动力，要么是以一种外在的力量为动力。如果是前者，该存在者必定是一个绝对的存在，这个东西就是上帝；如果是后者，作为动因的那个外在的力量，就是一个绝对必然的存在。

**记者：**

请继续讲。

**迈蒙尼德：**

也就是说，在宇宙之中，有一个绝对必然的东西存在，它是所有事物存在的原因，我们称之为上帝。

**记者：**

你的这两种论证确实与亚里士多德的论证有很多相似的点。在第一种情况下，现实世界中物质之间相互推动，如果运动的原因无限往后顺延，这显然是不可能的，而终极性的原因就是上帝。在第二种情况下，所有存在都需要外力推动，如果某一事物的存在是自由的，不依赖于其他的存在而存在，那么它就超越所有物质性的存在而存在，这意味着它是宇宙中唯一的、至高无上的和非物质性的第一动因。在你看来，它就是上帝。

**迈蒙尼德：**

你的总结差不多。

## 七、能被认识的唯有上帝的“行为”

**记者：**

我看过一些犹太哲学家的书，有人说上帝的本性是人类所不可能把握的，因此上帝的属性除上帝本身以外，没有任何理智可以理解，人类也就不可能用任何肯定性的谓语来描述上帝。

**迈蒙尼德：**

这个说法是对的。

**记者：**

但问题是当你翻开《圣经》的时候，你经常会看到那些先知用“仁慈”“愤怒”“全能”“全知”等词汇来描述上帝的属性。很显然这些并非是否定性的词语，这如何解释呢？

**迈蒙尼德：**

在回答你的问题之前，我想作个铺垫。

**记者：**

请讲。

**迈蒙尼德：**

就人们描述事物属性的方法来看，一般有五种。第一种是用定义描述事物，比如说“人是有理性的动物”。第二种是用部分定义的方法来描述事物，比如说“人是动物”，或者说“人是有理性的”。第三种是用某些非本质性的性质来描述事物，比如描述一个人的智力、道德、情感特征，或者通过大小、长短、轻重来描述某个事物。但这些并不是事物的本质，也不是对其本质的补充。第四种是用其他事物来描述事物，如时间、空间，比如说某人出生于某个时代等；或通过与其他事物的关系来描述某个事物，比如说某人是其他人的父亲。第五种是用行为来描述事物，比如说某人做了这扇门、修了那堵墙。

**记者：**

那我想了解一下，哪种方法最适合描述上帝的属性呢？

**迈蒙尼德：**

我给你分析一下你就会明白了。在我说的这五种方法中，前三种所描述的是事物的本质、部分的本质或者某一类的性质，这些都不能用来描述上帝。

**记者：**

为什么呢？

**迈蒙尼德：**

因为前三种方法对事物属性的描述意味着有各种性质的复合，而这一点恰恰与上帝的纯粹的单一性是相违背的。

**记者：**

那后两种方法呢？

**迈蒙尼德：**

第四种方法是用事物与时间、空间或其他事物之间的关系来描述某个事物。但在我看来，上帝与时间无关，与空间也无关。时空仅仅是与物体的运动有关的一种属性，而运动说到底就是物体的运动，但上帝并非某种物体，因此我们无法用上帝与时空的关系来描述上帝。

**记者：**

那完全可以用上帝与某种他所创造的事物之间的关系来描述上帝，比如上帝与我们人的关系。

**迈蒙尼德：**

这个方法也不行。

**记者：**

为什么呢？

**迈蒙尼德：**

所谓相关联的事物，它们之间的关系应该是对等的。但上帝是某种绝对的存在，而上帝的所有创造物仅仅是可能的存在，这种存在是相对的，因此上帝与他的创造物之间不存在彼此对等的关系。既然如此，我们怎么可能用它们之间的关系来描述上帝呢？

**记者：**

你的这种说法我感觉也有些问题。你说上帝与其创造物之间没有任何可比性，其实也不尽然。例如，上帝是智慧的存在，而人也同样是拥有智慧的，那么我们就可以用上帝与人之间的共同点即智慧来描述上帝的属性。

**迈蒙尼德：**

这里面有一个很大的误会。在《圣经》中，虽然用一个相同的字眼“理智”来描述上帝和人，但人的理智绝对无法理解上帝的理智，二者之间绝对没有任何可比性。因此，是不能用人和上帝之间的关系来描述上帝的。

**记者：**

说来说去，你的意思是只有第五种方法才适用于描述上帝，也就是说我们只有用上帝的行为来描述上帝。

**迈蒙尼德：**

是的。上帝的存在是其本质属性和行为的有机体，对上帝来说，他的一切行为都是由他的本质所决定的。上帝的行为和活动可以间接揭示出他的本质，而且对我们人类来讲，我们只能发现和认识上帝的行为，而不可能了解上帝的本质。

**记者：**

你的意思是说，我们只能用描述上帝行为的特征的某些词语，比如仁慈、怜悯、愤怒等来描述上帝。这些特征仅仅是人类根据自己与上帝之间的关系，把相应的某种感受赋予了上帝，而事实上它们与上帝的本质无关。

**迈蒙尼德：**

是的。因为上帝并不具备任何类似于人的情感的属性，人类描述上帝时所使用的词汇仅仅是自我对上帝的感受而已。

## 八、上帝乃是对一切不完善性的“排除”

**记者：**

我在你的《迷途指津》中看过这样一句话：“他在本质上极为圆满、完善，无须添加任何东西；其完善乃是对一切不完善之否定。”（参见摩西·迈蒙尼德：《迷途指津》，傅有德等译，山东大学出版社 2004 年版）在这句话中，“他”自然是指上帝；关于后面的“对一切不完善之否定”，希望你能再解释一下。

**迈蒙尼德：**

人们在描述上帝的属性的时候，经常喜欢用“上帝是怎样的”这样的语法结构，比如上帝是仁慈的、全能的。

**记者：**

难道这样有什么不对吗？

**迈蒙尼德：**

当然不对。

**记者：**

何以见得呢？

**迈蒙尼德：**

这样的语法结构中所谈的属性只是上帝属性的一部分，甚至仅仅是人们对上帝的某种感性的描述，因此不可能真正、准确、全面地概括上帝。

**记者：**

那如何来描述上帝的属性呢？

**迈蒙尼德：**

上帝是一种无限的存在，所谓的“上帝是怎样的”，不过是人们自己所理解的上帝。所以说，任何用肯定性的语法结构来描述上帝属性的做法，都是不对的。

**记者：**

你的意思是应该用否定性的语法结构，也就是排除法？

**迈蒙尼德：**

是的，我认为我们只能用某种排斥性的语言来描述上帝的属性。

**记者：**

排除什么呢？

**迈蒙尼德：**

排除掉人间所有的不完善性，因为它们都是与上帝的属性相矛盾的。所有的那些不完善性，都包含在上帝的否定性概念内。总之，所谓上帝的属性，也就是对人间一切的不完善性的否定或者排除。

## 九、上帝是宇宙的创造者，也是宇宙的改革者

**记者：**

亚里士多德提出了“宇宙永恒论”，通过研究你的早期著作，我发现你对其是基本认同的。但是，看了你后来写的《迷途指津》，我感觉你的观点发生了变化。这是为什么？

**迈蒙尼德：**

早期我由于思考得不够周密，确确实实对亚里士多德的理论全盘接受，但后

来我发现其是有问题的。

**记者：**

愿闻其详。

**迈蒙尼德：**

关于宇宙的起源，历来有两种看法，一种以亚里士多德为代表，另一种以柏拉图为代表。

**记者：**

他们具体是怎么说的？

**迈蒙尼德：**

亚里士多德派严格地说不是亚里士多德本人，而是中世纪阿拉伯的一些亚里士多德主义者。在他们看来，宇宙有其存在的原因，这个原因就是上帝。上帝在永恒和必然中以一种一成不变的方式创造世界，世间所发生的一切无不遵循着自然的方法。因为上帝是恒定不变的，所以也不可能产生什么新的意志。这就是亚里士多德派的观点。

**记者：**

你同意这种观点吗？

**迈蒙尼德：**

我并不认同，因为这种观点是错的。

**记者：**

错在哪里？

**迈蒙尼德：**

你不要急着逼我表态，让我把另一种观点说完以后再一起说，好吗？

**记者：**

不好意思，请讲。

**迈蒙尼德：**

另一种观点来自柏拉图派，同样，这也是中世纪阿拉伯的柏拉图主义者的观点。这种观点认为，宇宙是被创造出来的，由于无中不可能生有，所以在宇宙诞生之前就有原初的“质料”存在。这些“质料”和上帝一样永恒存在，但两者并不处于同一等级，其关系相当于泥土与陶工。上帝就是利用原初的“质料”创造宇宙万物，万物消亡后，又复归于这些“质料”。

**记者：**

你如何评价这两种观点呢？

**迈蒙尼德：**

在我看来，这两种观点都是错误的。就亚里士多德派的观点来看，上帝所创造的宇宙是永恒存在的，是不可改变的。如此一来，上帝既然创造了这个世界，却无权力、无意识去改变它，这显然是自相矛盾的。在我看来，上帝既然创造了这个世界，他也就能够按照自己的意志去改变它。如果他仅仅是能够创造某物，但不能改造某物，那他显然就不可能是上帝。因此，这种观点是错误的。

**记者：**

那柏拉图派的观点错在什么地方？

**迈蒙尼德：**

柏拉图派认为在宇宙诞生之前，就存在着所谓的“质料”，虽然这种“质料”和上帝并不处于同一等级，但它并不是上帝所创造出来的。言外之意就是说，在上帝之外还有一个永恒的存在。这种说法是典型的二元论，和犹太教必须信奉的上帝是唯一的存在是背道而驰的。因此，这种观点也是错误的。

**记者：**

那请你将你的观点概括一下，如何？

**迈蒙尼德：**

可以。我认为，世界就是一个整体，是上帝从绝对的、纯粹的“无”中创造出来的。无论是时间还是空间，都是物体运动的某种形式，因此它们同样都是由上帝按照自己的意志和愿望从虚无中创造出来的。上帝不仅能够创造这些宇宙世界，而且是能够按照自己的意愿在任何时间对宇宙进行干预的。可以说，上帝是宇宙的创造者，也是宇宙的改革者。

## 十、灵魂是人类身体内的一种能力

**记者：**

亚里士多德非常注重对人类灵魂的研究。你的《迷途指津》也对这个问题进行了探讨。这个问题真的就那么重要吗？

**迈蒙尼德：**

假如你是个医生，你想把别人身体上的疾病治好，你应该做什么？

**记者：**

假如我想给别人治病，我必须充分熟悉人的身体构造，这样才能了解引起疾病的原因。

**迈蒙尼德：**

假如你要医治别人的灵魂，你准备怎么办？

**记者：**

你说呢？

**迈蒙尼德：**

为了拯救灵魂，提高人的道德水平，我们同样要掌握灵魂的本性和构造。

**记者：**

那灵魂的本性和构造是什么？

**迈蒙尼德：**

从灵魂的功能来看，灵魂应该包括五种能力：生命力、感觉、想象、欲望和理智。

**记者：**

请具体讲一讲。

**迈蒙尼德：**

感觉在受到事物的直接刺激后，就可以获得某种印象。即使在某种事物不在的情况下，想象力也可以通过回忆再现事物的印象，而且想象力能够对事物进行排列组合，构建从未感觉过的或者事实上从未感知过的或者不可能感知到的印象。欲望也是一种能力，它能够使人喜欢一个事物或者厌恶一个事物，并进而引起诸如喜爱、恐惧等心理。当然，理智也是一种能力，但这种能力是人类所特有的能力。

**记者：**

你说理智是人类所特有的能力，而别的物种则没有这种能力？

**迈蒙尼德：**

是的。植物的灵魂仅具有生命力，动物的灵魂不仅具有生命力，还具有感觉和欲望的能力。但是，动物的灵魂不具有理智的能力。对于我们人类来讲，我们具有上述我所提到的所有能力。比较而言，理智是人类所特有的能力，也可以说是所有生物的灵魂中最为高尚的能力。这是人之所以为人，而动物之所以为动物的根本原因。

## 十一、理智的完善将使人不朽

**记者：**

你把理智视为只有人类才拥有的一种能力，我想了解一下，你所讲的理智具体有哪些内容？也就是说，这种能力是什么样的能力？

**迈蒙尼德：**

理智能力一般来说分为三个阶段：抽象、概念、把握。首先是抽象，然后形成普遍性的一种概念，最后实现对事物的把握。所谓把握，就是对事物本质和原因的透彻理解。

**记者：**

说到底，人所拥有的理智能力实质上是对存在的理解。

**迈蒙尼德：**

可以这么说。

**记者：**

《迷途指津》的英文版译者、以色列学者派内斯（Shlomo Pines）在一篇文章中曾经说过，根据你的认识论，人的理智只能认识月球以下的世界中的物质对象，或者是与“质料”相关的对象，而对上帝和拥有独立理智的非物质性的东西则无能为力。因此，人的认识范围无法掌握天体物理学，无法了解形而上学，而仅仅限于普通的物理学。以此类推，人类对于上帝的所谓知识也只是对上帝行为属性的一种认识，而对上帝真正的本质属性是不了解的。也就是说，人们追求尽善尽美，并不在于追求理智的完善，因为理智的能力终究是相对的。人追求至善，就是为了了解上帝的行为，并模仿上帝的行为。你对此怎么看？

**迈蒙尼德：**

这是派内斯的理解。我确实说过人们只能认识上帝的行为，无法认识上帝的本质，但其中也有一些例外，例如我们的先知就是例外。他们虽然也是人，但他们的理智能力能够达到一种完善的状态。

**记者：**

何谓完善？或者说，完善的状态是一种怎样的状态？

**迈蒙尼德：**

当人的理智摆脱了肉体的束缚，不再依赖感觉经验和想象，而完全以纯粹的概念性知识为其思考的对象，这样就能逐步达到理智的完善状态。这个时候，人——也就是我们的先知——就能接近上帝，并成为他的代言人。

**记者：**

你的意思是说，理智上的完善可以使人比肩上帝？

**迈蒙尼德：**

总之，人的存在本身不是目的，目的是追求理智的不断完善。唯有实现理智的不断完善，人才能由相对的永恒走向绝对的永恒。

## 迈蒙尼德简传

摩西·迈蒙尼德（Moses Maimonides，1135—1204 年），中世纪犹太神学家、哲学家、医学家、天文学家。迈蒙尼德对犹太教的神学教义进行了前所未有的深入研究，提出了十三条基本信仰，它们至今仍为大多数犹太人所接受。迈蒙尼德不但在哲学、神学方面卓有建树，而且还长于数学、医学。他给后世留下了多部著作，其中最重要的有两部：一部是他历时 30 年写成的神学巨著《密西纳托拉》，其对犹太教律法、教义、传统做了全面的阐述；另一部是他在晚年完成的哲学经典《迷途指津》，其从亚里士多德的理性主义出发，对上帝、宇宙、律法、先知、人类知识等问题进行了深入系统的研究。《迷途指津》问世后，很快被译为多种欧洲文字，对中世纪欧洲哲学思想的发展产生了重要的影响。由于迈蒙尼德在犹太宗教和哲学方面的巨大贡献，他被誉为继古代带领犹太人走出埃及的先知摩西之后的“第二摩西”。

# 第二十二章　论光与宇宙的创生

## ——对话格罗斯泰斯特

## 引　子

我们的主人公罗伯特·格罗斯泰斯特是著名的牛津大学的第一任校长，他也是亚里士多德著作最著名、最权威的翻译者和评注者。“光”是格罗斯泰斯特哲学的中心主题。与柏拉图和亚里士多德不同，格罗斯泰斯特并非是从物理学的某种意义上使用光这个概念，而是把光作为宇宙生成的发生论基础。在格罗斯泰斯特看来，光作为第一形式散发自身时扩张质料并赋予其三维形式而形成空间，光由于其发散和凝聚的疏密程度差异而形成万物。一些学者认为，格罗斯泰斯特的这种理论与现代物理学中的热力学宇宙生成论具有某种惊人的相似之处。让我们走近格罗斯泰斯特。

## 一、牛津大学第一任校长

**记者：**

听说你曾经当过牛津大学的校长，是吗？

**格罗斯泰斯特：**

我是牛津大学最早的校长之一。年轻时，我就是在牛津大学上的学，后来又在牛津大学当老师。1224 年，我成为牛津大学的首任校长。

**记者：**

据说你也在别的大学教过书。

**格罗斯泰斯特：**

是的，离开牛津大学以后，我就到了新成立的方济各会学院任教。

**记者：**

那后来为什么你不当老师了？

**格罗斯泰斯特：**

1235 年我被任命为林肯郡的主教，自然就没办法再担任教职了，所以就离开了大学。

**记者：**

明白。说说你著书立说的情况吧。

**格罗斯泰斯特：**

我写的书，除了几部哲学和科学著作外，就是编写了第一部亚里士多德《后分析篇》拉丁语版的评论文集。晚年的时候，我还用希腊语翻译了亚里士多德的《尼各马可伦理学》。

**记者：**

你可谓是集教育家、哲学家、神学家、科学家于一身了。

**格罗斯泰斯特：**

我只是有学习的热忱，也注重学习的方法。

## 二、西欧实验科学之父

**记者：**

一些史料说你特别注重科学实验，是欧洲最早应用实验方法的人？

**格罗斯泰斯特：**

做研究不只是翻弄故纸堆，还必须对自然做各种观察和实验。实验可以帮助人们去认识那些作为科学的真理。

**记者：**

科学真理需要借助科学理论才能得以揭示，实验的作用应该是第二位吧？

**格罗斯泰斯特：**

很多科学真理只有借助实验才能发现。当人们观察到太阳和地球处于某种位置时会出现月食，也就发现了月食的规律性。当人们观察到嚼食某种植物的根茎会加速排泄，便可以利用这种植物治疗便秘，或避免食用这种食物以防止腹泻。

**记者：**

你非常注重观察。

**格罗斯泰斯特：**

开展研究必须以观察到的事实为依据，然后再确定是什么造成了观察到的事实。为了进行科学研究，我坚持观察秋天树叶落下、夜晚星星闪烁和尼罗河涨水等现象。我的著作《论天体》和《论彗星》就是由很多观察实验报告组成。

**记者：**

据说你最早提出了放大装置的应用，它不仅被用于观测天体，还在后来被你的学生罗杰·培根（Roger Bacon）利用，制造出了能增进视力的眼镜。

**格罗斯泰斯特：**

是的。从个别的实验推出普遍的法则，再从普遍的法则预测个别的现象，这就是实验的价值。

## 三、五种普遍性

**记者：**

你曾经说过人间的知识中存在着五种普遍性，愿闻其详。

**格罗斯泰斯特：**

第一种普遍性是上帝心中的永恒理法。

**记者：**

这应该就是柏拉图所说的“理念”吧？

**格罗斯泰斯特：**

是的，但我不主张把这种理性与客观的存在完全分开，这是一种低级错误。

**记者：**

第二种普遍性又是什么？

**格罗斯泰斯特：**

第二种是上帝铭刻在天使心灵里的理式或形式。

**记者：**

柏拉图视这种理式或形式是上帝造物活动的范式或模式，你意下如何？

**格罗斯泰斯特：**

我也是这么看的。

**记者：**

第三种普遍性又是什么？

**格罗斯泰斯特：**

第三种普遍性是，地上的物体具有天上天体之合理的导因，正是因为这种导因，产生了地球上的万物。

**记者：**

那第四种普遍性又是什么？

**格罗斯泰斯特：**

第四种普遍性是存在着属于地球的实体的理式，其可以组合成相应的物种和属类。第五种则是存在着物体的偶然理式，其为这些物体生来就存在的本质提供依据。(参见［英］安东尼·肯尼：《牛津西方哲学史》第二卷，袁宪军译，吉林出版集团有限责任公司 2010 年版，第 66 页)

**记者：**

有点不好理解。我感觉你所说的普遍性不过就是存在于从上帝到具体物体之中的内在规律。

**格罗斯泰斯特：**

是的。这些都是我的一家之说，你了解一下即可。

## 四、光是第一有形体的形式

**记者：**

我记得柏拉图和亚里士多德的宇宙论中都提到了光，光似乎就是他们所参透的宇宙真理。

**格罗斯泰斯特：**

是的。我对柏拉图的光学理论最感兴趣。

**记者：**

为什么？

**格罗斯泰斯特：**

柏拉图关于光的观点非常接近《创世记》中耶和华首创光作为万物创始基础的思想。

**记者：**

柏拉图坚持形而上学的光学理论。他曾把从洞穴到阳光世界并看见真实事物的过程，比作灵魂上升到可知世界的过程，也曾用太阳来比喻“善”的理念在整个理念世界中的最高地位。

**格罗斯泰斯特：**

我赞成柏拉图的光学理论，我把宇宙万物的形式和产生之源都看成是光的扩散，把光看成是本体和创造的基石。

**记者：**

在你的理论体系中，光的地位似乎已经超出了柏拉图和亚里士多德的认知。

**格罗斯泰斯特：**

是的。光是第一有形体的形式，光的扩散产生了不同疏密程度的天体和元素，形成了物质宇宙中的十三重领域，即九重天体再加四种元素。

**记者：**

现代科学认为，如果把光看成热能，则一切物质形式乃是光的热能冷却凝固的结果，这与你的思想很接近。

**格罗斯泰斯特：**

是的。

**记者：**

那光如何由一个点扩散成一个亮的球形物体呢？

**格罗斯泰斯特：**

光是通过其自身在各个方向上的无限增殖，将物质在各个方向上平等地扩展成球体的形式。

## 五、光是宇宙创生的动力

**记者：**

在你的理论中，光不仅仅是第一有形体的形式，而且是宇宙创生的动力。你能描述一下光形成宇宙万物的过程吗？

**格罗斯泰斯特：**

光在宇宙的中心聚集，然后向外发散，光通过向四面八方均匀地扩散自身，同时也将质料向四面八方均匀地扩散而构成一个球形的形式。物质的外层比内层延伸得更开，因此也更稀薄。最外层也就是光的发散最先产生的第一球形层，这种球形层等同于《圣经》中的天穹。天穹既是光的产生基础，又是光作为生产的基础，又是光运作的第一成果。

## 六、九重天的由来

**记者：**

在亚里士多德的宇宙模型中，整个宇宙由围绕着地球的八个同心圆环形天体组成，从内到外依次为月亮、水星、金星、太阳、火星、木星、土星和恒星天。你说光的扩散形成了九重天，我想知道这九重天是怎样形成的。

**格罗斯泰斯特：**

光的扩散形成了第一重天及其下的第二重天，第二重天比第一重天更为密集，但比它下面的层次更疏散。这种过程不断重复，直到九重天形成。最低的一层托着月亮，月亮层级之下（地球之上）是厚重的物质，也就是四元素的物质。

**记者：**

光的扩散所形成的东西都是物质的，那光到底是物质性的东西还是精神性的东西呢？

**格罗斯泰斯特：**

虽然光的发散所形成的东西都是物质性的存在，但构成这一切的生成基础即光，却是一种纯形式的精神性的实体。

**记者：**

你曾经提到九重天，也提到月亮层级下面厚重的东西，莫非它们之间完全不同？

**格罗斯泰斯特：**

九重天的领域没有变化，因为它们是完全实现了的，而另外四元素的领域会变化、增长、产生和朽坏，因为它们是没有完全实现的东西。

**记者：**

似乎九重天是完美的天界，而物质世界是不完善的人间。

**格罗斯泰斯特：**

是的。天界人间的界限在于月球，月球这重天也向外散光，但其所产生的光不足以发散到最外层，而在其下产生一个完善的球体，就像超越月球之上的那重天所产生的那样。由此产生了非完善性的四元素区域，其下降的次序是火、气、水、土，其精细和轻盈程度也依次越来越低。这重四元素的区域，不像天堂区域的永恒完善性，而是变化、成长、产生和朽坏的。

## 七、光与上帝、天使

**记者：**

我发现你并不仅仅是从物理学的意义上来谈论光。

**格罗斯泰斯特：**

是的，我最终是立足于神学来研究光。

**记者：**

为什么呢？

**格罗斯泰斯特：**

光是与上帝的本质最相似的存在：它像上帝一样，可以不用外界的帮助而从其自身造物，还可以从一个点充满整个宇宙。在所有的造物中，光最接近纯粹的理式和纯粹的实在。

**记者：**

你的意思是光似乎就是上帝，上帝似乎就是光。

**格罗斯泰斯特：**

是的。上帝就是永恒的光，天使是非物质的光。

**记者：**

在泛神论者看来，上帝与宇宙万物之中的规律也有相似之处。

**格罗斯泰斯特：**

是的。上帝是一切事物之普遍理式，并且不是以与物质结合的方式，而是以作为一切理式的方式。只有凭借上帝之光即至上的真理，人才能掌握世间的规律。

## 格罗斯泰斯特简传

罗伯特·格罗斯泰斯特（Robert Grosseteste，1175—1253年），英国政治家、神学家、科学家。格罗斯泰斯特早年就读于牛津教会学校，1209年前往巴黎大学神学院进修，1214年回国后进入牛津大学任教，1224年成为牛津大学首任校长。1229年他加入方济各会，成为该修会的第一位讲师，并创立牛津方济各会学院。1235年起他担任林肯郡主教，直至去世。格罗斯泰斯特向欧洲基督教世界译介了部分古希腊和阿拉伯神学、哲学和科学著作，尤其是对亚里士多德的著作进行了翻译、评注，包括《尼各马可伦理学》《论天》等。此外，他还对神学、光学进行了深入研究与著述，推进了13世纪光学的发展。同时，他开创了牛津大学数学科学的新篇章，形成了归纳式的实验方法。科技史学者A.C.克龙比称他为“牛津科学思考的传统的真正创始人，并且在某种程度上，更是英国理智的传统的创始人”。他的主要著作为《哲学论著集》，包括27篇论文，以《论光或形式的起源》为其代表作。

# 第二十三章　论理性与信仰

## ——对话大阿尔伯特

## 引　子

我们的主人公虽然受教于传统的基督教学校，但他对古希腊文化却十分熟悉。在大阿尔伯特看来，亚里士多德的自然哲学不仅不与基督教教义发生冲突，反而更加有利于人们坚定对基督的信仰。大阿尔伯特的称号是“全能博士”，他以博学而著称，其渊博的知识一部分来自对自然的观察，另一部分则来自古代和其他教父的文献。其中，他对亚里士多德的著作予以了格外的关注。他以注解亚里士多德的全部著作为己任，成为第一个系统、全面介绍亚里士多德著作的拉丁语作者。他在一定程度上扭转了经院哲学中反智主义的倾向。需要特别提到的是，大阿尔伯特是伟大思想家阿奎那的老师，当阿奎那的学说遭到攻击时，他挺身而出为其辩护。让我们走近大阿尔伯特。

## 一、自幼就很熟悉古希腊经典

**记者：**

听说你的家庭非常富有。

**大阿尔伯特：**

我1206年出生在德意志地区的劳因根（Lauingen）。我的家庭是一个骑士家庭，不算太富裕。

**记者：**

你家位于西欧地区，但从你所写的著作来看，你对古希腊文化非常了解。一谈起那些哲人的著作，你可谓如数家珍。

**大阿尔伯特：**

我从小接受的虽然是传统的基督教教育，但这丝毫不影响我学习古希腊文化。

**记者：**

基督教学校也讲授希腊文化？

**大阿尔伯特：**

是的，希腊文化、希腊化时期的文化都在教授范围之内。

**记者：**

你当时学过哪些课程呢？

**大阿尔伯特：**

当时的学校在修辞学方面教西塞罗的作品，在辩证法方面教亚里士多德的逻辑学，在数学、几何学、天文学和音乐方面则讲授托勒密等人的作品。

**记者：**

据说你们当时的学校还经常组织学生打猎？

**大阿尔伯特：**

当时学校培养学生，是为了让他们未来成为在宗教与世俗方面的精英人物，因而学生们都自命不凡，自认与农民、士兵不同，常喜欢像贵族那样去打猎。

**记者：**

你也如此认为？

**大阿尔伯特：**

自然，我也不例外。

**记者：**

打猎对你日后的研究有帮助吗？

**大阿尔伯特：**

打猎让我们这些年轻人走进大自然，培养了对自然界的动植物的兴趣，这对我日后的研究肯定有好处的。

## 二、托马斯·阿奎那的老师

**记者：**

据说你对罗马法也非常精通。

**大阿尔伯特：**

谈不上精通，只是学过。1222 年我进入意大利博洛尼亚大学学习，当时该校以讲授罗马法闻名于世。

**记者：**

博洛尼亚大学是世界上第一所大学，历史上许多科学和文学巨匠都与该校有密切的关系。

**大阿尔伯特：**

当时的大学是一个不受任何权力影响、可以进行独立研究的场所，众多语法学、修辞学和逻辑学学者齐聚这里，共同评注古老的罗马法法典。后来我转入帕多瓦大学，这所大学当时是欧洲的知识中心，我在那里研究亚里士多德的著作，并加入了多明我修会（Dominican Order）。后来我又被多明我修会送到科隆继续学习。1228 年，我完成了神学学业，开始在科隆、弗莱堡和斯特拉斯堡等地教书。

**记者：**

托马斯·阿奎那是什么时候成为你的学生的？

**大阿尔伯特：**

1245 年我开始在巴黎大学讲授神学，学生中就有托马斯·阿奎那。

**记者：**

阿奎那被认为是历史上最伟大的神学家，相信你的言传身教一定使他受益匪浅。

**大阿尔伯特：**

1248 年我被派到科隆创办神学院，阿奎那也随我前往学习。在科隆期间，我开始评注亚里士多德的著作，阿奎那就是我的助手。

**记者：**

听说阿奎那后来遭受攻击时，你不惧危险前去为他助阵，是吗？

**大阿尔伯特：**

那是一二十年以后的事情了。我记得是在 1277 年，当时阿奎那的学说在巴黎大学遭到攻击，我便立即前往巴黎为他辩护。

## 三、亚里士多德的自然哲学不反对基督教

**记者：**

有人说，在中世纪哲学史上，你是少数几位百科全书式的哲学家之一。据说你不仅解读了所能看到的亚里士多德的著作，还分析过波菲利、波埃修和伪狄奥尼修等人的思想。

**大阿尔伯特：**

我主要关注的是亚里士多德的自然哲学。

**记者：**

那你如何看待亚里士多德的自然哲学与基督教信仰的关系？

**大阿尔伯特：**

依我之见，亚里士多德的自然哲学并不反对基督教的自然观，而且其使用的归纳法和演绎法也不反对基督教神学所倡导的启示。事实上，它们属于人类文化的两个不同的领域。

**记者：**

你的观点倒是旗帜鲜明。

**大阿尔伯特：**

一切事物的存在都源于上帝，一切知识都源于上帝。无论是亚里士多德的哲学，还是基督教的《圣经》，都是人类认识上帝不可缺少的途径。一个都不能少！

## 四、哲学研究的独立性

**记者：**

一些人说，在经院哲学家中，你是自然科学研究的先驱之一，更是德意志地区科学研究的奠基者。

**大阿尔伯特：**

在我之前，对于自然的研究一直都存在，但人们只是把自然科学和技艺活动看成人获得灵魂拯救的手段，而非目的。到了我们那个时代，阿拉伯人的哲学与科学知识开始大量传入西方世界。特别是那些8世纪以来用阿拉伯文保存的亚里士多德的逻辑学、哲学和自然科学著作被译成拉丁文并引入了欧洲，不仅让我们大开眼界，而且引起了广泛的争论。我所做的一切都是在这个大背景下进行的。

**记者：**

尽管如此，很多人还是把哲学与科学视为神学和信仰的婢女，是吗？

**大阿尔伯特：**

很多人都是这么看的。

**记者：**

但你似乎不是这么看的。

**大阿尔伯特：**

是的。在我看来，哲学与科学研究不一定非得与信仰挂钩，它们具有一定的独立性。无论是自然神学还是启示神学，都是彼此平等的。前者是从存在如何成为存在及其属性的角度来研究上帝，而后者是从《圣经》中记载的神对古人的启示真理出发来研究上帝。

**记者：**

你认为它们只是对上帝不同层次的研究？

**大阿尔伯特：**

是的。自然神学认为上帝是第一因、推动者，是宇宙论意义上的；而在启示神学看来，上帝是“三位一体”的，超越了宇宙论。不过，虽然前者属于自然理性的范围，后者属于信仰与启示，但它们并不对立，互不归属。

## 五、实在的等级结构

**记者：**

你在著作《论宇宙的原因和过程》中提出了实在的等级结构，并认为其是以善为指导的诸形式流溢的结果。我想请你就此再展开讲一讲。

**大阿尔伯特：**

在宇宙中，善是作为诸因中的终极因和第一因而形而上学地起作用的。而且，它就是上帝，是一个绝对超越的实在。

**记者：**

善就是上帝，上帝就是善，那上帝是如何创造世界的呢？

**大阿尔伯特：**

上帝通过启示之光创造了各个等级的存在。首先是纯粹灵魂的存在界，即天堂。

**记者：**

其次是什么？

**大阿尔伯特：**

其次是心智界，它转动整个宇宙，并照亮人的灵魂。

**记者：**

再次呢？

**大阿尔伯特：**

再次是拥有心智的灵魂界，如人类的灵魂。

**记者：**

还有呢？

**大阿尔伯特：**

最后是包括动物、植物在内的物质性的世界。

## 六、心灵超越于人的身体之上

**记者：**

阿维森纳在解释亚里士多德哲学时特别注重心灵的功能，而非心灵的本质。你似乎也是如此。

**大阿尔伯特：**

是的。从功能方面来看，心灵是身体的主导原因。《圣经》说，上帝按照自己的形象创造了人，那么人就可以像上帝支配宇宙那样主导人的身体功能。而且，正如上帝超越于世界之上一样，心灵也超越于人的身体之上。

**记者：**

阿维洛伊反对灵魂不朽说，你怎么看？

**大阿尔伯特：**

在这一点上，我的观点与阿维洛伊完全相反，我认为个人的灵魂是不朽的。

**记者：**

你把人的灵魂分成积极的心智、主动的心智、可能的心智、获得的心智，它们有何区别呢？

**大阿尔伯特：**

“积极的心智”是灵魂的一部分，它在每个人那里是不同的。

**记者：**

“积极的心智”因人而异，完全个体化？

**大阿尔伯特：**

也不尽然。

**记者：**

如何理解呢？

**大阿尔伯特：**

作为神意创造的衍生，“积极的心智”又参与到普遍性中，使得客观知识的普遍性成为可能。

**记者：**

如何理解“主动的心智”与“可能的心智”？

**大阿尔伯特：**

人的心灵本质上是心智，而且是一种“无形体的实体”。这种精神实体有两种力量，即主动的心智和可能的心智。

**记者：**

这两种心智与人的身体有什么关系呢？

**大阿尔伯特：**

无论是主动的心智还是可能的心智，它们都不用身体就能起作用。首先，在主动的心智的刺激下，可能的心智就会思考把握到的感觉中的心智形式。然后，人的心智就可以理解更高级的宇宙心智所揭示的一切。这样，人的心灵就与创世的秩序达成完全的和谐，实现了人的自然幸福。

**记者：**

经院哲学真不好理解。

**大阿尔伯特：**

不止我一个人的哲学不好理解吧。

**记者：**

或许是吧。

**大阿尔伯特：**

除了“主动的心智”和“可能的心智”，还有“获得的心智”……

**记者：**

似乎亚里士多德也提出过这个概念。

**大阿尔伯特：**

是的。主动的心智和可能的心智属于认识主体的可能条件，一旦遇到对象，还需要获得的心智来把握外在对象中的心智形式。

**记者：**

真是深奥，我有点儿无法理解了。

**大阿尔伯特：**

其实还有很多人的思想比我的思想更难以捉摸。

## 七、心智之光帮助人认识自然，启示之光让人趋于完善

**记者：**

认识自然必须依赖心智，没有心智就没有科学，就没有人的完善。

**大阿尔伯特：**

你过度发挥了，我倒不这么看。

**记者：**

你的看法是？

**大阿尔伯特：**

人要领悟神的真理，仅靠心智是不够的，还要依赖作为内心导师的神的启示

之光，因为心智之光只能帮助人认识自然事物，而唯有神的启示之光才能让人趋于完善。

**记者：**

我在你对亚里士多德的著作的评注中看到过类似的观点。

**大阿尔伯特：**

人在世俗世界中的幸福是从对世俗事物的考量上升到对非物质实在的理智直觉。

**记者：**

什么意思？

**大阿尔伯特：**

意思是：人只有摆脱了世俗事物，才能获得幸福。

**记者：**

你的幸福感与斯多葛主义很接近，你否定俗世的幸福？

**大阿尔伯特：**

那倒不是。物质快乐也有正面的意义。当然，唯有心智直觉才是人的至善。

**记者：**

也有一定的道理。心智直觉让人的选择与决定更符合公正和善良的要求。

**大阿尔伯特：**

是的。人的道德职责是用理性来控制自己的欲望，良心则是在具体场合下如何选择的决定性因素，是决定选择是否至善的终极原则。

## 大阿尔伯特简传

大阿尔伯特（Albertus Magnus，约 1206—1280 年），德国哲学家、神学家、科学家。大阿尔伯特 1223 年加入多明我会，1245 年任巴黎大学神学教授，1248 年任多明我会科隆神学院指导，1260 年出任雷根斯堡主教。大阿尔伯特阅读、理解、系统化了当时所有翻译成拉丁语的亚里士多德的著作以及阿拉伯学者的评论并将它们与基督教教义相结合。大阿尔伯特以博学而著称，他的著作偏重于哲学，神学作品比较少。他的神学作品主要包括三卷本对彼得·伦巴德《箴言四书》的评注，在巴黎写作的《被造物大全》（也被称作《巴黎大全》），晚年写作的未竟著作《神学大全》。在哲学作品方面，他的著作基本上按照亚里士多德对哲学的分类方式来分类，包括：1. 理性哲学或辩证法，讨论人的思维活动。2. 实在哲学或思辨哲学，其又分为三类：一是物理学；二是数学，涉及代数、音乐、几何和天文学；三是形而上学。3. 道德哲学，其为对亚里士多德的伦理学、经济学和政治学等著作的评注。

# 第二十四章 观察与实验：获得真知的唯一方法

## ——对话罗杰·培根

## 引 子

我们的主人公是一位传奇式的人物，这不仅因为他是一位“百科全书式”的哲学家和自然科学家，并因痴迷于炼金术、占星术这类奇异科学而被称为“奇异博士”（Doctor Mirabilis），还因为他由于异端思想曾被监禁长达20多年。罗杰·培根对经院哲学埋头于“解经”的研究方法提出了严厉的批评，主张所有问题都应该以直接经验为依据。在他看来，大自然才是一切真理的源泉。“没有经验，一切知识都是没有充分依据的”，这是他的名言。罗杰·培根的出现标志着西方思想进入了一个转折时期：中世纪即将终结，现代自然科学的时代即将来临。让我们走近这位具有唯物主义倾向的唯名论者、实验科学的前驱——罗杰·培根。

## 一、没有我的老师，就没有我

**记者：**

英国哲学史上有两个“培根”，他们的人生和贡献都相当璀璨，对后世产生了极为深远的影响。其中一位是弗朗西斯·培根，另一位就是比他早三百多年的你——罗杰·培根。

**罗杰·培根：**

后浪推前浪，我相对来说不太为人所知吧。

**记者：**

你是后期经院哲学的大师、实验科学的前驱。能介绍一下你的成长经历吗？

**罗杰·培根：**

我1214年出生在英国伊尔彻斯特（Ilchester）的一个贵族家庭。14岁时，我进入牛津大学学习，并在那里度过了8年的时光。毕业后我留校任教，之后我去了巴黎大学求学，毕业后又在那里任教。

**记者：**

你们那时都学些什么课程呢？

**罗杰·培根：**

数学、医学、法学、音乐、天文学，还有哲学，几乎涉及所有学科。

**记者：**

据说你后来又回到了牛津大学，这样是不是太折腾了？

**罗杰·培根：**

你说错了，正是因为我再回到牛津大学，我才遇到我的老师——伟大的哲学家罗伯特·格罗斯泰斯特。没有我的这位老师，就没有我将来的成就。

**记者：**

他在哪些方面对你影响最大？

**罗杰·培根：**

我的老师十分注重实验在认识自然界中的作用，他在光学方面做了不少实验。他还提出宇宙是由物质和光组成的。可以说，在我们那个时代，只有我的老师一个人才算得上真正懂得科学。

## 二、两次被监禁

**记者：**

你是一位严肃的学者，似乎从未参与过政治，却两次遭到监禁——先被监禁了10年，出来10年后又被监禁了14年，直至去世。这究竟是为什么？

**罗杰·培根：**

1247年我回到牛津大学任教，其间也喜欢搞些化学和光学实验。1257年我加入了天主教僧侣组织的方济各会（Franciscan），在其中教授数学、哲学等。然而，我的研究遭到了修会的打压，之后的生活让我不堪回首……

**记者：**

从此以后你就失去了自由。

**罗杰·培根：**

是的。我受到了会规处罚，当局根据方济各会会长波那文图拉（Bonaventura）的提议，将我监禁在巴黎的修道院内。此后 10 年，我只能通过写信和朋友们交流。

**记者：**

那你第二次被监禁又是为什么？

**罗杰·培根：**

1277 年，罗马教皇约翰二十一世（John XXI）在做炼金术实验时不幸造成房屋倒塌而被压死，这使我受到了连累。早年任方济各会修士、后成为教皇的尼古拉四世（Nicolas Ⅳ）下令把我关了起来，关了整整 14 年，直到 1290 年我才被释放。

**记者：**

后来呢？

**罗杰·培根：**

没有后来了，出狱时我已经 76 岁，风烛残年了，两年后我就离世了。

**记者：**

回首一生，你有何感悟？

**罗杰·培根：**

我的一生是贫穷而孤独的一生，有多少次我被不公正的人诽谤，被摒弃。我失望、惶恐不安，我没有办法让自己过得好一些。

**记者：**

思想家大多如此。

## 三、哲学的真谛在于通过认识创造物去认识造物主

**记者：**

你是一位远远超越你所属时代的哲学家，在你看来，哲学的真谛或曰任务应该是什么？

**罗杰·培根：**

哲学的真谛或任务，就在于通过认识创造物去认识造物主，或者说就是通过对物质及其属性的认识以证明上帝的万能与智慧。

**记者：**

你的观点也并非“异端”，为什么那些正统的经院哲学家对你如此仇恨？

**罗杰·培根：**

你不理解！按照正统经院哲学的主张，哲学的任务在于论证上帝的存在，而不要求直接去认识创造物，并且也不需要通过认识创造物去证明上帝的万能与智慧。

**记者：**

如果不去研究具体的创造物，那该如何去理解上帝呢？

**罗杰·培根：**

在那些正统经院哲学家看来，创造物的秘密并不存在于它们自身中，因为一切决定于上帝的意志。因此，唯有通过对上帝的理解，才能求得对创造物的理解。

**记者：**

明白你的意思了，你认为哲学必须把理解创造物即自然作为其核心使命。

**罗杰·培根：**

就是这个意思。

## 四、“第一性物质”乃子虚乌有

**记者：**

一些历史资料说你迷恋于炼金术，通过研究它，你有何重要的发现？

**罗杰·培根：**

我发现诸多炼金术士所虚构的“第一性物质”并不存在。

**记者：**

请详细说说。

**罗杰·培根：**

欧洲的炼金术士曾虚构一种所谓“第一性物质”的存在，并将它说成万物相互转化所凭借的不变的底层，即万物就是由这种“第一性物质”转变而成的。

**记者：**

难道不对吗？

**罗杰·培根：**

这种说法是以经院哲学有关“质料”与“形式”的学说作为根据，而这种学说直接源于亚里士多德。亚里士多德提出了“四因论”，即质料因、形式因、动力因与目的因。他认为质料与形式是构成实物的原因，而质料则是每一实物的“最终基质”，每一实物都是形式化了的质料，即由于形式才使质料成为实物。

**记者：**

“四因说”是对世界本原问题做出的回答，其对西方自然哲学的发展以及系统哲学的产生有着深远的影响。

**罗杰·培根：**

但炼金术士们将经院哲学中有关“质料”与“形式”的学说引进到炼金术的实用方面，他们认为如果能提炼铜、锡这一类金属，最终将其还原成“第一性物质”，就可以利用其作为底层，并使其变为黄金。

**记者：**

这种做法有些荒诞。

**罗杰·培根：**

是的。物质具有质料的多样性，因此物质变化所产生的多种特性只能由物质自身的多样性去加以说明，而不可能从它自身的质料之外的所谓“形式”去加以说明。此外，存在的永远是个体，而共相只存在于个体之中，所以一个个存在的特殊个体，比所有的“一般”更为实在。既然不存在脱离个体的一般，也就不存在脱离具体存在的物体的所谓“第一性物质”。

## 五、知识的三个来源：权威、理性、经验

**记者：**

你曾经说过，对于哲学而言，最有价值的事莫过于研究如何消除愚昧，全世界的幸福就取决于如何建立消除愚昧的学问。你为何如此认为？

**罗杰・培根：**

这得从知识的三个来源说起。

**记者：**

请讲。

**罗杰・培根：**

知识有三个来源，即权威、理性与经验。

**记者：**

如何理解这三者的关系呢？

**罗杰・培根：**

它们之间的关系是：如无理性作为基础，权威就是不完全的；没有这个基础，它就会引起误解，而只是根据信仰接受真理。我们相信权威，但只是通过权威来了解事物。如果理性或抽象的推论不能以经验证明自己的结论是正确的话，那它也无法区别于诡辩和真正的论证。

**记者：**

你虽然非常强调理性和经验的作用，但终究没有否定权威的作用。

**罗杰・培根：**

即便是权威，也需要理性作为基础；而对于理性，必须通过经验才能证明它的正确性，没有经验便不可能认识任何事物。

## 六、唯有通过实验，才能真正走向认识自然的道路

**记者：**

你以前的学者在涉及对自然的研究时，一般使用的方法都是依靠古代流传下

来的文献材料作为根据，他们的工作主要是注释文献材料。在他们看来，这些文献都是权威，对此不能有丝毫的怀疑，而你对这种研究方法不屑一顾。

**罗杰·培根：**

用这样的研究方法，当然无从去深入探索自然界的奥秘。要获得关于自然界及其运动规律的知识，就必须以自然为师，而不能死守教条，死抱教科书。

**记者：**

古希腊的泰勒斯、赫拉克利特等人就是自然派哲学家。

**罗杰·培根：**

但是，这些人对自然的理解极端朴素、极端抽象。

**记者：**

那炼金术士做实验，算是你提倡的研究方法吗？

**罗杰·培根：**

炼金术士虽然对物质做各种实验，但其目的是寻求所谓的“第一性物质”，所以他们所做的实验是以虚幻的理论作为指导的。

**记者：**

你主张的实验方法是怎样的呢？

**罗杰·培根：**

真正的实验不仅有对自然的观察，还应在一定目的的指导下，通过观察者的直接干预，控制物质运动的某些外部条件，以观察物质如何实现其变化过程。唯有通过实验，才能真正走向认识自然的道路。

## 七、内部实验与外部实验

**记者：**

你把实验分为内部实验和外部实验，如何理解呢？

**罗杰·培根：**

存在有两种，一种是上帝即造物主的存在，另一种是自然即创造物的存在。对应于这两种存在，便有两种形式的实验，即内部实验与外部实验，以分别认识两种不同的存在。

**记者：**

你的意思是说，内部实验是为了认识上帝，外部实验是为了认识自然？

**罗杰·培根：**

可以这么说。所谓内部实验，就是人通过内在启发的经验从上帝那里得到一种理解能力，从而认识恩赐和荣誉的神圣真理。所谓外部实验，就是被感性经验所唤醒的人找到自然和艺术的奥秘。

**记者：**

有点意思。

**罗杰·培根：**

补充一下，外部实验就是通过观察和实验的方法去探寻自然界的因果关系，而内部实验是一种内省的方法，即通过外部实验所获得的对自然界的认识，再经过神秘的启示式的内省，得出关于上帝的存在、全能与智慧等认识。

## 八、工匠与科学家

**记者：**

你在著作中屡次提到“艺术”二字，如何理解呢？

**罗杰·培根：**

艺术主要是相对工艺而言的，因此我说“用艺术帮助自然”，也就是利用适当的工具和技术去进行实验，从自然界的运动变化中去揭示其中的因果关系，以达到认识自然或创造物的目的。这比工艺要高明许多。

**记者：**

你的意思是说，所谓的艺术就是利用实验去掌握自然界的规律。

**罗杰·培根：**

这涉及哲学上的必然与自由的关系。自然的经验是有用的，但这是不完善的经验，这种经验在方法上也没有弄清楚；运用它的只是工匠，而不是科学家。善于进行实验的本领则高于它，高于一切思辨知识和艺术，这种科学就是科学之王。

**记者：**

你事实上将科学分为两类，一类是低端的工艺，另一类是真正的科学。

**罗杰·培根：**

也可以这么说吧。

## 九、人只能仿效自然，而不能违背自然

**记者：**

在你的理论中，真正掌握科学的人能利用对规律的把握去驾驭自然，去服务人类。

**罗杰·培根：**

是这样的。上帝给自然界制定了一种不变的规律，而一些愚蠢的人既看不见它，也看不起它，也不会仿效它。这些人迟早会遭到上帝的惩罚。

**记者：**

藐视自然规律，玩弄自然，遭到惩罚是必然的。

**罗杰·培根：**

正是。

## 十、哪里有愚昧存在，哪里就不可能有真正的意志自由

**记者：**

你是一位超越时代的思想家，依你之见，真正的哲学家是不是就是那些懂得用实验方法研究自然规律的科学家？

**罗杰·培根：**

是的。真正的学者应该通过实验去认识大自然，包括医学与其他学问都是如此。

**记者：**

据说在你们那个时代，人们根本看不起那些做实验的人，是这样的吗？

**罗杰·培根：**

是的。如果一个常人或老妪都具有关于土壤的知识，而学者反倒不懂，那他就应当感到惭愧。而当时建议监禁我的方济各会会长波那文图拉竟然说，科学之

树欺骗了许多生命之树，而研究科学正是应该被罚入地狱的一项条件。

**记者：**

此人如此愚昧！

**罗杰·培根：**

是的。危险莫大于愚昧。当愚昧继续存在，人类就找不到反对罪恶的方法。哪里有愚昧的存在，哪里就不可能有真正的意志自由。因为愚昧无力分辨善与恶，所以也就不会有理性的选择。

**记者：**

科学毫无疑问就是消灭愚昧的最好手段。

**罗杰·培根：**

世上最有价值的工作，就是研究消除愚昧黑暗的学问，那就是科学。

**记者：**

不过做起来谈何容易啊！

**罗杰·培根：**

新的思想总是会遭到人们的反对，甚至会遭到来自那些所谓圣徒、好人和在许多方面自作聪明的人的反对。

**记者：**

最大的反对者或许是教会吧？

**罗杰·培根：**

我的经历可以证明这一点。

## 罗杰·培根简传

罗杰·培根（Roger Bacon，1214—1292 年），英国哲学家、科学家。他曾经在牛津大学和巴黎大学求学，后来留在巴黎大学任教。1247 年他回到英国，在牛津大学任教。1257 年，他加入方济各会，希望修会支持他的科学研究计划。但是，由于他反对正统经院哲学的思想不被修会中的保守主义者接受，他反遭处罚而两次被囚禁。罗杰·培根是近代实验科学的先驱。他积极主张并从事科学实验活动，认为观察和实验才是获得真知的唯一方法。他是一位“百科全书式”的学者，著作涉及光学、哲学、天文学和其他科学。他的主要著作有《大著作》《小著作》《哲学研究纲要》等。

# 第二十五章　论向神的回归

## ——对话波那文图拉

## 引　子

我们的主人公波那文图拉是与托马斯·阿奎那齐名的神学家、哲学家。不同的是，阿奎那·托马斯以亚里士多德主义来理解基督教神学，而波那文图拉则偏爱柏拉图主义，坚决捍卫奥古斯丁的神学传统。波那文图拉的著作处处体现出对上帝的热爱。作为一名基督徒，他从内心深处和生活中的每一个细节去追求对上帝的爱。关于科学与信仰的关系问题，波那文图拉认为所有科学都是为了理解上帝，一切科学的成就都是为了建立信仰，为了荣耀上帝。让我们走近波那文图拉。

## 一、名字的由来

**记者：**

你与邓斯·司各脱和奥卡姆的威廉是方济各会中最重要的三个哲学家。在你眼中，奥古斯丁重要，还是亚里士多德重要呢？

**波那文图拉：**

你不用绕弯子。我是奥古斯丁主义者，而不是亚里士多德主义者。

**记者：**

顺便问一句，听说你的本名并不叫波那文图拉，那你的本名叫什么？为什么不用本名著书立说呢？

**波那文图拉：**

我的本名叫乔瓦尼·迪·费丹扎（Giovanni di Fidanza），我1221年出生于意大利的维泰博（Viterbo）。

**记者：**

那你现在的名字是从何而来的呢？

**波那文图拉：**

小时候我患了一场重病，医生都认为我无法救活。后来我奇迹般地痊愈了，于是父母把我的康复归功于圣方济各的祈祷，并给我更名为“波那文图拉”（Bonaventura），意为“好的未来”“未来之善”。

**记者：**

明白，你后来加入方济各会，是否也与此有关。

**波那文图拉：**

是的。我在1242年参加了方济各会。

## 二、恩师：黑尔兹的亚历山大

**记者：**

一些史料说，你加入方济各会后就到了巴黎，我知道巴黎可是你们那个时候的世界文化中心。

**波那文图拉：**

是的，我正是在巴黎遇到了我人生中最重要的人。

**记者：**

谁？

**波那文图拉：**

他就是黑尔兹的亚历山大（Alexander of Hales），我就是在他的指导下学习的。

**记者：**

此人是一位大学者吧。

**波那文图拉：**

亚历山大是一位英格兰的在俗教士，他在成为教授后加入了方济各会。他还是方济各会学院的第一位院长。亚历山大曾经编纂了一部神学巨著《黑尔兹大全》。

**记者：**

这是一本什么书？

**波那文图拉：**

这本书是一部介绍亚里士多德著述的著作，亚历山大去世后，这部巨著被以后的方济各会的修士们用作教科书。

## 三、几部代表作的面世

**记者：**

你的老师是位大学者，你后来担任方济各会的会长，也写了好几部神学作品。

**波那文图拉：**

1253 年，我成为巴黎方济各会学院的院长。在这期间，我写了一部神学教科书，名为《神学概要》。四年后，我被任命为方济各会的会长，写了两部《圣方济各传》，后来又写了《通向上帝的心灵之旅》。

**记者：**

后来呢？

**波那文图拉：**

1265 年，教皇要我担任约克大主教，但我一再恳请他收回成命。

**记者：**

他答应了吗？

**波那文图拉：**

答应了。我不希望在这个教职上与安瑟伦（Anselmus）发生争执。

**记者：**

也好。

**波那文图拉：**

但我没能谢绝 1273 年阿尔巴诺（Albano）教区主教的任命。不过，虽然事务繁忙，我还是利用闲暇时间写了最后一部著作，即《六日创世论稿》，其专门讨论《圣经》里关于创世的描述。

## 四、一个柏拉图主义者

**记者：**

通过阅读你的著作，我发现你是柏拉图主义者或者说奥古斯丁主义者，这在中世纪拉丁世界的学者中很不寻常，因为当时正值亚里士多德学说的复兴热潮。

**波那文图拉：**

我欣赏柏拉图的理念论，也就是唯心主义，但亚里士多德对柏拉图的理念论批判得很厉害，并提出了自己的形而上学，所以我把亚里士多德作为我的批判对象。

**记者：**

明白了。

**波那文图拉：**

亚里士多德认为不存在所谓外在的天道、只有一个宇宙而且是永恒的、没有一个人是永生的，而这些恰恰是我所强烈反对的。

**记者：**

有人说，在柏拉图的哲学中，理念与神的关系比较复杂，有时候互相重复，有时候互相交叉。不知道你如何看待这个问题？

**波那文图拉：**

我的看法比较直接，我不相信理念存在于神的思想之外。理念是永恒的理性，是事物存在的根据和模仿的原型。人类认知的基本对象是理念，而不是自然世界的有形物体。

## 五、神学高于哲学

**记者：**

柏拉图和亚里士多德都是大哲学家，你为何厚此薄彼呢？

**波那文图拉：**

我确实更倾心于柏拉图的哲学，但即使是柏拉图和他那些伟大的继承者们，如普罗提诺、波菲利、普罗克洛等，他们在对真理、至善、幸福等问题上的认知也是有问题的。

**记者：**

他们错在哪里？

**波那文图拉：**

在他们的学说体系中，没有信仰的位置，而没有信仰，就没有人会知道“三位一体”的秘密或者人死后超自然的命运。

**记者：**

但他们那个时代的神学并非基督教神学。到了你们那个时代，理性与信仰、哲学与神学、世俗与宗教的关系才是哲学家和神学家研究的基本问题。

**波那文图拉：**

哲学是通往其他学科的途径，但如果谁只停留在哲学上，那么他无疑是堕入了黑暗里。

**记者：**

你认为信仰高于理性、神学高于哲学？

**波那文图拉：**

是的。理性有其合理性，但信仰永远优先，神学对哲学等诸科学起着指导作用。

## 六、哲学家的使命就是反思上帝的存在

**记者：**

你对哲学的看法也适用于你们基督教哲学吗？

**波那文图拉：**

基督教哲学以神为核心、以信仰为前提。基督教哲学家因为受到信仰的恩典的启迪，可以很好地利用哲学家的论点来拓宽他对具有拯救力量的真理即上帝的理解。

**记者：**

你们是通过调和理性与信仰、哲学与神学的矛盾来论证基督教思想。

**波那文图拉：**

是的。唯有在上帝的关怀下，我们的认识才可能进行，也才具有意义。

**记者：**

你是如何融神学与哲学为一体的呢？

**波那文图拉：**

我是这么证明的：有缺陷的存在暗示完备的存在，依赖性的存在暗示独立的存在，运动的存在暗示恒定的存在。

**记者：**

怎么理解呢？

**波那文图拉：**

我是要说明，上帝存在的知识原本就植根于人类的心灵中。要明确地意识到上帝的存在，除了反思已经存在于我们心灵中的知识外，什么都不需要。

**记者：**

上帝的存在无须证明，只需要反思？

**波那文图拉：**

是的。反思对幸福的渴望，将会表明这一渴望如果不拥有至善，是不可能满足的，而至善正是上帝。

## 七、《圣经》之光

**记者：**

格罗斯泰斯特在他的《论光》中提出了光的形而上学，在你的著作中，关于光的观念也起着重要的作用。请谈谈你的光理论。

**波那文图拉：**

有四种不同的光照亮心灵。其一，是机械技艺之光。它是外在的光明，是为了满足人的肉体需求而被发明的东西，也只是隐喻意义上的“光”。其二，是感性认识之光。它是较低的光明，这时我们的每个感官都是不同强度的光的接受体：视觉接受纯粹的光，听觉接受掺杂着空气的光，味觉接受掺杂着流体的光，等等。其三，是哲学认识之光。它是内在的光明，可以引导我们追寻思想的真理。其四，是《圣经》之光。它是较高的光明，可以使心灵认知具有拯救能力的真理。

**记者：**

“光”在你和格罗斯泰斯特那里，都具有更深、更神圣层次的寓意。

**波那文图拉：**

第一种光是为了技艺的形象而照耀，第二种光是为了自然的形式而照耀，第三种光是为了理性的真理而照耀，第四种亦即最后一种光是为了拯救的真理而照耀。

**记者：**

在你看来，这四种光代表着人的四类知识，分为彼此对应的两组，即外在的和内在的，低级的和高级的。

**波那文图拉：**

哲学认识之光还可以分为三种：理性哲学之光、自然哲学之光和道德哲学之光。这六种光对应着创世的六日，其中第一日形成的就是《圣经》之光，而其他五日的光皆以它为本源。

**记者：**

你认为所有的光或者说所有的知识都源于《圣经》。

**波那文图拉：**

是的。在其他的认识之光里，我们也可以发现《圣经》之光，因为它隐寓在一切知识和一切事物之中，同时显明一切知识是如何服务于神学的。

## 八、知识和信仰可以并行不悖

**记者：**

你说过“知识和信仰可以并行不悖”，如何理解？

**波那文图拉：**

首先，我们的确通过感官和经验获得某种知识。

**记者：**

你相信感官获得的知识？

**波那文图拉：**

是的。但是，创造出来的人类的智力之光还不足以认识事物的真相。要认清事物的真相，我们还需要神的特别的光照。归纳为一句话就是：在同一个人身上，知识和信仰可以并行不悖。

**记者：**

你虽然相信感官的知识，但最终相信的还是信仰。

**波那文图拉：**

只有当享受天国之福者，在另一生与上帝面对面的时候，人类的心灵才能直接认识永恒的理性，即上帝思想中的理念。只有面对上帝，才能认识永恒的真理。

## 波那文图拉简传

波那文图拉（Bonaventura，1221—1274 年），意大利经院哲学家、神学家。波那文图拉出生于意大利的巴格劳里，1243 年前后他加入了方济各会，并前往巴黎求学。1257 年他被选为方济各会第七任总会长。波那文图拉除了教学和著述以外，还担任其修会和罗马教会的领导职务，为修会的发展作出巨大贡献，成为方济各会事实上的第二创始人。波那文图拉继承了老师黑尔兹的亚历山大的思想，也倾向于传统的柏拉图—奥古斯丁主义。他坚持奥古斯丁的神秘主义，把经院哲学与神秘主义结合起来，认为哲学的本质因素是信仰，缺乏信仰的哲学是荒谬的。波那文图拉一生创作丰富，著作包括《彼得·伦巴德〈箴言四书〉注解》《通向上帝的心灵之旅》《论学艺向神学的回归》《短论》《六日创世论稿》《独白：论心灵的四种操练》《问题论辩集：论基督的知识，论三位一体的神秘，论福音的完满》等。

# 第二十六章　抑恶扬善：自然法之魂

## ——对话托马斯·阿奎那

## 引　子

托马斯·阿奎那是经院哲学的集大成者，被誉为“经院哲学之王”。他所建立的系统的、完整的神学体系对基督教神学的发展具有重要的影响。他主张一切知识都是为了论证上帝的伟大，其所著《神学大全》被尊为经院哲学的百科全书，并作为欧洲中世纪大学中的神学教材长达数世纪之久。他的哲学在19世纪被教皇利奥十三世定为天主教的官方学说，也就是大名鼎鼎的“托马斯主义”。阿奎那的学说博大精深，但西方学者普遍承认，阿奎那在自然法领域所作的贡献是最具有原创性的，因此我们与阿奎那的对话也将以自然法理论为中心。

## 一、我过去所写的一切犹如草芥

**记者：**

即使是在今天，你的思想依然是天主教会的主流思想和官方哲学，你的《神学大全》和《反异教大全》是基督教世界的百科全书。任何一个人，如果他没有认真读过你的这两本书，他就没有资格谈论基督教，他就没有资格谈论自然法学说。

**阿奎那：**

过奖了！《反异教大全》是我在1259年写的一本“护教”之作。

**记者：**

当时基督教受到了其他派别的冲击？

**阿奎那：**

7—13 世纪是伊斯兰教发展的鼎盛时期，其在我们欧洲的影响还是很大的。尤其是在西班牙，那些摩尔人，也就是来自北非的穆斯林，他们相信伊斯兰教，同时也对亚里士多德的哲学情有独钟。一些人否定上帝的存在，以一种所谓的唯实论和辩证法来反对基督教的传播。

**记者：**

当时你在干吗？

**阿奎那：**

我当时在巴黎大学当教授，搞学术研究。1259 年，我回到家乡意大利度假，当地的多明我会会长圣莱芒德找到我，希望委托我写一本书，用于指导在西班牙摩尔人中间传道的修士。

**记者：**

所以你就写了《反异教大全》？

**阿奎那：**

是的。这本书后来成为那些在非基督教地区的传教士的哲学和神学读物。

**记者：**

书的主要内容是什么？

**阿奎那：**

我在这本书中立足穆斯林们也相信的亚里士多德哲学，对基督教信仰的合理性进行了充分的论证。写这本书花了我整整 6 年的时间。

**记者：**

那《神学大全》是在什么时候写的？

**阿奎那：**

1266 年开始写，写它我用了 8 年时间。

**记者：**

这本书是一本神学百科全书了。

**阿奎那：**

这本书是为那些神学初学者写的，里面都是对话体，通俗易懂。

**记者：**

这两本书都是你的得意之作，但为什么到了晚年，你却恨不得把你写的书都统统烧掉，并发誓永远不再动笔呢？

**阿奎那：**

我是 1274 年离开人世的，就在前一年，我参加了一个弥撒仪式，当时一种神秘的体验如闪电一样突然出现在我的脑海中，我心里清楚，那是神的启示。我在心中反复念叨这些启示，与这些启示比起来，我突然觉得自己以前所写的书荒唐可笑，简直如草芥一般。

**记者：**

所以你从此不再写东西了？

**阿奎那：**

是的。我的秘书反复提醒我说《神学大全》还没有完稿，但我觉得实在没有必要再写下去了。

**记者：**

类似的情景在你身上出现，绝对不是第一次了。我看过一些资料说，有一次你去拜会一位主教，你不仅一路上一言不发，等你见到了他之后，依然是一个字也说不出来。直到你的随从使劲拉你的衣服，你才缓过神来。

**阿奎那：**

经过你这么一提醒，我想起自己的确之前就遇到过这种情况。

**记者：**

一些人对这种怪异现象做过研究，有人说你是真的见到了上帝，也有人说你得了某种怪病，甚至有人断言你是得了精神病，这是不久于人世的信号。

**阿奎那：**

或许是吧。那时我什么东西也写不出来了，因为再过几个月，我真的因病去世了。

## 二、曾为“西西里哑牛”

**记者：**

不管你如何后悔写了多少一钱不值的东西，《反异教大全》和《神学大全》两本书造就了你的伟大，也铸就了你的永恒。你被教会追谥为圣徒，被称为“普世教会博士”“天使博士”“神学之王”。

**阿奎那：**

不管人们如何赞美我，与神的启示比起来，我的那些书还是一钱不值的。

**记者：**

有一件事我也很好奇。

**阿奎那：**

什么事？

**记者：**

你那么博学的一个人，为什么人们说你是一头“西西里哑牛”？

**阿奎那：**

这个绰号是有来源的。

**记者：**

请说说。

**阿奎那：**

1248年，我到科隆从事神学研究工作，并师从当时最著名的基督教神学家大阿尔伯特，学习哲学和神学……

**记者：**

据我所知，大阿尔伯特在科隆建立了德国第一个多明我会研究院，你是他的门徒之一。

**阿奎那：**

大阿尔伯特是一位博学的哲学家和神学家，他最大的贡献就是从神学的角度对亚里士多德的思想进行了全新的解释。

**记者：**

你的绰号与他有关，是吗？

**阿奎那：**

在他的课堂上，我每天都是默默地听课。我这个人块头大，又不喜欢说话，所以同学们就送了我一个绰号——“西西里哑牛”。

**记者：**

听说你的老师教训了那些调皮的学生。

**阿奎那：**

我的老师确实对我很好，但那些同学也不是有什么恶意，老师心里也是明白的。他只是对他们说："嗨，小伙子们，你们说托马斯·阿奎那是一头'哑牛'，但我要告诉你们，总有一天，这头牛的吼声将惊天动地，响彻全世界。"

## 三、哲学是神学的婢女

**记者：**

你的老师说得没错，你后来的确名扬天下，震古烁今。你被认为是基督教世界最伟大的神学家和哲学家，我想知道你是怎样看待神学与哲学的关系的？

**阿奎那：**

我曾经说过"哲学是神学的婢女"这句话，想必你一定听过。

**记者：**

这句话我知道，但我总觉得你说得是不是太过分了。

**阿奎那：**

一点儿都不。

**记者：**

希望你解释解释，难道哲学家都是神学家的奴仆吗？

**阿奎那：**

这句话最早其实不是我说的。

**记者：**

那是谁说的？

**阿奎那：**

希腊教父奥利金，此人是个奇人。

**记者：**

怎么个奇法？

**阿奎那：**

奥利金是东方希腊教父中最著名的一位，也是基督教第一位系统的神学家和哲学家。在那些著名的教父中，唯有他自幼就是一名基督徒。

**记者：**

我看过一些资料说，奥利金为了能与女性接触去宣传福音，同时又不受情欲的左右，竟然把自己阉割了，有这事吗？

**阿奎那：**

《新约·马太福音》里基督曾经说："因为有生来是阉人，也有被人阉的，并有为天国的缘故自阉的。这话谁能领受，就可以领受。"（《马太福音》19：12）奥利金是个书生，他以为上帝是在暗示人们做一些极端的事情，于是他把自己阉割了。你要知道，奥利金这种极端的做法与《圣经》里另一段文字的明确要求是截然矛盾的。

**记者：**

哪段话？

**阿奎那：**

《旧约·申命记》中有这样的话："凡外肾（睾丸）受伤的，或被阉割的，不可入耶和华的会。"（《申命记》23：1）奥利金把自己阉割的这种极端做法，使自己失去了担任圣职的可能性，他也因此没有被封圣。他一生致力于注释《圣经》，但令人感到痛心的是，他被罗马皇帝残忍地处死，基督教世界竟然也把他定为异教徒。

**记者：**

命运真是不公平。不过我们是不是扯远了？我们还是谈论奥利金是怎么说哲学与神学的关系吧。

**阿奎那：**

奥利金的原话是："如果俗界智人的儿子们说，几何学、音乐、文法、论辩术、天文学是哲学的婢女，那么，关于哲学和神学的关系，我们可以说同样的话。"

**记者：**

你既然同意他的这个观点，那就请你解释一下原因吧。

**阿奎那：**

好的。首先，哲学与神学的地位不同。哲学与神学是两种不同的学科，哲学研究的是人的智慧，神学研究的是神，是最高的知识、最高的真理。一切哲学研究的最终目的和结果，都必然归结为神。哲学的地位低于神学，哲学乃神学之奴仆，就像人乃神之奴仆一样。

**记者：**

其次呢？

**阿奎那：**

其次，哲学与神学的可靠性不同。哲学研究的毕竟是人的本性，其确定性源于人的理性之光，是有限的，也是可能犯错误的；而神学的确定性来源于神的启示，是绝对的、至高的真理。

**记者：**

还有呢？

**阿奎那：**

最后，哲学与神学的研究方式和研究目的不同。哲学只关注人的理性所能把握的东西，其目的是实用；而神学所探究的是超出人的理性的东西，其目的在于追求永恒的幸福。神学不是把其他科学视为其上司，而是把它们当作下属和仆人。

**记者：**

依照你的观点，哲学显然是神学的“下人”和助手，难道哲学就没有什么特别的作用了吗？既然哲学地位低下，你又为什么花费那么多的时间去研究它呢？

**阿奎那：**

哲学并不是全无用处，我们不应该禁止用上帝启示的学问去讨论哲学家用理智去认识的理论；反过来，神学可以凭借哲学来发挥，但不是非要它不可，而是借它来把自己的意思讲得更清楚。

**记者：**

嗯。请继续。

**阿奎那：**

哲学对于神学主要有以下三种作用：哲学可以用来证明信仰中的某些道理，如上帝存在；神学可以用哲学类比信仰，如用哲学来解释“三位一体”等神学教义；哲学可以用来批驳异端和无神论者的言论。神学确实需要利用哲学，但这是纯粹的利用而已，是居高临下的“使唤”。

## 四、政治学最重要

**记者：**

你把哲学放在神学的“下人”的地位，但政治学属于哲学的范畴，根据你的观点，政治学也属于神学的“婢女”，终究也是“下人”，是吗？

**阿奎那：**

从理论上讲是这样的，但政治学与哲学中的其他学科比起来，是最重要的。

**记者：**

为什么呢？

**阿奎那：**

学术研究分为自然科学和实用科学，在实用科学中，与人类最高层次的理性相对应的科学是政治学。

**记者：**

你为什么说政治学与人类的最高理性相对应呢？

**阿奎那：**

社会是人类理性的产物，它存在不同的种类和等级。其中，最高等的是政治社会，它在组织上以满足人的一切需要为目的，因此是最完善的社会。既然一切能够满足人们需要的东西都以完成这一任务作为它们的目的，既然目的比达到目的的手段更为重要，那么我们称之为“城市”的统一体，就比人类的理性所能构成的其他一切较小的统一体占据更优势的地位。

**记者：**

你说得虽然有点儿别别扭扭，但你的基本意思我是明白的。你是说，政治社会，也就是城邦社会，是人类最高等级的社会。在满足人类的各种需求上，政治社会是最完美的选择。因此，研究这种社会形态的科学，也就是政治学，自然是最重要的科学。

**阿奎那：**

在我关于亚里士多德《政治学》的解释中，我就政治学提出了四个结论，供你参考。

**记者：**

请讲。

**阿奎那：**

第一是政治学的必要性。如果我们要使人类的知识或哲学达到完善的境地，我们就必须把凡是能够通过理性了解的一切东西解释清楚。可是我们称之为城市的那个统一体是受理性的审查的。因此，为了哲学的完整起见，我们就有必要设立一个研究城市的学科，这样的学科就被称为政治学或治世之学。第二，政治学是实用科学，因为自然科学仅以认识真理为目的，而实用科学与行动有关。政治学是实用科学，因为理智不仅了解而且创建城市。

**记者：**

第三呢？

**阿奎那：**

第三，与其他一切学科相比，政治学具有崇高的地位和价值。事实上，城市是人类的理性所构成的最重要的东西，因为它是一切比较小的社会的模仿对象和终极目的。如果最重要的学问乃是研讨最高尚、最完美的东西的学问，那么政治学就是一切实用科学中最重要的科学，并且是那些所有科学的枢纽，因为它所论述的是人类事务中最崇高的和十全十美的东西。因此，亚里士多德在《伦理学》第十篇中说，考察人类事务的哲学在政治学中达到最成熟的阶段。

**记者：**

第四呢？

**阿奎那：**

第四，根据上述的一些理由，我们可以推断出政治学的方法和体系。政治学这门学问研究城市的本质和各个部分，从而通过阐明种种因素、动向和变化这一方法来使我们获得更多对城市的知识。同时，既然它是一门实用科学，它也向我们指出改善这种种因素的途径，因为这在每一门实用科学中都是必要的。（参见［意］托马斯·阿奎那：《阿奎那政治著作选》，马清槐译，商务印书馆 1963 年版，第 159—161 页）

## 五、无长官则民败落

**记者：**

人类社会有一个共性，那就是每个时代、每个国家都需要一个元首，都需要一个统领一切的领导者。或许正是因为这种现象太普遍，以至于人们认为这是一件天经地义的事情，自然也就没有多少人对这个问题进行过认真的思考。

**阿奎那：**

你说得没错。一艘船如果想按照其既定的目标前进，并希望尽快到达目的地，就必须有一个富有远见、经验丰富的舵手的指引。

**记者：**

人的确需要得到指导才能顺利达成目的，但内在的原因是什么呢？不知道你对此是否进行过思考和研究。

**阿奎那：**

我以为，人之所以需要被引导，那是人性使然。

**记者：**

如何理解呢？

**阿奎那：**

首先，人是一种政治动物。亚里士多德早就说过，与所有其他动物相比，人是政治和社会的动物，这个本性注定了人比其他一切动物要过更多的合群的生活。既然过合群的生活对人来说是自然和必需的，那么在社会之中，就必须要有某种治理的原则。因为如果大家都想生存，就不能每个人都只考虑自己的利益，所以其中必须有人愿意并能够维护公共利益，否则整个社会就会解体。

**记者：**

你的意思是说，人作为群体动物，要想很好地生活下去，就必须依靠某些出类拔萃的领导人的指导，否则这个社会就会分崩离析。

**阿奎那：**

是的。无长官，民就败落，一点儿不假。

## 六、关于政治的合法性

**记者：**

自柏拉图和亚里士多德以来，政治合法性一直都是政治学家们热衷讨论的问题。我想知道你是怎样看的。

**阿奎那：**

这个问题很重要。如果连政治的合法性都弄不清楚，那么其他与政治有关的问题就更不可能弄清楚了。

**记者：**

何谓政治合法性？

**阿奎那：**

政治，意味着一方是命令者，另一方是服从者。政治合法性问题，研究的就是命令和对这种命令的服从是否合理、合法；如果合理、合法，就说明这种政治是合法的，否则就不具合法性。

**记者：**

核心点是什么？

**阿奎那：**

核心点是解决权力的终极来源问题。如果权力的终极来源是上帝，就说明这种政治是合法的，是应该得到服从的。

**记者：**

你的意思是说，如果某种权力来自上帝，就说明这种权力是合法的，是应该得到服从的。

**阿奎那：**

是的。我们说某种政治是合法的，至少说明无论是其政治权威的来源，还是其政治权威的行使，都是合法的。

**记者：**

那我问你，在何种情况下，某种政治是非法的呢？

**阿奎那：**

政治合法性，可分为政治权威来源的合法性和政治权威行使的合法性。就权威的来源来说，当权威不是来自上帝时，在两种情形下，权威的来源是有缺陷的，即或者是由于本人有缺点，如果他不配得到那种地位的话；或者是由于获得权力的方法本身有缺点，比如是通过暴力、买卖圣职或其他非法手段的话。就前者而言，虽有缺陷但不会妨碍权威获得合法性；就后者来说，不仅有缺陷，而且这种缺陷非常之严重，以至于妨碍权威获得合法性。因为，无论是谁，只要他依仗暴力具有权力，就不能真正成为领袖或主人，所以，在必要的时候，一个人是可以不承认这种权威的；除非是它后来经过公众的同意或较高权威的干预变成合法的权威。

**记者：**

明白。

**阿奎那：**

就权威的行使来说，存在着两种滥用权威的情况。第一，如果一个掌权者发出的命令违背这个权威在当初被设立时所抱定的目的，例如命令他人实施某种罪恶的行动，或者做出某种违反道德的行为，而建立权威的目的恰恰就在于保护和提倡道德。在这种情况下，一个人不仅没有服从这种权威的义务，反而不得不予以反抗，正如临死也不愿服从暴君乱命的神圣殉道者所做的那样。第二，如果掌权的人发出的命令逾越了这种权威的权限，例如主人要求仆人付出他不应支付的款项，在这种情况下，这个仆人有服从或反抗的自由。

## 七、精神永远是自由的

**记者：**

关于服从，因为涉及其政治合法性这个重要问题，我想与你多谈谈。我觉得你的很多观点很特别。

**阿奎那：**

是吗？

**记者：**

例如，你说人虽然可以在身体上臣服于别人，但在精神上则是独立的。

**阿奎那：**

服从是一种政治需要，这点你应该没有异议吧？

**记者：**

是的。

**阿奎那：**

服从不是绝对的，而是有一定的范围。一个臣民不必在任何事务上都服从他的上级。还有，如果认为可以奴役整个人，那也是错误的，因为人最好的部分是不能被奴役的。

**记者：**

最好的部分是什么呢？

**阿奎那：**

是精神。由于基督的恩惠，人在精神上是没有缺陷的，而肉体则不然。肉体可以作为一个奴隶，可以受一个主人的支配，但精神却是自由的。人的精神活动只服从于上帝，而不服从于他人。从精神上看，所有的人在天地间都是平等的。

**记者：**

一个人服从另一个人，这仅仅是在肉体方面，而不是在精神方面。人的精神状态是自由的。这就是你的观点？

**阿奎那：**

是的。

## 八、自然法：法律之王

**记者：**

西方学者普遍认为你在自然法领域的贡献最具有原创性，因为你提出了完善的神学自然法理论。

**阿奎那：**

我的确在自然法方面做过不少研究。

**记者：**

在你之前的其他人是如何研究自然法的？

**阿奎那：**

亚里士多德明确提出了“自然法”的概念，并将自然法和人定法区别开来，主张自然法高于人定法。我继承了亚里士多德的自然法思想，将其与基督教教义相结合。如果说我有什么原创性的贡献的话，这就是。

**记者：**

你很谦虚，那么就请你介绍一下你的自然法思想。

**阿奎那：**

没问题。要详细说明我的自然法思想，首先就得说说永恒法。

**记者：**

何谓永恒法？

**阿奎那：**

在我看来，上帝如同一个艺术家，在宇宙存在之前，他就为宇宙设计了一个创作计划，并就宇宙的未来进行了规划。你我所在的宇宙，就是上帝的作品，就是上帝理性的体现。同时，上帝也是宇宙的管理者，整个宇宙由上帝的理性所支配。上帝对于创造物的合理的领导，就像君王的领导那样具有法律的性质。这种法律被称为永恒法，它是其他一切法律产生的基础，不是人的智慧可以完全参透的，其是指导一切行动和动作的神的智慧所抱有的理想。

**记者：**

永恒法起源于上帝的智慧，也是一切法律的基础。

**阿奎那：**

没错。

**记者：**

那自然法与永恒法是什么关系？

**阿奎那：**

法律是实现理性的命令，因此只有实现理性的动物和人才有法律可言。虽然所有受神力支配的东西都是由永恒法所判断和管理的，一切事物在某种程度上都与永恒法有关系，但作为理性的东西，人以非常特殊的方式接受神意的支配。这种理性动物去参与的永恒法就叫作自然法。可见，自然法是最高的法律，是所有法律的源泉，自然法理所当然地来自永恒法。自然法的内容丰富多彩，但其核心使命是行善避恶，其他使命均以此为基础。

**记者：**

那人类制定的法律被你排在什么位置呢？

**阿奎那：**

人类制定的法律就是所谓的人法，它是人类通过遵从自然法的规则而创造的，是一种倾向为善的自然习性，是要通过某种锻炼使其臻于完善的。简单来说，它是从自然法出发进行推理而获得的特殊的安排。

**记者：**

特殊的安排指的是什么？

**阿奎那：**

人法，就是我们平常所说的法律。关于法律，罗马帝国大法学家帕比尼安（Papinianus）认为，法律就是具有普遍适用性的命令，是以智者名义做出的决定，是对故意或者过失犯法行为的制约，是以国家名义制定的一般协议。

**记者：**

你如何看待法律呢？

**阿奎那：**

所谓法律，不外乎是对于种种有关公共幸福的事项的合理安排，由任何负有管理社会之责的人予以公布。

## 九、人法与神法

**记者：**

你的自然法理论中，似乎还有一种法律，那就是所谓的神法。我想知道，神法与永恒法是什么关系？神法与人法是什么关系？

**阿奎那：**

永恒法是上帝的理性和智慧，而神法则是永恒法的具体化。所谓的神法，就是从《圣经》中归纳出来的各种启示和道理，具体包括《旧约》中上帝通过先知做出的各种启示，以及《新约》中耶稣基督所宣讲的各种道理。

**记者：**

我明白了，你所谓的神法，就是《圣经》中的启示和各种必须遵守的道理。我想请你解释一下，人类既然制定出了人法来引导规范自己的行为，为什么还需要神法呢？

**阿奎那：**

人的最终目的是与上帝合一，达到永恒的境界，但自然法和人法具有局限性。因此，虽然人类有了自然法和人法，但还是需要神法的帮助与指导。

**记者：**

神法的作用体现在哪些方面呢？

**阿奎那：**

第一，法律指导的行为是与我们的最终目的相关的，因此如果人们注定要追求一个并不能超过其自然能力的目的，那么在理性方面，除了自然法和源于自然法的人法外，人就不需要任何命令的指导。但是，人注定要追求永恒幸福这个目的，而永恒幸福超过了与人类自身才能相称的目标。因此，为了达到这个目的，人就必须不断接受自然法和人法的指导，而且必须接受神法的指导……

**记者：**

第二呢？

**阿奎那：**

第二，由于人的判断的不可靠性，特别是在偶然的、特殊的问题上如此，各种各样的人对于人类的活动往往做出极不相同的判断，由此产生不同的法律。因此为了让人明确应该做什么、不应该做什么，就有必要让他的行为受到神法的指导。因为，神法是不会发生错误的……

**记者：**

第三呢？

**阿奎那：**

第三，人们只能根据他们的判断制定法律，但人的判断具有局限性，不能达至内心的深处。然而，完美的德性要求一个人不仅在外在行为上，而且在内心动机上，都保持美德。既然人的法律不足以指挥和规定人的内心的动机，那就有必要补充神的法律……

**记者：**

第四呢？

**阿奎那：**

第四，人们的法律不能惩罚和禁止一切恶行，人法在力图防止一切恶行的时候，也会因此除去很多善行，因而不利于公共福利，所以，就必须要有神法来禁止各种各样的罪恶。人法只能让人类达到和实现尘世的幸福，而不能达到永恒的幸福。简单来说，人法往往不可靠，人法只能判断外在的行为，无法触及内心的世界，人法不能惩罚和消灭所有的罪行。鉴于这四方面，可以说神法是必须的，是自然法和人法的有力补充，也是人法的基础。

## 十、君主制为什么最好

**记者：**

你为什么认为君主制是最好的政体呢？

**阿奎那：**

我这是有感而发。我之所以认为君主制是最好的政体，主要有四个方面的理由。

**记者：**

请讲。

**阿奎那：**

首先，从政治的目的来看，或者说从政治的正当性来看，君主制最有利于实现公共的利益。任何统治者都谋求公共的幸福，而一个社会的幸福和繁荣则在于和平。如果没有和平，社会生活就会失去它的一切好处，并且由于纷扰，反而会成为一种负担。所以，任何社会统治者的首要任务，就是建立和平的团结一致。凡是本身是一个统一体的事物，总能比多样体更容易产生统一；正如本身是热的东西，更能适应热的东西一样。所以，由一个人掌握的政府比由许多人掌握的政府更容易获得成功。

**记者：**

其次呢？

**阿奎那：**

其次是君主制具有社会必要性，这种必要性在于防止意见分歧。如果一艘船上的全体水手彼此意见不一致，那么他们永远不可能按照任何的航线航行；同样，如果很多人意见分歧，他们就永远不能产生社会的统一。所以，一个由个体组成的多样体就会需要统一作为约束，而君主制能够提供这种社会统一。

**记者：**

再次呢？

**阿奎那：**

再次，君主制最符合自然法则和自然本性。既然自然始终以最完善的方式进行活动，那么最接近自然过程的办法就是最好的办法。在自然界，支配权总是操纵在单一的个体手中。在身体的各个器官间，有一个对其他一切器官起推动作用的器官，那就是心；在灵魂中，有一种出类拔萃的机能，那就是理性。蜜蜂有一个王，而在整个宇宙中有一个上帝，即造物主和万物之主。这是完全合乎理性的，因为一切多样体都是从统一中产生的。因此，人类社会中最好的政体就是由一个人掌握的政体。

**记者：**

最后呢？

**阿奎那：**

从历史经验来看，君主制是最好的政体。经验表明，由一个国王所统治的城市和省份太平公道、民情欢腾；相反，非由一人所统治的城市和省份，常常由于相互倾轧而陷于分裂，纠纷不断。所以上帝通过先知答应他的人民：作为一个巨大的恩惠，他要把他们放在一人之下，只有一个君主来统治他们。

## 十一、暴君政治是最坏的政体

**记者：**

你认为君主政体是最好的政体，你也说过暴君政治是最坏的政体，如何解释？

**阿奎那：**

通过比较就可以知道原因。

**记者：**

怎么个比法？

**阿奎那：**

我把平民政治和民主政治、贵族政治和寡头政治、暴君政治和君主政治相对照。因为我们已经知道君主政治是最好的政体，通过比较可以发现，暴君政治就是最坏的政体。

**记者：**

具体是怎么比较的呢？

**阿奎那：**

统一的政权比分散的政权更有效。正如一个能够造福的政权越是统一越好一样，一个作恶的政权就是统一的害处比分散来得大。有道的政权所凭借的统一的规模越大，这个政权就越好。君主政治优于贵族政治，而贵族政治又比平民政治好，原因就在这里。

**记者：**

如果这个政权是无道的呢？

**阿奎那：**

在无道的政权下，情况恰恰相反，因为它所凭借的统一的规模越大，它干坏事的能力也就越大，它就越有害。所以，暴君政治比寡头政治坏，寡头政治又比民主政治有害。

**记者：**

所以你说暴君政治是最坏的政体？

**阿奎那：**

是的。使政权无道的因素，是统治者在追求个人的目的时损害了公众的利益。所以，公共利益所受的损害越大，政权也就越无道。寡头政治只考虑少数公民的私人利益，相比之下民主政治则较多考虑公共的利益。暴君政治只考虑如何满足个人的欲望，根本不去考虑公共利益，因此它对公共利益的危害最大，是最无道的政权形式。

## 十二、混合政体是最好的选择

**记者：**

在理想状态下，君主制是最好的政体，但很多君主长期独揽大权，最终都成为暴君，国家也分崩离析。你如何看待这个问题呢？

**阿奎那：**

关于一个城市或国家的权力的正当安排，有两点必须加以考虑：第一点是大家都应当在某一方面参与政治，第二点是政体或管理政治事务的形式。在我看来，现实中最好的政体应该是以君主制为主体的混合政体。

**记者：**

也就是结合了君主制、贵族制（寡头制）和民主制的政体了。

**阿奎那：**

当一位德行高超的人治理着大家，他手下还有其他一些人实行仁政，并且大家由于具有当选和选举的资格而参与这种政治时，一个城市或一个王国的内部就获得了权力的最好的安排。在君主政治下，只有一人执掌政权；在寡头政治下，有许多人依据德行参加政府；在民主政治或平民政治下，统治者可以从人民中选出，而全体人民都有权选举他们的统治者——这些制度的适当混合就构成了最好的政体。这也是神法所规定的一种政体。

**记者：**

这为何是神法所规定的呢？

**阿奎那：**

因为摩西和他的继承者作为凌驾一切人之上的唯一的领袖而统治他们的人民，但他们还依据德行选举了72位长者来协助他们。比如《申命记》（1∶15）中说，“我将就你们各支派中选择有智慧并为众人所尊敬的人，立他们为首领”，这就是寡头政治。但是，《申命记》（1∶13）中也说，“你们要按各支派，选举有智慧的人”，《出埃及记》（18∶21）中则说，“要从百姓中遴选有才能的人”，这就是民主政治。显而易见，《圣经》的律法中就存在着十分出色的权力安排。

**记者：**

你认为从上帝的律法中可以看出混合政体是一种最好的选择。

**阿奎那：**

是的。如果大权在握的君主没有完美的德性，那君主政治很容易蜕化为暴君政治。因为具有完美德性的人寥寥无几，所以必须经常研究和考虑上帝的律法，始终服从和畏惧上帝。

**记者：**

你提倡通过神法来指导王法，用神权来指导王权，这样既能维护国家政权的稳定，也能加强教会的权力吧。

**阿奎那：**

权力之间是需要相互监督和制衡的。

## 阿奎那简传

托马斯·阿奎那（Thomas Aquinas，1225—1274 年），意大利中世纪神学家、哲学家。阿奎那出生于意大利那不勒斯王国的洛卡塞卡（Roccasecca）的一个贵族家庭，5 岁进入修道院学习，16 岁进入那不勒斯大学学习，其间加入多明我会。1245 年，阿奎那在巴黎大学从事教学和研究工作，并师从大阿尔伯特学习哲学和神学。1248 年，他与大阿尔伯特一起来到科隆从事神学研究工作。1252 年以后，阿奎那陆续到巴黎、罗马等地旅行、讲学和传教。1274 年，他在旅途中患病去世。

阿奎那成功地将基督教的神学思想和亚里士多德的哲学融合在一起，创建了庞大的经院哲学和神学体系，并在伦理学、逻辑学、政治学、形而上学和认识论等方面都作出了重要贡献。在经院哲学方面，他提出了证明上帝存在的五种论证，对后世有重大影响。阿奎那著有《神学大全》《反异教大全》等，其中《神学大全》被认为是基督教的百科全书。

阿奎那逝世后，他的神学思想在教会内引起很大争议，直到 50 年后其正统地位才得到确认。1323 年，教皇封阿奎那为圣徒。阿奎那哲学是天主教长期以来研究哲学的重要依据，其哲学和神学体系于 1879 年被教皇利奥十三世定为天主教的官方学说，后世称之为“托马斯主义”。

# 第二十七章　论“唯意志论”

## ——对话约翰·邓斯·司各脱

## 引　子

我们的主人公约翰·邓斯·司各脱是中世纪苏格兰的一位经院哲学家、神学家、温和实在论者。他的著作语言晦涩难懂、专业性强，且不迁就他人，他论辩的结构也难于辨认。然而，他是致力于哲学的最敏锐的思想家之一，他的绰号“难以捉摸的博士”恰当地反映了他的特点。唯意志论是司各脱对哲学界的最大贡献之一，也是他对阿奎那企图将神学与理性进行整合的最重要的反映。此外值得一提的是，他曾经大胆提出了物质具有思维能力、灵魂中也有物质存在的推测，对此马克思和恩格斯给予高度评价。让我们走近约翰·邓斯·司各脱。

## 一、拼凑起来的生平

**记者：**

在所有大哲学家中，你的生平最鲜为人知。研究你生平的人说，撰写你的传记几乎全部靠猜测。

**司各脱：**

太夸张了。我出生在邓斯（Duns），那是苏格兰东南部边境特威德河畔贝里克郡（Berwick upon Tweed）东部几英里远的一个小镇。我出生于1266年，1279年加入方济各会。1291年，我被任命为北安普顿（Northampton）的神父。1292—1301年，我在牛津大学任教。1301年，我去巴黎大学学习，并在那里讲授神学和哲学。1307年，我到科隆的方济各会学校讲授神学，第二年在那里去世。就这么简单。

**记者：**

你年轻时受教育的情况是怎样的呢？

**司各脱：**

小时候我在叔父埃里亚斯·邓斯（Elias Duns）的指导下学习，他曾任苏格兰方济各会的会长。1288年，方济各会派我去牛津大学学习，其间我一边学习，一边讲学。1301年我获得神学学士学位，之后又去了巴黎大学学习。

## 二、遭到驱逐

**记者：**

据说你在巴黎任职时被驱逐出了法国？

**司各脱：**

是的。当时法国国王腓力四世（Philip Ⅳ）和教皇卜尼法斯八世（Boniface Ⅷ）斗得热火朝天，我也受到波及。

**记者：**

他们之间为何起冲突呢？

**司各脱：**

主要是因为教士赋税的问题。1296年教皇发布敕谕，规定教士非经其同意不得向世俗君主纳税，这遭到了英、法两国国王的反击。1301年，卜尼法斯八世谴责法王侵犯教权；1302年，腓力四世召开会议，宣布教皇无权干涉法国内政。

**记者：**

你肯定站在教皇一边。

**司各脱：**

是的。1303年6月，我被驱逐出法国，回到了英国，连同我一起被驱逐的还有其他80多名修道士。

**记者：**

你后来又是怎么回到法国的？

**司各脱：**

卜尼法斯八世于1303年10月去世，新任教皇本笃十一世（Benedict Ⅺ）与法王达成了和解，之后法王才允许流亡的学生和修道士等回到法国。

**记者：**

不久你又去了科隆，这次是什么原因呢？

**司各脱：**

当时方济各会总会长派我去担任科隆方济各会学校的校长，我也在那里度过了我人生中的最后一年。

**记者：**

你当时年仅 42 岁，不幸去世，真是令人痛惜啊！

**司各脱：**

生命无常，生死难料。

## 三、上帝的支配能力在于他的意志，而不是他的理性

**记者：**

阿奎那论证说，对于人和上帝来说，意志都是服从于理智的，理性引导或决定意志。但是，你对此并不认可？

**司各脱：**

阿奎那认为理性先于意志，我不同意这个说法。

**记者：**

理由呢？

**司各脱：**

如果上帝的意志服从于他的理性，或者为永恒真理所限制，那么上帝自身也会受到限制。这样一来，上帝就不是全能的了。

**记者：**

你的意思是说，如果理性束缚意志，上帝就不可能拥有自由，而实际上上帝拥有一种绝对自由的意志。因此，理性是不可能高于意志的。

**司各脱：**

上帝的支配能力在于他的意志，而不是他的理性。

**记者：**

人们把你的这种观点称为“唯意志论”（voluntarism），你同意这个称呼吗？

**司各脱：**

可以这么说。

**记者：**

如果说上帝的意志是第一位的，超过他的理性，会不会得出这样一个重要的道德结论，那就是：上帝的活动和道德命令是意志的行动，因而其本身是非理性的。既然上帝的道德法则并不反映他坚持理性的标准，而是反映他不受强制的意志，那么上帝可以选择任何他愿意的道德法则。也就是说，即便是抢劫和偷窃，如果上帝认为它们是道德的，它们也会成为善的行为，似乎道德就是由上帝做出的任意选择的结果。

**司各脱：**

是这样的。而且，如果道德标准是出自上帝的任意命令，那么对上帝而言，由于我们违反了这些命令而惩罚我们或宣判我们下地狱，也将同样是任意的。

**记者：**

如果上帝是绝对自由的，那么他就可以挑选任何行为来加以奖赏或惩罚。

**司各脱：**

是的。所以我说，道德的基础不是在理性之中，而是在意志之中。所以，道德不可能是理性与哲学研究的课题，而仅仅是信仰和接受的问题。

## 四、智力活动无所不能，但欠缺准确性

**记者：**

有人说，我们这个时代，即所谓的“现代”所理解的“认识论”是始于你的著作，所以我很想与你聊聊你的认识论。

**司各脱：**

认识论即个体的知识观。在我看来，信仰与知识是两个不同的领域。

**记者：**

研究你的学者说，你特别看重人类智力的作用。若果真如此，你将与你那个时代的许多人不同：别人特别强调信仰与启示在帮助人类获取知识方面的作用，而你特别强调智力的作用，这颇有一种宗教怀疑主义的意味。

**司各脱：**

不能这么说。信仰和知识各有其对象，各有其真理。

**记者：**

那你是如何看待人类智力的作用的呢？我关心的是，你的看法与阿奎那的看法有何区别？

**司各脱：**

阿奎那认为，人的智力的适当对象是物质客体的本质……

**记者：**

物质客体的本质？

**司各脱：**

也就是客观世界的内在规律。

**记者：**

难道你不同意阿奎那的看法？

**司各脱：**

在我看来，人类智力活动所能认识的范围要广泛得多，智力的能力大得足以囊括天上和地上的一切事物，范围包括全部无限的存在和有限的存在。智力不仅能认识事物的普遍规律，还能对每个个体予以直接的认知。

**记者：**

你的这些看法要远远超越阿奎那对智力活动范围的看法。但是，一些人认为如此也削弱了智力可以获得的认识的准确性。

**司各脱：**

关于智力能力的看法可以分为两个层次：一个层次是，一个特定的个体能够被人类的智力所理解，即使人的感觉器官被遮蔽亦复如此。如不是这样，我们将永远不能通过演绎获得普遍存在的知识，我们也不能对个体的人拥有合乎理性的爱。

**记者：**

没有对个体的认知，就没有对事物普遍性的理解，这个看法没问题。

**司各脱：**

另一个层次是，尽管人们能够认识一切，但我们对个体事物的知识是含糊的、不完备的。

**记者：**

怎么讲？

**司各脱：**

如果两个个体在感觉性能上彼此没有差别，智力就不能区分两者，即使它们具有两种不同的特性，并因此是两个不同的个体。

**记者：**

你是不是把智力能力仅仅局限于感觉能力了？

**司各脱：**

那倒不是。人类认知个体的含糊性导致了认知普遍存在的含糊性。没有前期的对单一事物的认识，而从单一事物中抽象出普遍存在，那是不可能的。因为在这种情况下，智力将不知从何处开始抽象。

## 五、物质或具有思维能力

**记者：**

我的学术偶像恩格斯曾经如此评价你："唯物主义是大不列颠的天生的产儿，英国经院哲学家邓斯·司各脱就曾经问过自己：'物质能不能思维？'为了使这种奇迹能够实现，他求助于上帝的万能，即迫使神学本身来宣扬唯物主义。"（恩格斯：《〈社会主义从空想到科学的发展〉英文版导言》，载《马克思恩格斯全集》第22卷，人民出版社1963年版，第296页）你对这个评价感觉如何？

**司各脱：**

物质能不能思维，我确实问过自己这个问题。

**记者：**

答案是什么？

**司各脱：**

答案是：物质具有思维能力。

**记者：**

物质何以会有这种思维能力呢？

**司各脱：**

这种能力是上帝赋予的。

**记者：**

上帝为什么会赋予物质这种能力呢？

**司各脱：**

因为上帝是万能的，所以它最有资格，也最有能力赋予物质以思维的能力。

## 六、上帝不是形而上学的主题

**记者：**

就最基本的概念来讲，哲学就是形而上学，形而上学就是哲学。按道理说，哲学研究的问题与神学研究的问题应该是完全不同的，但一些哲学家却认为上帝应该成为形而上学和哲学的主题。对此你的看法是什么？

**司各脱：**

这种看法我不赞同。

**记者：**

请说说你的理由。

**司各脱：**

我们通过理性只能知道上帝是一切原因的原因、一切本质的本质，知道上帝是永恒的。至于上帝在时间中创造世界、上帝以其预知鉴临一切、上帝的“三位一体”等都只能是信条，只能根据《圣经》和教会的权威信仰它们。如果我们要用理性思考上帝，就会陷入不可解决的矛盾。

**记者：**

为什么呢？

**司各脱：**

一个真理在哲学看来是真的，但在神学看来就可能是假的，反之亦然。

**记者：**

你的意思是说存在“双重真理”？

**司各脱：**

是的，但哲学和神学之间不应该存在对立。神学并不是一门思辨的学科，而是实践的学科，它的使命是帮助拯救人的灵魂。我们虽然不能认识上帝，但可以信仰上帝、爱上帝，信仰和爱高于认识。

## 七、智力与意志

**记者：**

关于心灵哲学，你也是造诣颇深。

**司各脱：**

心灵哲学研究心灵的存在和本质及其与身体的关系。

**记者：**

理性与意志的关系是心灵哲学中的核心课题之一。阿奎那认为，意志基本上是一种合乎理性的欲望，其自由源自理性实际运用的灵活性。你如何看待阿奎那的观点？

**司各脱：**

阿奎那关于意志的概念我并不赞同。

**记者：**

那在你看来，意志是一种什么东西？

**司各脱：**

所谓意志，就是一种至高无上的能力，其活动只能源自自身的自我决定，而不是其他任何东西。意志的确是理性的能力，能够以多种形式行使的能力，但是这并不意味着意志的行使受理性的指导。

**记者：**

那理性或曰智力又是什么？

**司各脱：**

智力是一种自然的能力，一种只能在适应其活动的自然条件下以一种方式活动的能力。

**记者：**

大多数亚里士多德主义经院哲学家认为，人类的终极目的是智力极尽之能事，即至福地看见上帝。

**司各脱：**

我认为至福之人能否在天堂与上帝融为一体，完全取决于意志的自由活动。

**记者：**

有人说你比你的任何一位前辈赋予人的意志和上帝的意志的活动范围都大得多。

**司各脱：**

这个说法不过分。人的意志是可以实施对立活动的能力，这不仅在于人可以在不同的时间运用意志的能力做不同的事情，还在于意志在实施一个活动的同时还保持着实施相对立的活动的能力。一个被创造的仅为一个时刻而存在的意志，仍然可以在对立物之间做出自由选择。再者，神的意志所享有的自由，也是非常巨大的，上帝有自由摒弃或者删除许多常常被认为属于自然法则的道德戒律。

## 八、每个人都是独一无二的

**记者：**

共相问题是你们那个时代任何一个哲学家都无法绕开的问题，我也想听听你在这个问题上的看法。

**司各脱：**

在这个问题上，我与我的教友奥卡姆的威廉的观点基本一致，也与托马斯·阿奎那的观点基本一致。

**记者：**

你们三个人的一致点是什么？

**司各脱：**

我们三个人都是实在论者。

**记者：**

你的意思是说，你们都承认共相即一般性是实实在在存在的。那你与他们两个人之间是否存在区别呢？

**司各脱：**

当然有。我与他们的不同点是我更多地强调个体即每个人的独特性。

**记者：**

你是如何强调个体存在的独特性的？

**司各脱：**

否认共相即一般性，这是我所反对的。以共相即一般性取代独特性，这也是我所反对的。每个个体，包括我们每个人，都是独一无二、无可替代的。

**记者：**

据说你的这个观点并没有得到多少人响应。

**司各脱：**

我只做我自己的事情，我也是独一无二的，我不介意别人是否同意我的观点。

## 司各脱简传

约翰·邓斯·司各脱（John Duns Scotus，约1266—1308年），中世纪苏格兰经院哲学家、神学家、温和实在论者。司各脱生于苏格兰东南部的贝里克郡，1279年加入方济各会，1288年进入牛津大学学习，1291年领受神职。1292年起先后在剑桥、牛津、巴黎等地讲授彼得·伦巴德的《箴言四书》。1303年在巴黎大学任教期间，司各脱因参与教皇卜尼法斯八世反对法王腓力四世的活动而被逐出法国。卜尼法斯八世逝世后，司各脱重返巴黎大学，获得神学教授席位。此后他在一场激烈的神学争论中独自与所有神学教授辩论，赢得“圣母纯洁之胎说”的胜利，但学校中忠于法王的势力伺机指责这一说法为异端观点。为了保护司各脱免遭谴责，修会于1307年把他调至科隆的方济各会学校，次年他死于该地。他的主要著作有：《彼得·伦巴德〈箴言四书〉论疏》《问题论丛》《论第一原则》《形而上学中的微妙问题》和《提要》等。

# 第二十八章　论人与上帝的合一

## ——对话约翰尼斯·埃克哈特

## 引　子

托马斯·阿奎那运用理性主义把神学和哲学融合在一起，建立起了庞大的经院哲学体系。对其做出回应的有三位代表性的哲学家：一位是约翰·邓斯·司各脱，一位是奥卡姆的威廉，一位就是我们的主人公约翰尼斯·埃克哈特。这三位哲学家所对应的理论分别是唯意志论、唯名论和神秘主义理论。埃克哈特是第一个用德语布道和写作的神学家，在他的布道和写作中，宗教的神秘与理性的智慧被充分地结合在了一起。埃克哈特认为上帝即万物，万物即上帝；人为万物之灵，人的灵性与上帝的神性是共通的。他的一系列神学思想不但构成了基督教新教的理论基础，而且对后世德国哲学家产生了极为深远的影响。让我们走近德国神秘主义思想家埃克哈特。

## 一、我的人生不神秘

**记者：**

你是中世纪神秘主义的代表性人物之一，我查了很多资料，发现你的生平很神秘。

**埃克哈特：**

我的生平一点儿都不神秘。我 1260 年出生在图林根的豪赫海姆（Hochheim）的一个骑士家庭，15 岁时加入多明我会，后来在科隆和巴黎求学。我曾担任埃尔福特的多明我会修道院的院长、萨克森教团大主持、波希米亚省副主教、斯特拉斯堡主教……

**记者：**

据说你晚年是在科隆度过的？

**埃克哈特：**

是的，那段时间没给我带来多少愉快的回忆。

**记者：**

这个我知道，正是在科隆，你与教会发生了矛盾。

**埃克哈特：**

是的。1326 年，科隆大主教对我提出指控，把我送上了宗教法庭。1327 年，在科隆多明我会的教堂里，我不得不宣誓放弃自己的观点。

**记者：**

据说你曾经向教皇提出了上诉。

**埃克哈特：**

是的。但我没能等到教皇的赦免。1328 年，我在法国阿维尼翁（1309—1378 年为罗马教廷所在地）去世了。

**记者：**

遗憾的是，1329 年教皇约翰二十二世（John XXII）发布敕令，宣布你是异端分子，下令焚毁你的所有著作，禁止进行传播。不过，有许多同情你的人保存了你的手稿，使你的思想流传于世。3 个世纪以后，你的思想成为宗教改革运动的发起者、基督教新教的创始人马丁·路德心中的指路明灯。

**埃克哈特：**

如果一个人为自己什么也不要，那么，上帝必定会像为自己一样为他要到一切。

## 二、德国神秘主义之父

**记者：**

人们称你为“德国神秘主义之父”。在一些辞典中，神秘主义被解释为“一种宗教唯心主义的世界观”，其认为“人同神或超自然力之间能够进行直接的精神交往，人借助这种交往就能领悟到世界的秘密”。

**埃克哈特：**

人为万物之灵，人通过深思和启示，就可以与神融为一体。

**记者：**

但很多人说你闭上了自己的双眼，置身于世界之外，沉湎于自我。你如何看待这种评价？

**埃克哈特：**

我闭上的是肉体的眼睛，睁开的是心灵的眼睛。我不知道他们为什么会如此评价我。

**记者：**

在你们那个时代，宗教信仰和世俗智慧通过大阿尔伯特、阿奎那等人的努力而紧密地结合在了一起。由于经院哲学从属于神学，因而哲学本身被套上了一层精神枷锁。此时，人的信仰是与亚里士多德及其阿拉伯诠释者的完全世俗的智慧结合在一起的，因而信仰本身也被套上了一层精神枷锁。罗杰·培根、邓斯·司各脱和奥卡姆的威廉等人竭力让哲学一步一步挣脱这种束缚而获得解放，而你却反其道而行之，走到与理性主义、启蒙主义相反的道路上去了。

**埃克哈特：**

英国、法国、意大利的经院哲学家煞费苦心地企图通过形式逻辑来证明上帝的存在，但在我看来，上帝是不可思议、不可规定和不可通过逻辑来证明的精神实体，他存在于个人的沉思默想和非理性的意志或启示之中，人通过灵魂的火花或“心灵之光”就可以与上帝的精神合一。

**记者：**

你认为人可以通过沉思和内在的神秘启示来直接认识上帝，这样人接近了上帝，就不需要教会和教皇作为中介了。这必然挑战了他们的权威，难怪他们把你斥为异端。

**埃克哈特：**

各人有各人的看法，我始终坚持自己的基本论点，并为自己辩护。

## 三、上帝是原始神性的"流溢"

**记者：**

你的著作通篇都在沉思上帝，在你看来，上帝从何而来？

**埃克哈特：**

上帝是至善，是太一，是绝对物，是完全彼岸的东西，关于上帝我们一无所知。我们所附加给上帝的属性都是牵强附会的。

**记者：**

那我们如何去把握上帝的存在呢？

**埃克哈特：**

神学首先是由否定的思想组成的，人类所知道的都是非上帝的属性，人类所不知道的才是上帝的属性。

**记者：**

难道根本无法对上帝做肯定性的描述？

**埃克哈特：**

那倒不是。我在书中是如此用肯定性的语言来描述上帝的。

**记者：**

说来听听。

**埃克哈特：**

所谓纯粹的、彼岸的上帝，是"神性"或"尚未自然化的自然"。

**记者：**

请解释一下。

**埃克哈特：**

原始的神性不能被附加上"存在"的谓词，因此它就像一个虚无的深渊。神性是静态的，是不作为，在神性之中无行动。

**记者：**

那神性如何彰显呢？

**埃克哈特：**

为了显示自身，神性必须自我表白，于是，自神性中流出基督教的"三位一体"

的上帝。神性显现为主体和客体，圣父是主体，圣子是客体，他代替神性“说话”。

**记者：**

有意思。

**埃克哈特：**

圣父的言辞是永恒的言辞，也就是他的儿子即我们的主耶稣基督的言辞。一切造物既无始也无终。连接圣父与圣子的爱的纽带就是圣灵。

**记者：**

你的观点带有明显的新柏拉图主义的意味。

**埃克哈特：**

总之，基督教的“三位一体”的上帝就是最初的“流射物”，是原始“神性”的流溢。

## 四、灵魂也是“三位一体”的

**记者：**

基督教世界普遍认为上帝的概念是“三位一体”的，而你的著作说人的灵魂也是“三位一体”的，该如何解释呢？

**埃克哈特：**

灵魂是上帝按照自己的模型创造的，既然上帝是“三位一体”的，那么人的灵魂自然也是“三位一体”的。

**记者：**

灵魂的“三位”是哪三位呢？

**埃克哈特：**

灵魂是由三种力量组成的，即认识、愤怒和欲望，而基督教的三种德性，即信仰、爱和希望，正好是与之相对应的。

**记者：**

根据你们神学家的看法，在“三位一体”的上帝之上还有一个原始的神性，那在“三位一体”的灵魂之上，是不是也存在某种类似的东西呢？

**埃克哈特：**

是的。在三种灵魂力量之上，还有“神圣的火花”，它们如此纯净，如此高贵。其中，不可能有任何造物，而只有上帝和他的纯粹的神性。灵魂的火花是神性之光，它永远复归于上帝。

## 五、抛弃自我，与上帝实现合一

**记者：**

你在著作中反复强调人要抛弃自我，并主张人要与上帝融合为一体。该如何解释你的这种思想呢？

**埃克哈特：**

我的意思是，人要彻底抛弃属于自己的一切，完完全全沉浸在上帝的旨意之中。

**记者：**

有无具体的路径？

**埃克哈特：**

要想实现人的灵魂与上帝合一，使上帝在我们心中诞生，有一个前提条件……

**记者：**

前提条件是什么呢？

**埃克哈特：**

就是人必须涤除灵魂中的罪，因为是罪恶使人与上帝分开了。

**记者：**

还有吗？

**埃克哈特：**

还有就是必须做到泰然自若，必须保持内心的无拘无束，做到“与世隔绝”；必须抛弃一切世俗之物，抛弃自我，放弃自己的意志，从而与上帝的意志合二为一。

**记者：**

一旦人实现了其灵魂与上帝的合二为一，该会呈现出什么样的特征呢？

**埃克哈特：**

倘若灵魂能够达到这种状态，那么它就与上帝等同了。于是，上帝的属性、上帝的本体以及上帝的本性就成为人的了，人就会成为上帝之子。

## 六、上帝在必要时也必然会有所作为

**记者：**

如果人实现了与上帝的完全合一，那人就是上帝，上帝就是人。如果这种说法是对的话，那在人与上帝之外，还有什么呢？

**埃克哈特：**

除此之外，一切不仅毫无价值，而且纯属虚无。一切事物只有在上帝之中才能存在。

**记者：**

难道上帝创造出来的所有东西都是虚无？

**埃克哈特：**

是的。一切造物都是无！

**记者：**

人也是上帝的创造物，难道人的灵魂与人所拥有的一切属性都是虚无？

**埃克哈特：**

并非如此。人既然实现了与上帝的融合，人的灵魂也就超越了时空。人所具有的属性并不会随着时间的流逝而消逝，而是会永恒存在。

**记者：**

可以说，上帝在一切之中，一切都来自上帝。

**埃克哈特：**

是的。一切都由上帝所决定，这就是作为一切之基础的永恒的必然性。这种必然性来源于上帝的决定，上帝在必要时也必然会有所作为。

## 七、人能成为上帝

**记者：**

根据你的理论，似乎人的至高追求就是与上帝合一，是吗？

**埃克哈特：**

是的。我们那个时代的哲学家们都认为，人的幸福就在于认识上帝。

**记者：**

人真的能认识上帝吗？

**埃克哈特：**

上帝即万物，万物即上帝；人为万物之君，人的灵性与上帝的神性是共通的。人能超脱有限，趋于无限，不仅能认识上帝，甚至能成为上帝。

## 埃克哈特简传

约翰尼斯·埃克哈特（Johannes Eckhart，1260—1328 年），人称“埃克哈特大师”（Meister Eckhart），德国神学家、哲学家，神秘主义的代表性人物。埃克哈特出生在德国图林根豪赫海姆的一个骑士家庭，15 岁时加入多明我会，后在科隆和巴黎求学。1294 年起，他相继担任了埃尔福特的修道院院长、萨克森教团大主持、波希米亚省副主教、斯特拉斯堡主教等职。在埃克哈特看来，个人的灵魂与上帝之间并不存在鸿沟。不仅如此，他还极力向他的听众揭示二者的合一，并宣称人能超脱有限而趋于无限，甚至能“成为上帝”。1326 年，埃克哈特被科隆大主教控为异端，他不得不上诉于阿维尼翁教廷，并在两年后死在了那里。然而，教皇约翰二十二世不能理解埃克哈特所描述的灵性体验，于 1329 年在通谕中谴责了他的 28 个论点，并将他的全部著作作为异端加以禁绝。

埃克哈特的一系列神学思想不但构成了基督教新教的理论基础，而且对后世哲学家产生了极为深远的影响。在经过了近七个世纪的被贬抑以后，他的许多思想和论点受到了非凡的重视。在基督教神学范围内，他的学说被认为将基督教恢复到了其最纯粹的原始形态，并可以承担起使基督教摆脱一切非属神的和会引人误入歧途的人为因素的使命。他的代表作有《专论》《讲道集》《神的安慰》《崇高的人》《超脱》等。

# 第二十九章　个别之外，一无所有！

## ——对话奥卡姆的威廉

### 引　子

我们的主人公是著名的“奥卡姆剃刀原则”，即“如无必要，勿增实体”的提出者。奥卡姆是英国的一个地名，也是我们的主人公的出生地，因为他在大学注册时用的名字是“奥卡姆的威廉”，所以后来人们习惯性地称他为“奥卡姆”。在奥卡姆生活的年代，英法百年战争和黑死病摧残着欧洲。一个社会需要什么，是彼时思想家们最关注的问题。在这种大的社会背景下，奥卡姆千方百计地想在动荡不安中寻求某种基本的确定性，以为自己和人们找到精神上的寄托。这最终使不借助于超自然的解释来探讨人类事务和自然科学成为可能——这也是现代科学方法最重要的基础之一。奥卡姆被誉为中世纪的最后一批学者，他是欧洲中世纪哲学的集大成者，也是文艺复兴之前的重要哲学家，他的思想对西方近代科学和哲学的发展都产生了深远的影响。让我们走近奥卡姆。

### 一、多事之秋

**记者：**

我看过一些人给你写的传记，总是感到满头雾水。

**奥卡姆：**

为什么会满头雾水呢？

**记者：**

这些为你作传的人，连你是哪一年出生、哪一年去世、生于何处、死于何方、为何而死等问题都各执一词，对你早年的生活和学习经历也语焉不详。为什么会这样呢?

**奥卡姆：**

其实这并不奇怪。我所生活的 13—14 世纪，是欧洲历史上最为动荡的一个时期，可谓多事之秋。

**记者：**

那个时期，十字军东征节节败退，王权与教权斗争激烈，英法百年战争（1337—1453 年）也拉开序幕，的确是一番乱世。

**奥卡姆：**

何止这些呢！在英法战争之前，欧洲就发生了大面积的饥荒，损失了五分之一的人口，那真是饿殍遍野。大饥荒之后，又是长期的经济萧条，农民和手工业者则不断暴动。随后英国和法国爆发战争，双方你来我往，民不聊生。1347 年，黑死病（鼠疫）席卷欧洲，短短几年时间，就夺走了 2500 万人的生命，占当时欧洲总人口的三分之一。

**记者：**

真是人间地狱！听说你也是死于黑死病?

**奥卡姆：**

我 1349 年因病去世，说实话，我也不知道是否是黑死病致我于死命。在这样一个兵荒马乱的动荡时期，人命犹如草芥，个人生死存亡的细节更难以考据。因此，后人关于我生平的记述含混不清是很正常的。

## 二、叫板教皇为了啥?

**记者：**

据说你是在牛津大学上的学，是吗?

**奥卡姆：**

是的。我早年加入方济各会，成了一名修士，后来在牛津大学学习神学和哲学，获得了学士学位。

**记者：**

你后来留在牛津大学当老师了吧?

**奥卡姆：**

从我自己的角度来考虑，我非常希望在牛津大学当老师。事实上，我在那里也给学生们开了关于《圣经》的课程。

**记者：**

但最终你没能如愿留下吗？

**奥卡姆：**

我认为自己有资格在牛津大学当老师，但牛津大学校长约翰·路特莱尔（John Lutterell）强烈反对。

**记者：**

他为什么要和你过不去呢？

**奥卡姆：**

路特莱尔也是一个神学家，他是托马斯·阿奎那的信徒，因此对所有反对或质疑托马斯主义的人都千方百计地予以打压。而我并不认同托马斯主义，于是路特莱尔就攻击我，说我不能在牛津大学担任老师。可以说，我没能在牛津大学当老师，根本原因是我与路特莱尔的学术观点不同。

**记者：**

托马斯主义是中世纪天主教的正统学说，其认为神学高于哲学，哲学是神学的婢女。你与之相左，难免受到非议。

**奥卡姆：**

你说得没错。既然牛津大学不欢迎我，后来我就到了伦敦，继续从事我的学术研究。

**记者：**

离开牛津，到了伦敦，应该没有人再干扰你了吧？

**奥卡姆：**

并非如此。还是这位牛津大学的校长路特莱尔，他死死抓住我的观点不放，从我的著作中挑选了56条被认为是“异端思想”的内容，送给了位于法国阿维尼翁的教廷，我因此在1324年被召到阿维尼翁接受审查。

**记者：**

审查的结果呢？

**奥卡姆：**

我在阿维尼翁待了四年，审查一直没有什么进展。但是，其间我所在的方济各会与教皇约翰二十二世的矛盾越发尖锐，我因支持方济各会的观点而最终被教皇定罪。

**记者：**

方济各会与教皇之间有什么矛盾呢？

**奥卡姆：**

教皇认为上帝既然把伊甸园给了亚当、夏娃，那么教会就有权利继承人间的所有财产，而方济各会主张过清苦、虔诚的修行生活，认为教会无权继承这些东西……

**记者：**

你支持方济各会，与教皇唱对台戏，难免又要受到打压了。

**奥卡姆：**

我认为教皇应该像耶稣和他的使徒们那样，彻底放弃财产，过着贫穷简单的生活；对于人们施舍的财物，教会仅有使用和消费的权利，而没有任何法律意义上的所有权。然而，实际上教会积累了大量的财富，权倾一时，这与耶稣的教义是背道而驰的。

**记者：**

惹了教皇，他要给你定罪，估计你不是被监禁就是被流放，你的著作还要被焚毁、禁绝。那你怎么办呢？

**奥卡姆：**

我从阿维尼翁逃到了巴伐利亚，去寻求神圣罗马帝国皇帝路德维希四世（Ludwig Ⅳ der Bayar）的庇护。

**记者：**

路德维希四世接纳你了吗？

**奥卡姆：**

教会与君主争权夺利是那个时候的常态。我去觐见路德维希四世时对他说：“你若用刀剑保护我，我将用笔保护你。”

**记者：**

你口气不小啊，皇帝收留你了吗？

**奥卡姆：**

我们是一拍即合，我后来定居在了慕尼黑。没有皇帝的保护，我不可能继续著书立说，而教皇因此气急败坏，开除了我的教籍。不过，从此他对我也是鞭长莫及，我便利用我的余生，自由自在地从事我的研究了。

## 三、个体就是一切，共相什么也不是

**记者：**

共相问题是你们欧洲中世纪哲学的核心问题，在这场争论中，你的观点似乎代表了一个极端，那就是极端唯名论。

**奥卡姆：**

是的，我的观点和很多人都不一样。我认为邓斯·司各脱的“形式区分论”仍然不够彻底，是一种弱化的实在论，因为司各脱仍然认为个体是共性与个体间的差异性相结合的产物，共性并非独立存在，而是与个体不可分割的，只是人们可以从逻辑上把它们区分开来。

**记者：**

那你的观点呢？

**奥卡姆：**

在我看来，世界上不存在抽象意义上的那种共同的概念，也就是共相这个东西，唯有个别事物是实在的。共相的概念只存在于人们的思想中，只是人们为了表述的方便而提出来的东西。

**记者：**

你的意思是说，作为属性的共同性的概念，例如作为抽象概念的“人”，是不存在的，存在的只是每个具体的个体。

**奥卡姆：**

是的。可以说，作为事物共性的抽象的“共相”，仅仅存在于人们的思想和灵魂之中，是人们为了理解、表达对世界的看法而创造出来的。要使这些概念真正有意义，我们就必须了解这些普遍性的概念具体代表什么。唯有如此，这些共相才有意义。

**记者：**

我知道你在逻辑学方面很有建树，还通过研究共相问题提出了指代理论。

**奥卡姆：**

通过研究我发现，作为共相的这些名词在代表具体事物方面有三种类型。第一种可以称为人称指代（personal supposition），即一个词指代它所意味的东西并且是有意义地被这样指代。比如说“苏格拉底是个人”，其中的“人”就是共相。只有把人和苏格拉底这个特殊的人联系在一起，人这个概念才有意义。

**记者：**

明白，请你接着讲。

**奥卡姆：**

第二种是简单指代（simple supposition），也就是这个词被用来指称自身的概念。比如说“人是一个物种”，此时的人不是指个别的人，而是一个类。

**记者：**

第三种呢？

**奥卡姆：**

第三种是实质指代（material supposition），即一个词指代一个说出的词或写下的词。而一个命题是否为真，取决于它的主词和谓词是否指代同一个事物。

## 四、世界在根本上是偶然的

**记者：**

很多人认为你领导的唯名论革命为近代科学开辟了道路，因为否定了共性的唯名论关注研究个性和具体问题，在思想观念层面上为近代的科学革命提供了神学动机，准备了观念前提。

**奥卡姆：**

我只是在搞自己的研究，或许当时恰逢西方思想从中古到近现代的转折点。

**记者：**

据说你基于“上帝全能”的原则，终结了几百年间争论不休的经院哲学和基督神学，让科学、哲学从宗教中彻底分离出来。

**奥卡姆：**

上帝是全能的，这是毫无疑问的。但是，对全能的意义的理解，我与别人有所不同。别人认为上帝能创造一个为他所左右的内部和谐一致的世界，这就是“全能”。但在我看来，一个全能的上帝，可以用不同的方式来创造万物。他既可以通过世俗的因果关系来创造世界，也可以不通过这些因果关系直接创造世界。

**记者：**

你的意思是说，上帝可以随心所欲地控制一切，干预任何事，甚至是那些我们人类认为具有因果关系的必然性的事件。

**奥卡姆：**

是的。上帝与个体之间只有直接、偶然的关系，个体之间无内在的、必然的联系。

**记者：**

你认为世界从根本上来说或许是偶然的？

**奥卡姆：**

是的。我们只能证明 A，但常常会产生 B。比如我们点火之后，就会有烟，但其实这只是一种习惯性的认识，而实际上并非必然如此。点火未必就有烟，烟的来源也未必是火。

**记者：**

你还是在强调上帝所创造的各个事物之间，并非具有人们通常所理解的那种必然的因果关系。

**奥卡姆：**

是的。每一个个体都是互相独立而存在的，我们认识这个世界，不应该只从因果关系上去考虑问题，而应该研究具体的事物，研究具体的经验。

**记者：**

这就是你所理解的“上帝全能”？如此一来，我们生活在一个完全被偶然性所主宰的世界，一切都是偶然的。

**奥卡姆：**

你说得虽然有些悲观，但事实就是如此。我们研究世界，不应该去研究必然性，而应该去研究每一个独立的个体。

## 五、直观知识与抽象知识

**记者：**

你的前辈邓斯·司各脱提出了抽象知识这个概念，在他去世以后，关于直观知识与抽象知识的问题很多人都进行了认真的研究。你在这方面的观点似乎很有代表性？

**奥卡姆：**

你说得没错。在这个问题上，我的研究确实走在很多人的前头。在介绍直观知识与抽象知识之前，我想先问你一下，什么叫知识？

**记者：**

知识就是人们知道某件事或某个命题，知道就是知识。

**奥卡姆：**

你的这个表述不准确。对同样一个事物，我们认识它有三个层次。第一个层次是你说的知道，知道这个事物。第二个层次是理解，也就是知道某个词语或某个命题的真实含义。第三个层次是判断，即你在知道和理解的基础上，应表明你是认同它还是不认同它。那何谓知识呢？知识就是这样的东西，就是你既知道它，又理解它，同时又有你的判断。只有符合这些要素，才可以叫知识。

**记者：**

这个我明白了。你还是谈谈何谓直观知识，何谓抽象知识吧。

**奥卡姆：**

所谓直观知识，就是一种知识中存在某种对象，这种存在物与你的感官发生某种联系，进而让你凭借经验就能够把握的知识。这种知识既包括事物的存在，也可以触及事物的属性。

**记者：**

也就是说，直观知识是来自感觉、属于感官方面的一种意识。那抽象知识就是通过抽象思维来获得的知识吧？

**奥卡姆：**

是的。所谓抽象知识，指在被思考的对象不在场的情况下，人们用某种观念、判断来予以陈述的那种知识。

**记者：**

你认为直观知识与抽象知识有什么区别和联系呢？

**奥卡姆：**

很显然，两者是不一样的。直观知识的认识对象存在，而抽象知识的认识对象是不存在的，这是它们的区别。两者的联系是，如果只拥有抽象知识，我们就无法推论出对象是否存在。可以说，抽象知识总是依赖于直观知识。没有直观知识，很多东西就无法判断。例如，人们经常说灵魂是存在的，但灵魂本质上并不是一个形体，我们无法从抽象的知识中推论出“灵魂是存在的”。

**记者：**

我明白你的意思了。你把知识分为直观知识和抽象知识两种。在人类认识外部世界的过程中，直观知识显然是最重要的东西，因为没有直观知识，人们就很难真正把握世界。但是，抽象知识也同样是重要的，因为只有直观知识，还不能够产生智力上的高层次的判断。

**奥卡姆：**

是的。需要把这两种知识结合在一起，才能更好地认识世界。

## 六、每个个体的权利都拥有神性

**记者：**

在法律方面，你的很多观点很有意思。

**奥卡姆：**

你说的是哪些观点？

**记者：**

比如你说每个个体的权利都拥有神性，如果国王侵犯了这些权利，就是违反神意。这个观点挺有意思的。

**奥卡姆：**

还有吗？

**记者：**

比如你还说，即便是实施神所制定的法律，也必须予以理性的判断，审慎地加以运用，而不是无条件地予以实施。我想，在那个教权和皇权都高高在上的年代，你提出的这些观点是离经叛道又十分可贵的。

**奥卡姆：**

其实也没有什么。这些观点不过是从我的理论中自然推导出来的。比如我认为这个世界上只有个体才是真实存在的，那么所有法律就不可能是外在的事物强加给作为人的这个个体的。它们要么是上帝主观意志的产物，要么是人自身主观意志的产物。

**记者：**

谈到法律，西方学者一般都会研究人法和神法这两种体系，比如阿奎那就将法律划分为永恒法、自然法、神法和人法（实在法）四种类型。不知道你对此是怎么看的？

**奥卡姆：**

神法是真正的法律，它来源于上帝的意志。从本质上讲，它是至高无上的善。

**记者：**

那人法呢？

**奥卡姆：**

人法是人类自己制定的，它来源于人的意志、约定或者习惯，有时候是直接体现了皇帝的意志与权利。因此，人法是有限的。

**记者：**

你的意思是神法高于人法。既然如此，教会法就高于人法，教权就高于王权，教会应该有权利来干预世俗的事情。是这样吗？

**奥卡姆：**

不是这个意思。虽然神法体现了上帝的意志，但我并不认为主管人类灵魂事务的教会法就高于人法。事实上，我认为国王有权干预原本属于教会管辖的婚姻方面的事务。

**记者：**

也就是说，国王的权利也是有限的？

**奥卡姆：**

国王必须根据臣民向他让渡权利时所签订的契约来正确行使权利，同时，他也必须符合神法和自然法来行使权利。

**记者：**

你一方面强调王权的重要性，另一方面强调神法和自然法对王权的制衡。只有国王能正确行使权利，个体公民才能享有自己应有的权利。

**奥卡姆：**

在我们这个世界上，只有个体是真实的存在，这是我反复强调过的。每个个体的权利都具有神性，都是神圣不可侵犯的。不管是国王还是教会，如果侵犯了个体的权利，那就是违反神意，就是违背自然法，就要受到惩处。

**记者：**

你强调法律是一种约定，是一种契约，这在西方政治学史上是具有开创性的。到了 17 世纪，英国思想家霍布斯、洛克等人将这种概念形式发展为“社会契约论”，对西方政治思想产生了更深远的影响。

**奥卡姆：**

我只是将“源于自然”的权利归结于个体，没想到“自然权利”之后成了深层次的社会规则系统生成的原点。

## 七、奥卡姆剃刀原则

**记者：**

你在哲学上最著名的思想是所谓的“奥卡姆剃刀原则”，即“如无必要，勿增实体”。它是对唯名论思想在方法论上的一种概括和提炼，也被称为“思维经济原则”，并被现代自然科学视为公理。请你对这一原则做个简单的介绍吧。

**奥卡姆：**

我在《逻辑大全》中讨论“概念”来源的时候提出了这个原则。简单来说，就是用更少的东西做同样的事情。

**记者：**

你是如何论证的呢？

**奥卡姆：**

关于概念是怎么来的，有人认为，概念是心灵创造或者塑造出来的；有人认为，概念是与进行理解的行为不同的某种性质，它存在于心灵之中，就像存在于主体中一样；还有一些人认为，概念就是进行理解的行为。

**记者：**

你认为哪种看法是正确的呢？

**奥卡姆：**

在第一种看法中，如果我们把“概念”假设为心灵创造的，那么我们就需要进一步解释心灵是如何被创造的。在第二种看法中，如果把“概念”假设为跟我们的理解行为不同的东西，那么我们就需要进一步解释概念和理解有什么不同，以及它们在心灵中是如何产生的等问题。而唯有第三种看法，也就是把“概念”看成我们进行理解的行为本身，也就是说，概念就是我们理解行为的一部分，这个解释的假设前提是最少的。如果人们能够以较少的东西行事，就不应该假设有更多的东西。因此，我认为最后一种看法才是最接近于正确的。

**记者：**

前提条件越少的结论，的确越有可能是正确的。比如我们说“树叶会掉落”，这大概率是正确的命题，但如果改为“某种树的树叶在某个时候会掉落”，那就很可能是错误的命题。

**奥卡姆：**

是的。我们应该把那些我们没有办法感知和检测的假设和说法，像剃刀刮肉一样毫不留情地刮掉。对那些无益于证明学术观点的烦琐、冗长的论证过程，也应该一并剃除。

**记者：**

经院哲学家们专注于用复杂、抽象的论证方法论证基督教信仰，为神学服务，“神学之王”阿奎那就曾用五种方法证明上帝的存在。但是，经院哲学到了晚期，其弊端日益凸显，很多荒谬的无意义的争论一时笼罩欧洲思想界。你的这把“剃刀”可谓化繁为简、去伪存真了。

**奥卡姆：**

这把“剃刀”曾经使很多人受到威胁，被认为是异端邪说，我本人也因此受到指控，颠沛流离。

**记者：**

有人说你是唯名论和唯实论的终结者，你的这把“剃刀”出鞘后，剃秃了几百年间争论不休的经院哲学和基督教神学，使科学、哲学从宗教中彻底分离出来，引发了始于欧洲的文艺复兴、宗教改革和科学革命，最终使宗教世俗化，形成了宗教哲学，完成了世界性的政教分离，其成果也表明无神论更为现实。

**奥卡姆：**

当时欧洲的学者们忙于“辩论”，把研究“似是而非”的东西当作智慧的象征，我只是提出了研究哲学问题的一种方法论罢了。

**记者：**

“奥卡姆剃刀原则”促进了近代经验哲学与实验科学的崛起，后来还被广泛用于政治、经济、社会甚至企业管理和个人生活领域。更为重要的是，你所引领的唯名论思想的兴盛最终导致了经院哲学的衰落和解体，而挣脱了神权束缚的“人”，将会掀起人文主义之风，走向文艺复兴的时代。

**奥卡姆：**

那应该是一场真正的思想解放运动，我算是在它的前夜贡献了自己的智慧吧。

## 奥卡姆的威廉简传

奥卡姆的威廉（William of Ockham，约1285—1349年），英国哲学家、神学家，唯名论者的代表人物。因为他生于英国苏莱郡的奥卡姆，故也被人称为“奥卡姆”。奥卡姆1306年加入方济各会，1310年进入牛津大学学习，1315—1319年在牛津大学任教。由于他反对以托马斯·阿奎那的唯实论为代表的天主教官方哲学，主张唯名论的个体化原则，从而简化哲学和科学，使其脱离神学的束缚，所以遭到了教会的打压甚至迫害，最后流亡德国，并被革除教籍。

奥卡姆的思想对西方近代科学和哲学的发展都产生了深远的影响，他一生著作甚丰，主要分为神学、逻辑学、自然哲学和政治哲学四大类。其中，在神学方面有《对彼得·伦巴德〈格言集〉的评注》《神学论题》；在逻辑方面有《对波菲利〈导论〉、亚里士多德〈范畴篇〉〈解释篇〉和〈诡辩篇〉的阐释》《逻辑大全》《论预定和上帝对未来偶然性的预知》；在自然哲学方面有《对亚里士多德〈物理学〉的阐释》《有关亚里士多德〈物理学〉各卷的问题》；在政治哲学方面有《关于教皇权利的八个问题》《九十天的工作》《致托钵修士们的信》《短论》《对话》等。

# 第三十章　对立统一乃宇宙之内在法则

## ——对话库萨的尼古拉

### 引　子

我们的主人公库萨的尼古拉在西方思想史上承前启后，被称为“中世纪最后一位哲学家”和“近代第一位哲学家”。库萨的尼古拉博学多才，对法学、神学、数学、哲学都有深入的研究。但他不是一个只会躲在书斋中进行研究的神学家，而是一个有相当多外交经验和生活经历的社会活动家。尼古拉在哲学史上以倡导“有学识的无知”的认识论思想而蜚声，这并不是宣扬不可知论和宗教信仰的蒙昧主义，而是指人们通过对知识的探求，而后达到对自己无知的认识。研究他的著作，几乎会让人忘记中世纪的存在——伽利略、布鲁诺、哥白尼甚至是笛卡尔的影子在其中依稀可见。如果说奥古斯丁是欧洲从古代向中世纪转型的划时代人物，那么尼古拉就是跨过黑暗漫长的中世纪，迈向近代欧洲的先驱。让我们走近尼古拉。

### 一、我不是“问题”少年

**记者：**

据说你的父亲是一个船主，渔业生意经营得很好。出生在一个富足之家，想必你能获得很好的成长，但你很小的时候就离家出走了，难道你曾经是一个“问题”少年？

**尼古拉：**

我1401年出生在神圣罗马帝国南部摩泽尔河（Mosel）畔的库萨村。我从小就跟着父亲在海上捕鱼，但我天生就不是这块料，每次打到的鱼很少，还总是弄破网、拉断绳。我父亲脾气很不好，对我十分严厉，童年生活对我来说，简直就是一场灾难！

**记者：**

那也不至于离家出走啊？

**尼古拉：**

有一次我又闯了祸，我父亲竟然一气之下把我扔进海里，差点把我淹死，我后来是自己从海里游上了岸。回到家后，我一句话也没说，收拾好东西就离家出走了。

**记者：**

你们父子俩都是倔脾气。那你离家之后的生活呢？

**尼古拉：**

后来一位善良的伯爵收养了我，还把我送到尼德兰的“共同生活兄弟会”读书。这个兄弟会是一个修道团体，其宗旨是增进人们对宗教生活的热情，但并不要求人们立即从事宗教工作。

**记者：**

但你后来还是成了神学家。不过，据说你在此之前还曾做过律师？

**尼古拉：**

我 1416 年进入海德堡大学学习，1417 年转入意大利的帕多瓦大学。1423 年我在帕多瓦大学获得教会法博士学位，此后我就做起了律师。

**记者：**

那你后来又是怎么转而从事神学工作的呢？

**尼古拉：**

我转而从事神学工作，不是因为我不喜欢律师工作，而是因为律师工作太难，我老输官司，后来没人愿意找我打官司了。律师这条路走不下去，我就去科隆大学进修神学，后来到了罗马教廷任职。

## 二、“德国人文主义之父”兼科学家

**记者：**

据说你是德国最早的一批人文主义者，有人甚至说你是“德国人文主义之父”。

**尼古拉：**

绝对过奖。不过我的确在帕多瓦大学上学时涉猎了很多学科，包括法学、文学、数学、医学、天文学、物理学等。

**记者：**

这些都为你日后成为一名“百科全书式”的学者奠定了基础。听说你还特别热衷于收集整理古典文献，是吗？

**尼古拉：**

这一点倒是没错。在我的万千藏书中，有两件是我的至宝。

**记者：**

哪两件？

**尼古拉：**

一件是十来部罗马戏剧家普劳图斯（Plautus）佚失的戏剧手稿，另一件是西塞罗的《论共和国》（*De Re Publica*）的手稿。

**记者：**

普劳图斯是古罗马文学史上第一位有完整作品传世的喜剧作家，西塞罗的《论共和国》更是深远地影响了欧洲的哲学和政治学说，他们的手稿都价值非凡。

**尼古拉：**

只有满怀敬畏地看待这些表面上并不显眼的手稿，爱戴和尊敬它们的主人，才能理解手稿的意义和美丽。

**记者：**

据说你在科学研究方面也颇有建树。你是绘制中欧和东欧地图的第一人，你提出过改革历法的方案，你提出过宇宙并不以地球为中心而运动的观点，你研制过帮助消化的胃药，你还研究植物生长，得出植物是从空气中吸收营养的结论……

**尼古拉：**

这些都是比较初级的研究，我只是在自然科学中比较重视观察和实验的方法。

## 三、希望天主教世界大统一

**记者：**

我看过你的《天主教的和谐》（参见库萨的尼古拉：《天主教的和谐》，中国政法大学出版社 2003 年版），它其实是一本政治学著作，主张通过代议制民主获得“同意”，而这是合法法律和政府的主要前提。我想知道你为何会写这部著作呢？

**尼古拉：**

刚才我已说过，律师工作不顺利之后，我就转向了宗教工作。1432 年，我以主教尤利安的秘书的身份参加了巴塞尔宗教会议，《天主教的和谐》就是在我参加这次会议时所写。

**记者：**

这个会议的主题或目的是什么呢？

**尼古拉：**

15 世纪初，神圣罗马帝国的波希米亚王国爆发了宗教改革和民族解放运动，是为“胡斯运动”。随着斗争的不断发展，胡斯党人分裂为以农民、手工业者、城市贫民为主的激进的“塔波尔派”与以中小贵族和上层市民为主的温和的“圣杯派”。巴塞尔宗教会议就是在天主教会和皇帝的支持下召开的一次会议，旨在通过与“圣杯派”谈判，分化这场革命运动，巩固教会和皇帝的权力。

**记者：**

贵族和小资产阶级的革命性一般都不强，想必“圣杯派”在谈判中得了些好处就妥协了。

**尼古拉：**

“圣杯派”后来甚至调转枪头与“塔波尔派”作战了。不过这又说远了，我们还是回到《天主教的和谐》这部作品上来吧。我想说的是，我写这部作品，目的在于强调一切事物都有矛盾，但是可以协调，借以阐明宗教内部的矛盾是可以协调的。

**记者：**

明白。你从事的是宗教工作，但严格来说也是一项政治工作。

**尼古拉：**

在我们那个时候，天主教世界四分五裂，意大利和法国各拥立了一名教皇，并组建了相应的教廷机构，双方也皆不承认对方的合法性。我后来一直为罗马教廷服务，处理各地的宗教问题，致力于天主教会的统一。我希望东西方教会和天主教内部的分歧都能通过协调而归于一统。

## 四、宇宙是无限的，且是对立统一的

**记者：**

古希腊原子论者德谟克利特的思想中包含着宇宙无限论的种子，但这种思想由于背离了古希腊哲学和科学思想的主流，也只能停留在历史的记忆中。

**尼古拉：**

宇宙是极大的、没有边际的，也可以说是无限的。

**记者：**

很多人把你视为宇宙无限论的开山鼻祖。

**尼古拉：**

我从未明确提出过宇宙无限的思想，我只是运用各种方法否认世界的有限性，否认世界是由天球包裹着。我把“无限”归于上帝，把“无终止”归于宇宙，我只是要人们相信宇宙没有边界，不会被一个外部的球壳所限制，并且宇宙没有终止于它的组分，也就是说，宇宙完全缺乏精确性和严格的确定性。

**记者：**

宇宙是上帝创造的，如果宇宙连起码的精确性和确定性都没有，连边界都没有，那这个宇宙必然是不完美的。

**尼古拉：**

宇宙是上帝的一种表现或展开，它必然是不完美和不完全的，因为它是在杂多和分离的领域中展现出来的。

**记者：**

与宇宙比较起来，上帝如何呢？

**尼古拉：**

宇宙在上帝那里表现为一个不可分割、紧密联系的统一体，此统一体同时包含着事物不同的甚至对立的性质或倾向。每一事物的展现方式都是独特的，它们依据自身独一无二的个体性来“吸取”宇宙的无限性。

**记者：**

依照你的这种表述，似乎宇宙是一个对立统一体？

**尼古拉：**

是的。

**记者：**

如何论证这一点呢？

**尼古拉：**

我的论证是：一个沿着圆周以无限大的速度运动的物体将永远处于起始位置，同时，它也始终位于别处。这可以证明运动是一个相对的概念，它包含了“快”和“慢”的对立。因此，宇宙的中心与其圆周是一致的，且这个中心不是一个物理的、而是一个形而上学的“中心”，它即等同于那个既是开端又是结束、既是根基又是边界的圆周。

## 五、不可知论的高峰

**记者：**

宇宙如果不是有限的，那么宇宙就不可能是人类可以整体精确认识的对象，而只能是可以部分推测认识的对象。

**尼古拉：**

是的。既然不能将宇宙围在一个有形的中心和其圆周之间，那么我们的理性也就不可能完全理解宇宙，这是我在《论有学识的无知》一书中做出的论证。在我看来，我们的知识必然是部分的和相对的，我们不可能建立一个明确而客观的世界表象。正是这种不可能性的认识，构成了“有学识的无知”的一个方面，我们应该把这种“有学识的无知”当成超越我们理性思维界限的一种手段。

**记者：**

承认自己的无知竟然成了一种“学识”。

**尼古拉：**

是的。古人没能获得我们已经得出的这些结论，因为他们缺乏“有学识的无知”。站在水流中间的一艘船上的人，如果他不知道水在流动，也不看岸边，那么他怎么知道船在行走呢?

**记者：**

苏格拉底曾说：“承认自己的无知，乃是开启智慧的大门。”

**尼古拉：**

是的。“我知我无知”，才是一种了不起的智慧。

**记者：**

难怪有人说你达到了不可知论的最高峰。似乎绝对真理是我们无法掌握的。

**尼古拉：**

真理不容许或多或少，而永远是绝对的。除了真理自身之外，任何事物都不可能准确地衡量真理，正如一个非圆不能衡量一个绝对存在的圆，因为圆的本性是独一而不可分割的。因此，由于我们的智力并不是真理，它不可能把真理掌握得精确到不能以无限的、更精确的程度加以理解。我们的智力与真理的关系就像一个多边形与一个圆的关系：多边形与圆的相似程度随着多边形的角的增加而增加；但是，除非把多边形改变得与圆完全等同，否则无论它的角怎样增加，即使是无限地增加，也不能使多边形等同于圆。

**记者：**

的确如此。真理虽然一直是所有哲学家追寻的目标，但是没有一个哲学家看到了它的真实面目。

**尼古拉：**

是的。但我们越是深刻地学习这些关于无知的教训，我们就越是接近于真理本身。

## 六、尼古拉与否定神学

**记者：**

你所提出的“有学识的无知”，另一个别称是“否定神学”。我想请你对此再介绍一下。

**尼古拉：**

神学即谈论上帝的方式，它有两种，一种是肯定神学，另一种是否定神学。

所谓肯定神学，就是人们千方百计地要用非常明确、具体、毫无含糊的语言来对上帝的属性进行描述，以便人们准确地把握上帝的属性。

**记者：**

很多人费尽力气想要做到这一点，能做到吗？

**尼古拉：**

做不到。上帝是绝对，是宇宙间最大的智慧和善，是人所不可及的光、生命和真理。仅凭人类有限的智慧，是不可能认识上帝的。可以说，人类能够用言语来表达的关于上帝的属性，或许都与上帝无关。

**记者：**

所以否定神学应运而生。

**尼古拉：**

是的。我们只能说“这不是上帝的属性”“那不是上帝的属性”……但上帝的属性到底是什么，我们人类的智慧还不足以真正认识。任何对上帝的属性予以肯定表达的企图，都是不可能实现的。

**记者：**

难道没有任何一个词可以适合于上帝，诸如“唯一”“最高”“至善”……

**尼古拉：**

没有。这就是否定神学！

**记者：**

也就是说，肯定神学用肯定性的名称来规定上帝，而否定神学则认为上帝超越一切谓词，是超存在，并且只能在无知中接近他。

**尼古拉：**

是的。否定神学的首创者是伪狄奥尼修，他认为上帝既不是存在也不是生命，既不是精神也不是真理，也不是圣父、圣子、圣灵。简而言之，人类一切有限的范畴都不足以表述无限的上帝，我们只能对上帝做出否定的规定，不能说上帝是什么，只能说上帝不是什么。上帝最终作为不可言说者，隐身在最浓重的黑暗之中。

**记者：**

上帝真的是一个不可知的存在？

**尼古拉：**

唯有上帝能认识他自己。

## 七、人是“第二上帝”

**记者：**

从你的一系列著作中，可以发现你似乎认为人就是“第二上帝”。

**尼古拉：**

关于人与上帝的关系问题，我就是这种看法。

**记者：**

你能否再解释一下？

**尼古拉：**

在解释这个问题之前，我想先说一件事。

**记者：**

什么事？神秘兮兮的。

**尼古拉：**

1453年，我为特格尔恩湖修道院的僧侣朋友们写了一本书来解释我的思想。这些朋友此前已经读过我写的《论猜想》《论隐秘的上帝》《论寻觅上帝》《论与上帝的父子关系》等著作并接受了我的思想，但希望我能以更易理解的方式来进行解释。

**记者：**

于是你写了这本新书？

**尼古拉：**

是的，我又写了《论神的观念》。随着这本书，我还给朋友们寄去了画家罗吉尔·凡·德尔·维登（Rogier van der Weyden）的一幅肖像画的摹本。画中人物的眼睛会直视每一个观看者，我请朋友们把画挂在一面墙上，然后围成一个半圆来观看画中人的眼睛。在观看中，每个人都会获得这样的体验，即认为画中人的眼睛始终都在看着自己，并且只是在看他自己；然后他们一边来回走动，一边观看画中人，就会发现不论自己怎么活动，那双眼睛都在跟着他们。

**记者：**

这幅画和《论神的观念》有什么关系呢？

**尼古拉：**

画中的人物就代表上帝，整部《论神的观念》就是从这个例子出发来阐释我的思想。我希望朋友们能理解以下几点。首先，上帝作为审视一切的观察者，伴随着每个人的一切活动，让每个人都感觉到上帝在关注自己。上帝一直在观察人类，不管人类进行何种行为，上帝都与人类同在。可以说，上帝与人之间的关系就是这样一种人格性的交流。

**记者：**

其次呢？

**尼古拉：**

其次，在人类与上帝的互相观察中，上帝的注视是人类的注视的前提。这不仅是因为人的存在和进行观察的能力来源于上帝，更是因为上帝在适合于人的观察的各个层面上的不同显现，才使人能以各种方式进行观察。如此一来，人类精神的各个层面都能以各自适当的方式接触到上帝。

**记者：**

还有吗？

**尼古拉：**

最后，上帝对我们的观察无处不在，他总是在向人类显示自身。作为思想者存在的人类，总是被上帝观察，如果我们没有认识到这一点，没有看到上帝，只是因为我们没有把目光投向上帝，没有向他的目光开放自己。

**记者：**

你的这些话很抽象，但我感觉你是想说，人类虽然是上帝的创造物，却是一个非常特殊的存在。人与上帝互为彼此，精神上是共通的。

**尼古拉：**

可以这么理解。上帝是至高无上的存在，人则是宇宙万物与上帝之间的中介；没有人类的存在，上帝也无法把握他的创造物。因此，从某种意义上可以说，人类是“第二上帝”。

**记者：**

人们历来把上帝视为评估一切的依据，如果人类是“第二上帝”，那是不是意味着人也是评估一切的标准？

**尼古拉：**

是的，人与上帝一样，也是万物的尺度。

## 尼古拉简传

库萨的尼古拉（Nicholas of Cusa，1401—1464年），德国神学家、哲学家。尼古拉出生于一个富有的渔民家庭，由于父亲很严厉，他从小就离开家庭，由一位伯爵抚养长大。尼古拉早年曾在尼德兰达文特的一个由“共同生活兄弟会”举办的学校里生活和接受教育，后就读于海德堡大学、帕多瓦大学，主修法律，并广泛涉猎数学、自然科学、哲学和神学。1423年，尼古拉获教会法博士学位，次年到罗马求职未果，于是回到家乡做律师；后放弃法律事业，为教会服务。1432年，尼古拉出席巴塞尔宗教大会，从此获得教皇赏识，跻身教界上层，后多次作为教皇特使出使君士坦丁堡和波希米亚，为教会的和平统一立下汗马功劳。自1450年始，他先后担任罗马教廷枢机主教、布里克森主教、教皇总助理等教职，成为著名的教会活动家。1464年，他在为教廷奔走途中死于乌姆布林教区的托迪城。尼古拉的著作很多，最为人们熟知的是《天主教的和谐》和《论有学识的无知》。

# 参考文献


（伪）狄奥尼修斯：《神秘神学》，包利民译，商务印书馆2012年版。

［德］埃克哈特：《埃克哈特大师文集》，荣震华译，商务印书馆2010年版。

［德］费尔巴哈：《基督教的本质》，荣震华译，商务印书馆1984年版。

［德］汉斯·约阿西姆·施杜里希：《世界哲学史》，吕叔君译，广西师范大学出版社2017年版。

［德］黑格尔：《世界史哲学讲演录》，刘立群等译，商务印书馆2015年版。

［德］卡尔·雅斯贝尔斯：《大哲学家》（修订版）上下卷，社会科学文献出版社2012年版。

［德］库萨的尼古拉：《论隐秘的上帝》，李秋零译，商务印书馆2012年版。

［德］库萨的尼古拉：《论有学识的无知》，尹大贻、朱新民译，商务印书馆1988年版。

［德］潘能伯格：《神学与哲学》，李秋零译，商务印书馆2013年版。

［德］特奥多尔·蒙森：《罗马史》，李稼年译，商务印书馆2017年版。

［法］丹尼斯·于斯曼主编：《法国哲学史》，冯俊等译，商务印书馆2015年版。

［法］吉尔松：《中世纪哲学精神》，沈清松译，上海世纪出版集团2008年版。

［法］罗伯特·福西耶主编：《剑桥插图中世纪史（950—1250）》，李增洪等译，山东画报出版社2008年版。

［古埃及］安东尼等：《沙漠教父言行录》，［英］本尼迪克塔·沃德英译，陈廷忠中译，生活·读书·新知三联书店2012年版。

［古罗马］阿诺庇乌：《反异教徒》，王晓朝译，香港道风书社2007年版。

［古罗马］阿塔那修：《论道成肉身》，石敏敏译，生活·读书·新知三联书店2009年版。

［古罗马］安波罗修：《论基督教信仰》，杨凌峰、罗宇芳译，生活·读书·新知三

联书店2010年版。

［古罗马］奥古斯丁：《忏悔录》，周士良译，商务印书馆1996年版。

［古罗马］奥古斯丁：《道德论集》，石敏敏译，生活·读书·新知三联书店2009年版。

［古罗马］奥古斯丁：《独语录》，成官泯译，上海社会科学院出版社1997年版。

［古罗马］奥古斯丁：《论灵魂及其起源》，石敏敏译，中国社会科学出版社2004年版。

［古罗马］奥古斯丁：《论三位一体》，周伟驰译，上海人民出版社2005年版。

［古罗马］奥古斯丁：《论四福音的和谐》，许一新译，生活·读书·新知三联书店2010年版。

［古罗马］奥古斯丁：《论信望爱》，许一新译，生活·读书·新知三联书店2009年版。

［古罗马］奥古斯丁：《论原罪与恩典》，周伟驰译，商务印书馆2012年版。

［古罗马］奥古斯丁：《上帝之城》，王晓朝译，人民出版社2006年版。

［古罗马］奥利金：《驳塞尔修斯》，石敏敏译，生活·读书·新知三联书店2013年版。

［古罗马］奥利金：《论首要原理》，石敏敏译，香港道风书社2002年版。

［古罗马］巴西尔：《创世六日》，石敏敏译，生活·读书·新知三联书店2010年版。

［古罗马］波埃修斯：《哲学的安慰》，王晓朝、陈越骅译，大象出版社2011年版。

［古罗马］查士丁：《护教篇》，石敏敏译，生活·读书·新知三联书店2014年版。

［古罗马］德尔图良：《德尔图良著作三种》，刘英凯等译，上海三联书店2013年版。

［古罗马］德尔图良：《护教篇》，涂世华译，上海三联书店2007年版。

［古罗马］第欧根尼·拉尔修：《名哲言行录》，徐开来、溥林译，广西师范大学出版社2010年版。

［古罗马］克莱门：《劝勉录》，王水译，安徽人民出版社2013年版。

［古罗马］克莱门：《劝勉希腊人》，王来法译，生活·读书·新知三联书店2002年版。

［古罗马］克莱门等：《使徒教父著作》，高陈宝婵等译，生活·读书·新知三联书店2013年版。

［古罗马］拉克唐修：《神圣原理》，王晓朝译，香港道风书局2006年版。

［古罗马］纳西盎的格列高利：《神学讲演录》，石敏敏译，生活·读书·新知三联书店2009年版。

［古罗马］尼撒的格列高利：《论灵魂和复活》，石敏敏译，中国社会科学出版社2004年版。

［古罗马］尼撒的格列高利：《摩西的生平》，石敏敏译，生活·读书·新知三联书

店 2010 年版。

［古罗马］优西比乌：《教会史》，［美］梅尔英译、评注，瞿旭彤中译，生活·读书·新知三联书店 2009 年版。

［美］W. W. 克莱恩等：《基督教释经学》，尹妙珍等译，上海人民出版社 2011 年版。

［美］布鲁斯·L. 雪莱：《基督教会史》，刘平译，上海人民出版社 2012 年版。

［美］胡斯都·L. 冈察雷斯：《基督教思想史》，陈泽民等译，译林出版社 2010 年版。

［美］卡姆（Steven M. Cahm）：《西方哲学经典》（三卷本），刘国明译，中国商业出版社 2012 年版。

［美］理查德·塔纳斯：《西方思想史》，吴象婴等译，上海社会科学院出版社 2011 年版。

［美］罗杰·奥尔森：《基督教神学思想史》，吴瑞诚、徐成德译，上海人民出版社 2014 年版。

［美］皮特立选编：《教父及中世纪证道集》，朱信译，宗教文化出版社 2013 年版。

［美］撒穆尔·伊诺克·斯通普夫、［美］詹姆斯·菲泽：《西方哲学史：从苏格拉底到萨特及其后》（修订第 8 版），匡宏等译，世界图书出版公司 2009 年版。

［美］梯利著，［美］伍德增补：《西方哲学史》，葛力译，商务印书馆 1995 年版。

［美］耶罗斯拉夫·帕利坎：《基督教与古典文化：基督教与希腊主义相遇中自然神学的转化》，石敏敏译，中国社会科学出版社 2012 年版。

［美］耶罗斯拉夫·帕利坎：《大公教的形成》，翁绍军译，华东师范大学出版社 2009 年版。

［美］约翰·英格利斯：《阿奎那》，刘中民译，中华书局 2014 年版。

［美］詹姆斯·利文斯顿等：《现代基督教思想》，何光沪等译，译林出版社 2014 年版。

［日］盐野七生：《罗马人的故事》，田建华、田建国译，中信出版社 2011 年版。

［意］阿奎那：《论法律》，杨天江译，商务印书馆 2016 年版。

［意］安瑟伦：《安瑟伦著作选》，涂世华译，宗教文化出版社 2006 年版。

［意］安瑟伦：《信仰寻求理解：安瑟伦著作选集》，溥林译，中国人民大学出版社 2005 年版。

［意］圣·波纳文图拉：《中世纪的心灵之旅：波纳文图拉神哲学著作选》，溥林译，华夏出版社 2003 年版。

［意］圣多玛斯·阿奎纳：《阿奎纳著作集：论奥理》，吕穆迪译述，安徽人民出版社2013年版。

［意］圣多玛斯·阿奎纳：《阿奎纳著作集：论万事》，吕穆迪译述，安徽人民出版社2013年版。

［意］圣多玛斯·阿奎纳：《阿奎纳著作集：论万物》，吕穆迪译述，安徽人民出版社2013年版。

［意］圣多玛斯·阿奎纳：《阿奎纳著作集：论真原》，吕穆迪译述，安徽人民出版社2013年版。

［意］圣多玛斯·阿奎纳：《阿奎纳著作集：宇宙间的灵智实体问题》，吕穆迪译述，安徽人民出版社2013年版。

［意］圣多玛斯·阿奎纳：《阿奎纳著作集：哲学基础》，吕穆迪译述，安徽人民出版社2013年版。

［意］托马斯·阿奎那：《阿奎那政治著作选》，马清槐译，商务印书馆1963年版。

［意］托马斯·阿奎那：《反异教大全》，段德智译，商务印书馆2017年版。

［意］托马斯·阿奎那：《论存在者与本质》，段德智译，商务印书馆2013年版。

［意］托马斯·阿奎那：《论独一理智：驳阿维洛伊主义者》，段德智译，商务印书馆2015年版。

［意］托马斯·阿奎那：《神学大全》，段德智译，商务印书馆2013年版。

［英］G. K. 切斯特顿：《方济各传·阿奎那传》，王雪迎译，生活·读书·新知三联书店2016年版。

［英］爱德华·吉本：《罗马帝国衰亡史》，黄宜思、黄雨石译，商务印书馆1997年版。

［英］安东尼·肯尼：《牛津西方哲学史》，袁宪军译，吉林出版集团有限责任公司2012年版。

［英］奥卡姆：《逻辑大全》，王路译，商务印书馆2010年版。

［英］彼得·沃森：《思想史：从火到弗洛伊德》，胡翠娥译，译林出版社2018年版。

［英］大卫·瑙尔斯：《中世纪思想的演化》，杨选译，商务印书馆2012年版。

［英］戴维·福特：《基督教神学》，吴周放译，译林出版社2011年版。

［英］克里斯托弗·罗等主编：《剑桥希腊罗马政治思想史》，晏绍祥译，商务印书馆2016年版。

［英］罗素：《西方哲学史》，何兆武等译，商务印书馆2020年版。

[英] 玛里琳·邓恩：《修道主义的兴起：从沙漠教父到中世纪早期》，石敏敏译，中国社会科学出版社 2010 年版。

[英] 帕金森、[加] 杉克尔主编：《劳特利奇哲学史》（十卷本），冯俊等译，中国人民大学出版社 2004 年版。

[英] 西蒙·克里切利：《哲学家死亡录》，王志超等译，商务印书馆 2015 年版。

[英] 伊丽莎白·迪瓦恩等编著：《世界著名思想家辞典》，夏基松等编译，河北人民出版社 1994 年版。

[英] 约翰·福克斯：《殉道史》，苏欲晓、梁鲁晋译，生活·读书·新知三联书店 2011 年版。

[英] 约翰·亨利·纽曼：《论基督教教义的发展》，王雪迎译，生活·读书·新知三联书店 2014 年版。

[英] 约翰·马仁邦：《中世纪哲学：历史与哲学导论》，吴天岳译，北京大学出版社 2015 年版。

[英] 约翰·马仁邦主编：《中世纪哲学》（第三卷），冯俊等译，中国人民大学出版社 2008 年版。

阿贝拉尔：《伦理学·对话》，溥林译，香港道风书社 2007 年版。

安布罗斯：《论责任》，陈越骅译，香港道风书社 2005 年版。

白虹：《阿奎那人学思想研究》，人民出版社 2010 年版。

波纳文图拉：《短论》，溥林、黄路苹译，香港道风书社 2008 年版。

波伊丢斯、厄立革拿、安瑟伦等：《中世纪基督教思想家文选》，徐庆誉等译，宗教文化出版社 2015 年版。

车桂：《阿奎那三一学说研究》，人民出版社 2018 年版。

陈钦庄：《基督教简史》，人民出版社 2004 年版。

丹尼尔·H. 弗兰克、奥利弗·利曼编：《中世纪犹太哲学》，生活·读书·新知三联书店 2006 年版。

翟志宏：《阿奎那自然神学思想研究》，人民出版社 2007 年版。

段德智：《中世纪哲学研究》，人民出版社 2014 年版。

傅乐安：《托马斯·阿奎那基督教哲学》，上海人民出版社 1990 年版。

傅有德：《犹太哲学史》，中国人民大学出版社 2008 年版。

黄超：《托马斯·阿奎那情感理论研究》，人民出版社 2017 年版。

库萨的尼古拉：《天主教的和谐》，中国政法大学出版社 2003 年版。

刘素民：《托马斯·阿奎那自然法思想研究》，人民出版社 2007 年版。

罗跃军：《尼撒的格列高利基督教哲学思想研究》，人民出版社 2013 年版。

吕祥：《希腊哲学的悲剧》，中信出版集团 2016 年版。

摩西·迈蒙尼德：《迷途指津》，傅有德等译，山东大学出版社 2004 年版。

濮荣建：《阿奎那变质说研究》，人民出版社 2011 年版。

佘碧平：《中世纪文艺复兴时期哲学》，人民出版社 2011 年版。

石敏敏：《古代晚期西方哲学的人论》，中国社会科学出版社 2007 年版。

汪子嵩等：《希腊哲学史》第 4 卷，人民出版社 2010 年版。

王涛：《托马斯·阿奎那伦理学研究》，人民出版社 2019 年版。

王晓朝：《教父学研究：文化视野下的教父哲学》，河北大学出版社 2003 年版。

王晓朝：《希腊哲学简史：从荷马到奥古斯丁》，上海三联书店 2007 年版。

王晓朝主编：《信仰与理性——古代基督教教父思想家评传》，东方出版社 2001 年版。

文聘元：《中世纪思想史》，商务印书馆 2021 年版。

闻骏：《中世纪哲学简史》，华中科技大学出版社 2020 年版。

英国 DK 出版社：《哲学百科》，康靖译，电子工业出版社 2014 年版。

张恒山主编：《西方法学名著精要》，人民出版社 2008 年版。

张平译注：《密释纳·第一部：种子》，商务印书馆 2020 年版。

张祎娜：《托马斯·阿奎那爱的学说研究》，人民出版社 2018 年版。

张志伟主编：《政治哲学史》，中国人民大学出版社 2017 年版。

赵敦华：《基督教哲学 1500 年》，商务印书馆 2007 年版。

赵敦华等主编：《中世纪哲学》上下卷，商务印书馆 2016 年版。

# 著后记：人生与思想

## 一

如果要用最短的语言来概括我的前半生，就是两个字：极端。

法国古生物学家德日进说他所感悟的是“两极之间的痛苦”，而我所感觉到的是两极之间的和谐与幸福。

我 1965 年出生在江苏北部一个极端落后的农庄，我的家被前后左右几条河流分隔在一个极端孤僻的地方，周围的河流水很多，用几根木棍搭的桥摇摇晃晃，随时都有塌下去的危险。对于小时候的我来说，似乎出一次家门都是一件天大的事。在就读高中之前，我只到县城去过一次。至于北京、南京、上海，在我的头脑中不过就是一些名词术语而已。

不过，那时我得到了当时对很多人来说都是极端不可能得到的东西，那就是一个方方正正的收音机。白天干过农活或放学后，我便喜欢躺在院子中用几根棍子和一些绳子捆绑支起来的软床上。至今依然记得那时的月亮是那么的干净和清澈，那时候我的眼睛也特别好，凭借月光就可以读书。

回顾过去的五十余年，我也在人生的两个极端之间来回爬行。到底哪端是魔鬼，哪端是天使，我确实也不知道。

就平生的活动范围来讲，出生于农村的自然安排，决定了我必然要不断回到生我养我的苏北老家。那里虽然说离周围的大中城市，如上海、南京等并不算远，但由于其地理位置实在是偏僻得很，交通极端落后，因此直到现在，依然保存着与中国几百年以前极为相似的状态：狭窄的乡间道，败落的农舍，人们漠然无助的眼神，以及赌博、酗酒、东家长西家短的古旧习气，这些依然没变。当然，自然的风光还是挺美的。古老的村落犹如坐落在一片原始森林之中，高高的白杨树到处都是。尤其是在春天，到处是各种野花，其秀丽妩媚之态丝毫也不亚于北京植物园里的景色。我总喜欢回到那个地方，父母健在是第一位的原因。到那片土地上待几天，也是一种修身养性，别样地放松一把。过去如此，将来也是如此。

作为另一个极端，阴差阳错，23岁以后，我就一直漂泊在中国最繁华的都城北京。虽然说我自1988年8月28日来到北京，在此整整生活了近30年之久，但直到今天，我也从未把自己看成是一个城市人，内心深处总觉得自己是一个"客家人"。都市的那种繁华，那种典雅，那种让人晕眩的政治气味，那种达官贵人纸醉金迷的生活，与我毫不相干。我只是喜欢这儿唾手可得的图书，以及几处难得的山水宝地。平生最大的爱好就是在周末怀揣自己喜欢看的书，到香山、八大处、北海公园、玉渊潭、陶然亭、怀柔雁栖湖畔坐上几个小时。兴致好的时候，看看书，没有兴致的时候，就在草地上躺一躺，信马由缰，海阔天空，胡思乱想一番。

一端是偏僻至极的乡村，另一端是繁华无限的都市。正是在这两端之间不断爬行，我的生命得以延续，也正是在这种延续之中，我拓展着自己对存在与生命的思考。

我生命的另一个两端，一端是居于庙堂之高的中南海，另一端是处于江湖之远的建筑工地。哲学上有一句话叫"偶然决定一切"，这句话套到我身上一点不错。我从来就不是一个规规矩矩学习的好学生。在南京师范大学就读期间，我的每门课基本上都是在70分左右，80分以上的科目凤毛麟角。全班那么多人都拿过奖学金，我却一次也没拿过。不仅如此，我还被当时的班主任勒令在全班同学面前做过检讨。我一直认为这次事件对我很不公平，也是我人生中不大不小的一个污点。原因在于与我一起做检讨的其他几个同学好像是因为偷同学的东西而被勒令做检讨的，与他们一起做检讨，实在是一种耻辱。每每想起南京师范大学，脑海中总不免泛起这些非常不愉快的联想。但不管怎么说，南京师范大学毕竟是我人生的一个跳板，是我人生不可或缺的组成部分，没有它就不可能有后来的一切。

之后我又北上求学去了中国政法大学。离开中国政法大学以后，我工作的第一个单位是中共中央办公厅秘书局，这个多多少少有点神秘的地方，还真让人有一种“上书房行走”的感觉。“居庙堂之高则忧其民，处江湖之远则忧其君”，特殊的工作让我每天考虑的都是与社稷江山和天下苍生有关的问题。后来移师新华社，其感觉依然大同小异。

进入21世纪后，我也与许多不满足于机关生活的人一样投身商海，先是到几家金融公司做管理，后又到一家房地产公司寻求发展机会。干了几年，总觉得受人左右不是个滋味，也与我下海的初心背道而驰，于是后来干脆辞职，自己去寻找建筑项目。在建筑行业接触的人也与以前大不相同，这个行业真是难得见到一两个有点趣味的人。不过这也是一个不需要太多智慧的行业，倒是可以保留更多的脑力用于学术研究，这也就是我一直在两个极端间徘徊的原因。

## 二

科学与宗教也可以说是两个极端，普通的教科书可能会告诉读者，科学与宗教间存在着诸多矛盾与冲突，似乎科学只有不断摆脱宗教的羁绊才能取得进步，否则将寸步难行。在一些极端的人士看来，科学与宗教之间简直就是水火不相容的。19世纪下半叶的两位美国学者约翰·威廉·德雷珀（John William Draper）和安德鲁·迪克森·怀特（Andrew Dickson White）就是典型的代表。德雷珀在其所著的《科学与宗教的冲突史》（*History of the Conflict between Religion and Science*, New York: D. Appleton, 1875）一书中，把科学的历史形容为对“两种彼此敌对力量冲突的描述，其一是人类智能发展的动力，其二是由传统信仰和人类利益而来的压力”。德雷珀描绘宗教与科学的关系所用得最多的字眼就是“挣扎”“仇恨”和“一种苦毒致命的仇恨”。他控诉天主教会“以火烧和刀杀的酷刑”和“沾满血的手”来“凶狠地镇压一切现代化的改进”。而怀特在其所著的《基督教世界科学与神学论战史》（*A History of the Warfare of Science with Theology in Christendom*, New York: Dover Publications, 1960）中更是把科学与宗教看成互不相容的水火关系。在怀特看来，“在所有现代历史中，所谓以宗教利益为出发点对科学的侵扰，无论动机是如何认真，都会带给科学和宗教极端的邪恶”。即便不是把科学与宗教之间的关系看作一场战争，也是把科学看成与宗教和哲学没有多少关联性的东西。

美国学者罗伯特·C. 所罗门（Robert C. Solomon）在其《大问题：简明哲学导论》（*The Big Questions*：*A Short Introduction to Philosophy*，Harcourt College Publishers，2006）中如此写道："哲学、宗教和科学一直都是紧密相关的。它们虽然各有侧重，但目标都是一样的，那就是强调思想和认识的重要性，强调理解我们这个世界，从某种更宏观的甚至是从宇宙的角度来审视我们生活的重要性。"对此我是同意的。在我的学术生活之中，对宗教和对科学的学习与研究处于一种等量齐观的水平。我喜欢学习科学，物理学、化学、数学、生命科学、遗传学、人类学都是我的最爱。好多东西虽然看不懂，我也喜欢看。知识就是一种感觉，看多了自然就会明白，久而久之就会悟出许多东西。到了醍醐灌顶、大彻大悟的时候，就是你构筑体系进而著书立说的时候了。

从学术研究方法论上，我也一直穿行在两大极端之间。一个极端是我一直希望在某个专业，如哲学、刑法学这个领域能悟出一些创造性的东西，另一个极端是总是希望尽可能多地了解所有学科的知识，希望自己成为无所不知的所谓通才。

我也喜欢研究宗教。那些高深莫测、晦涩难懂的宗教典籍和有关的学术专著，如影随形般陪伴着我的周围。很多朋友对我说，"像你这样把这些截然不同的东西放在一起看，会把你逼疯的"。而在我看来，完全不是这么回事。我在科学中看到了宗教的影子，在宗教中寻觅到了科学的痕迹。综观人类的文明史，宗教、神学、哲学与科学一直在发生互动，也正是在这种互动中，解决了一个又一个的世纪难题。人类所面临的若干重大问题都是在科学与哲学、与宗教的互动中得到解决的。美国科学史学家罗伯特·K. 默顿（Robert K. Merton）在其《17 世纪英格兰的科学、技术与社会》（*Science*，*Technology and Society in 17th Century England*，Bruges：St. Catherine Press，1938）中提出了著名的"默顿命题"，即"由清教主义促成的正统价值体系于无意之中增进了现代科学"。著名科学作家洛伦·艾斯利（Loren Eiseley）说过这样一句话："在一些历史上罕见的奇特运作中，基督教文明以清楚明确的方式孕育了实验科学本身。"

笔者也正是在英国大气学家詹姆斯·E. 洛夫洛克（James E. Lovelock）提出的"盖亚假说"中，找到了将科学与宗教有机结合在一起的平衡点。这个假说把宗教典籍中提出的"万物都有生命"看成科学，把科学中的若干理论看成必须予以信仰的宗教教条。随着对于科学与宗教的研究的不断深入，我越来越感觉到“盖亚假说”中隐含的巨大学术价值。可以说，我们人类能够观察到的和没有观察到的宇宙，本身就是一个有思想、有感情、有意识、有欲望的“活体”。这个宇宙世界之所以是一个活体，原因在于构成这个世界的基本元素是一种有生命、有意识的基本元素——“智子”。

作为一个个体的人，与拥有几乎无限长生命的宇宙比起来，真是渺小到了极端。作为几乎无限小的个体，要完全把握几乎无限大的宇宙，是根本不可能的。“朝菌不知晦朔，蟪蛄不知春秋”，用庄子的这句话来形容这种情形绝不为过。但是，依赖于人类智慧的无限叠加，人类也必然会一步一步走向宇宙世界的最隐秘之处。

屈原在两千多年之前就发出了“天问”。任何文化创造，任何学术行为，无论是艺术的还是科学的，最终极的追求都是要彻底地理解宇宙的本质和人的存在这两个伟大的主题。思考宇宙和人类的本质和起源，是一个民族之所以伟大的标志；对一个人来说，也是其精神境界和情操高尚的体现。可以毫不夸张地说，在人类所有的文化活动中，恐怕谁也找不出比这两个主题更伟大的主题了。唯有赋予宇宙以生命，才更有利于理解宇宙；也唯有从宇宙的角度，才更有利于理解生命本身。

假说起始于神话，成熟于宗教，系统化于哲学，实证化于科学。当然，这个过程也充满着无数的风险。稍有不慎，就有可能落入万劫不复的地狱之中。“我自己只求满足于生命永恒的奥秘，满足于觉察现存世界的神奇的结构，窥见它的一鳞半爪，并且以诚挚的努力去领悟在自然界中显示出来的那个理性的一部分，即使只是其极小的一部分，我也就心满意足了。”这是爱因斯坦的心声，也是我的心声。

## 三

如今呈现的“开放的思想”丛书，是我几十年来思考宇宙与人类这两个伟大主题的阶段性成果。量子力学的测不准原理（uncertainty principle）决定了人类对世界的认识存在着一个永远都达不到的边界区域。我企图探寻人类所有的知识领域，这个极端的幻想，也注定了我对每个问题的研究必然存在各种不足与误判。我心知肚明！须臾也不敢狂妄自诩能穷尽什么人间真理。但我愿意做出承诺：我将用我的生命来继续这种思考，直到自己生命烟消云散的那一天！

最后，我必须说几句最重要的话。回顾自己的前半生，我不得不承认我是天底下最幸运的人，每当我遇到生活中令人头疼的沟沟坎坎时，总会得到贵人相助，学术活动也是如此。父母、妻子魏晓莉、女儿李瑞琪对我给予了最毫无保留的支持，没有他们的理解和支持，粗枝大叶的我生活上必然是一团糟的，想做成什么像样的事根本不可能。我小学、高中、大学、研究生期间以及工作后相识的老师、同学、同事、朋友们，对我也是有求必应，只要我提出什么需要帮助的事，总会得到他们无私而迅速的响应。我感念上苍，让我身处在这样一个充满爱的环境中。因此，我必须对如下尊敬的老师、同学、朋友们表达我最真诚的感谢，并祝福他们好人一生平安：

江平、曹子丹、夏锦文、何秉松、赵景文、马吉祥、姜正成、周潞嘉（老舟）、袁超、马先斌、杨明法、程合红、王清、徐建、王加栋、李家伟、许剑秋、徐耀中、陈虹伟、张德勤、陈健全、徐蕾、王辉阳、郭君正、唐旭东、张怡宁、王妍予、贾丽红、李濡歧、王华、黄姗、晋璧东、肖钢、侯正新、杨瑞勇、侯小波、周五一、朱云波、杨雪冬、楚海鹏、楚海建（排名不分先后）。

李华平

2017 年 11 月 11 日于北京